영화에서의 몽타주 이론

영화에서의 몽타주 이론
Montage Theory in Film

쿨레쇼프
푸도프킨
에이젠슈테인의
미학적
구성원리

김용수

열화당

"아하, 몽타주." 몽타주라는 말이 나올 때마다 흔히 들을 수 있는 반응이다. 그렇다. 우리에게 몽타주는 무척이나 낯익은 말이다. 특히 영화를 좀 아는 사람이라면 이 말의 뜻을 이해한다고 생각할 것이다. "몽타주는 그러니까, A+B=C, 즉 두 개의 숏을 결합하여 전혀 새로운 뜻을 만드는 것 아닙니까? 몽타주, 그것 참 영화에서 중요하죠!" 틀린 말이 아니다. 그러나 이것은 몽타주 이론의 극히 작은 일부분만을 피상적으로 이해한 것에 지나지 않는다. 대부분의 사람들은 왜 그러한 공식이 가능한지, 그리고 몽타주의 원리는 어디까지 확장되고 발전될 수 있는지 잘 모르는 것 같다. 이렇듯 잘 아는 것 같으면서도 잘 모르는 것이 몽타주이다. 이 책은 바로 그렇게 알쏭달쏭한 몽타주에 관한 것으로, '몽타주 바로 알기'의 길잡이가 될 수 있을 것이다. 특히 이 책은 1920년대 이후 소비에트에서 발전한 다양한 몽타주 이론들을 체계적으로 검토하고 정리하면서 그것들의 핵심적 개념과 원리 들을 설명하고자 한다. 이를 통해 독자들이 몽타주 이론을 보다 명료하게 그리고 심도있게 이해하고, 그 안에 숨쉬고 있는 무궁무진한 예술적 원리를 이해했으면 하는 것이 필자의 바람이다.

그 동안 몽타주 이론에 관한 높은 관심에 비해 그에 관한 저술이 빈약했던 게 사실이다. 특히 쿨레쇼프(Lev Kuleshov), 푸도프킨(V. I. Pudovkin), 그리고 에이젠슈테인(Sergei Eisenstein)으로 이어지는 몽타주 이론을 총괄적으로 다루는 저서는 우리나라는 물론이요 영어권에서도 찾아볼 수가 없다. 따라서 최초로 몽타주 이론을 한 권의 책으로 체계적으로 집대성함으로써 이 분야에 대한 독자들의 이해를 돕는다면 본 저서의 목적은 달성되었다고 볼 수 있다. 아울러 몽타주 이론은 범예술적 미학원리를 내포하고 있으므로 연극이나 문학 등을 공부하는 독자들에게도 의미있는 심미안을 제공하리라고 필자는 믿고 있다.

위와 같은 목적을 가지고 책을 집필하면서 필자는 최대한 주를 빼놓지 않고 달려고 노력하였다. 그것은 학술적 연구에서 필수적인 것일 뿐 아니라, 앞으로 몽타주 이론을 좀더 연구하고자 하는 독자를 위해서 글의 출처를 분명히 밝히고자 함이다.

　이 책이 나오기까지 도움을 주신 한국예술종합학교 영상원의 최민 교수님과 김소영 교수님, 그리고 열화당 출판사에 이 자리를 빌려 심심한 사의를 보낸다.

　1996년 6월
　서강의 언덕에서 김용수

재판에 부쳐

『영화에서의 몽타주 이론』을 펴낸 지 십 년이 되었다. 십 년이면 강산도 변한다고 하지 않는가. 정말 그 동안에 큰 변화가 있었다. 한국영화는 흥행 면에서 할리우드 영화를 압도하면서 천만 관객을 돌파하는 신기록이 심심치 않게 나오고 있다. 그러나 변하지 않는 것도 있다. 그것은 영화미학의 본질이 몽타주에 있다는 사실이다. 어떻게 보면 몽타주는 영화미학 전체를 아우를 수 있는 키워드이다. 왜냐하면 시각과 시각, 시각과 청각, 청각과 청각 등이 미학적으로 결합되는 방식을 모두 포괄하기 때문이다. 그렇기 때문에 한국영화의 르네상스 뒤에는 분명 이와 같은 몽타주 미학의 비약적 발전이 자리하고 있을 것이다.

　이런 생각에서인지 이 책을 다시금 새로운 모습으로 출판하는 것은 나에게도 새로운 느낌을 준다. 왜냐하면 이 책이 영화학도에게 영화미학의 본질, 즉 몽타주에 대한 관심을 새롭게 불러일으키는 계기가 될 수 있기 때문이다. 사실 그 동안 이 책은 크고 작은 성원을 받아 왔다. 한국에서는 몽타주 미학을 총체적으로 정리한 최초의 저술로서 독자들의 이해를 도모해 왔기 때문인데, 그래서 이 책을 읽고 애매모호했던 몽타주 미학을 체계적으로 이해하고 정리할 수 있었다는 평을 많이 들었다. 그 결과 중의 하나는 몽타주를 주제로 한 여러 연구논문들의 발표로 이어졌다. 이런 점에서 이 책은 전문서적으로서의 목표를 달성한 셈이다.

　전문서적으로서 이 책은 반드시 영화미학에만 해당되는 것은 아니다. 여기서 논의되는 몽타주 미학은 예술 전반에 걸쳐 일어나는 미학적 현상을 암시하고 있으며, 따라서 몽타주는 엄밀히 말해 예술 장르간의 경계를 넘나드는 미학적 원리라 하겠다. 이 책이 자부하는 또 다른 특성이 바로 이와 같이 몽타주를 범예술적인 차원에서 이해하려고 노력했던 점이다. 그래서 이 책은 영화뿐 아니라 다른 여러 예술분야에도 필요한 저술일 수 있다. 몽타주는 분야에 관계없이 예술적·미학적 원리를 새로운 시각에서 이해하게 하는 핵심개념인 것이다. 몽타주 이론이 나를 사로잡은 이유도 바로 여기에 있었다. 그 시작은 박사학위 과정이었다. 연극사의 학기말 과제를 쓰면서 연극미학이 몽타주의 관점에서 접근될 수 있음을 깨닫게 된 것이다. 이 경험은 후에 박사학위논문으로 발전되어, 연극의 극작술과 미학을 몽타주의 시각에서 새롭게 정리할 수 있었다. 그때는 마치 새로운 세계를 발견한 기분이었고, 이와 같은 안목은 나의 첫 학술적 기반이 되었다.

내가 그랬던 것처럼 많은 독자들도 이 책을 통해, 그리고 몽타주 이론을 통해 영화를 비롯한 관심있는 여러 예술분야에 대해 새로운 안목을 키우는 계기가 되길 바란다. 끝으로 이 책을 새롭게 꾸며 출판해 주신 열화당의 이기웅 사장님을 비롯한 관계자 여러분께 사의를 표한다.

2006년 8월
김용수

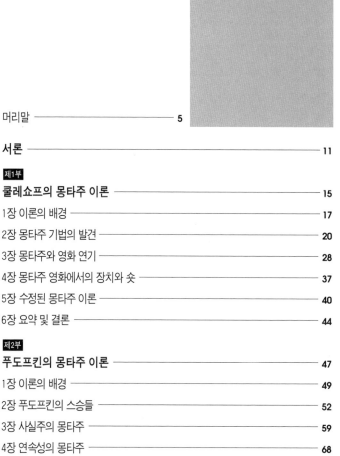

차례

몽타주(montage)란 무슨 말인가? 몽타주는 본래 프랑스어로 '부분품 조립'을 뜻한다. 즉 몽타주는 부분들을 조립하여 하나의 완성품을 만드는 것을 의미한다. 이렇게 간단하게 정의될 수 있는 몽타주는, 알고 보면 모든 예술의 핵심이자 본질이다. 고대 그리스의 철학자이자 과학자인 아리스토텔레스(Aristoteles)는 일찍이 이러한 점을 간파하였다. 그는 『시학(*Poetics*)』에서 연극을 비롯한 모든 예술적 창작의 근원이 '구성(composition)'에 있다고 주장했다. 다시 말해 예술은 부분과 부분을 잘 엮어서 의도하는 효과를 만들어내는 것이다. 예컨대 음악은 음과 음의 배열을 근본으로 하고 있으며, 회화는 대상물들의 배치를 중요시하고 있다. 이러한 작업을 음악에서는 '작곡(composition)'이라 하고, 회화에서는 '구도(composition)'라고 부른다. 그렇다면 '구성'을 의미하는 '컴퍼지션(composition)'은 음악적 창작이나 회화적 창작에서 매우 중요하다고 할 수 있다. 다만 우리는 음악적 구성을 작곡이라 하고, 회화적 구성을 구도라고 부를 뿐이다. 마찬가지로 우리는 연극적 구성을 '플롯(plot)'이라는 특별한 명칭으로 부른다. 여기서 플롯은 단편적인 사건이나 액션들을 잘 '구축(construction)'해서 이야기를 창조하는 것을 말한다. 이렇듯 구성은 모든 예술의 기본이다. 작곡은 창조적인 음을, 구도는 회화의 시각적 디자인을, 그리고, 플롯은 극적인 이야기를 결정하는 것이다. 그렇다면 영화적 구성은 무엇인가? 그것은 바로 몽타주인 것이다. 영화의 몽타주는 가장 단순한 차원에서 숏(shot)과 숏을 잇는 것을 말한다. 그 결과는 앞서 설명했던 음악적 구성, 회화적 구성, 극적 구성의 효과를 모두 포함한다. 왜냐하면 어떤 몽타주는 음악적 선율이나 박자에 준하는 효과를 창조할 것이며, 어떤 몽타주는 특별한 시각적 효과에 중점을 둘 것이며, 어떤 몽타주는 특정한 극적 효과를 일으키기 때문이다. 그리고 때에 따라서 몽타주는 음악적·회화적·극적 효과들을 복합적으로 일으킬 것이다. 우리가 앞으로 영화의 몽타주를 논하는 것은 이러한 맥락에서이다. 우리는 궁극적으로 영화의 몽타주를 예술적인 구성원리로 이해해야 되는 것이다. 이러한 관점에서 몽타주의 역사는 영화가 탄생하기 이전에 이미 시작되었다고 할 수 있다. 영화의 몽타주 이론은 기존의 예술이 갖고 있었던 창작비결을 흡수함으로써 발전하게 된 것이다.

다양한 창작비결 가운데서도 몽타주 이론이 가장 중점을 둔 것은 '이야기 예술'에 관한 것이었다. 쿨레쇼프를 비롯한 소비에트 영화 이론가들은 몽타주를 영화만이 갖고 있는 '특별한' 이야기 구성 방법으로 이해했던 것이다. 이러한 주된 흐름에 음악적 구성 그리고 회화적 구성의 원리 등이 나중에 가세하는 양상을 띤다. 영화의 몽타주를 이야기 구성의 관점에서 논할 때 그 시작은 아리스토텔레스의 『시학』으로 거슬러 올라갈 수 있다. 아리스토텔레스는 이야기를 구성하는 방법을 '극적 구성(dramatic construction)'과 '서사적 구성(epic construction)'으로 구분하였다. 여기서 극적 구성은 다양한 사건들이 그럴듯한 인과관계로 엮여 있으나, 서사적 구성은 치밀한 인과율에 매달리지 않는 것을 특징으로 하고 있다. 이러한 이야기 전통은 소비에트 몽타주 이론 속에 숨쉬고 있다. 만일 쿨레쇼프나 푸도프킨이 영화 몽타주의 가능성을 극적 구성에서 찾았다면, 에이젠슈테인은 영화 몽타주의 놀라운 잠재력을 서사적 구성에서 발견한 것이다. 우리는 앞으로 이렇게 구별되는 두 가지 몽타주 이론을 접하게 될 것이다. 따라서 우리가 당면한 과제 중의 하나는 각 이론은 왜 특정한 이야기 구성을 택했으며, 그것이 어떻게 영화적인 몽타주로 전환되는지를 고찰하는 일이다.

이제 본론에 들어가기에 앞서 우리는 몽타주에 대해 새롭게 인식할 필요가 있다. 우리는 혹시 몽타주에 대해 잘못된 관점을 갖고 있지는 않은가? 그러한 관점이 몽타주 이론을 이해하는 데 방해가 되고 있지는 않은가? 우리의 시각을 점검한다는 의미에서 다음과 같은 몇 가지 전제들을 함께 생각해 보도록 하자.

몽타주 이론은 기계적인 법칙이 아닌 예술적 창의력에 관한 것이다.

사람들은 때때로 예술을 기계적인 법칙으로 이해하고 싶어한다. 예를 들어 르네상스 시대의 비평가들은 가장 이상적인 연극의 모델을 고대 그리스극에서 발견하였다. 따라서 그들은 고대 그리스극의 예술적 원리를 규명한 다음 모든 극작가들이 그러한 원칙을 충실히 따를 것을 강요하였다. 누구나 그리스극의 원칙에 따라 작품을 쓴다면 틀림없이 명작을 만들어낼 수 있다는 것이 그들의 생각이었다. 그러나 현실은 반드시 그렇지 않았다. 최악의 경우 그것은 생명이 없는 모조품에 불과했던 것이다. 누군가 말했듯 예술은 규칙이나 법칙을 혐오한다. 그러면 과연 예술적 창조의 원천은 무엇인가? 그것은 낭만주의자들이 주장했듯이 예술가의 창의력일 것이다. 즉 위대한 사고력과 감수성만이 예술을 탄생시키는 것이다. 이러한 예술적 창의력은 씨앗에 비유할 수 있다. 즉 예술은 하나의 식물처럼 자체의 생명력을 갖고 있는 창의성으로부터 자라나는 것이다. 그 과정에서 외형적 모습인 예술적 형식이나 기교는 자연발생적으로 형성된다. 몽타주 이론을 기계적인 형식이 아니라 창의력으로 대해야 하는 것은 바로 이러한 이유에서이다. 우리는 몽타주 이론에서 특정한 영화적 효과를 만들어내는 기교를 찾기보다는 그 이론에 깔려 있는 사고방식과 감수성을 이해해야 한다. 몽타주 이론을 통해 영화적 기교를 통달하려는 것은 마치 요리책을 보고 음식 만드는 법을 터득하겠다는 식이다. 요리책에는 분명히 이렇게 적혀 있다. 맛있는 김치찌개를 만들려면 김치, 두부, 파, 돼지고기 등을 가로 세로 몇 센티미터로 자르고, 몇 분, 몇 초 후에 무슨 재료를 무슨 순서로 넣어야 되는지. 그러나 이러한 수학적 공식은 실제로 맛있는 김치찌개를 만들지 못한다. 진짜 요리사는 특유한 미각을 바탕으로 요리법을 응용해 가면서 김치찌개를 만들 것이다. 이처럼 요리에도 공식이나 법칙보다는 창의력이 우선한다. 다시 한번 강조하건대 우리는 몽타주 이론을 기계적인 공식으로 대하지 말고 그 안에 담겨 있는 예술적 창의력을 이해하려고 노력해야 한다. 개인적인 독창성이나 문화적 특성에 맞는 새로운 몽타주의 색은 바로 이러한 과정을 통해 가능하리라고 본다.

몽타주는 단순히 숏과 숏의 결합에만 적용되는 것이 아니라, 시각적·
청각적·극적 요소 등을 특정한 미학적 목적을 위해 결합하는 것을 말한다.
몽타주는 가장 단순한 차원에서 숏과 숏의 결합, 즉 편집을 의미한다. 그러나 몽타주는 하나의 예술원리로서, 좁은 의미의 편집을 초월한다. 몽타주는 특정한 미학적 효과를 위해 시각적 요소, 청각적 요소, 극적 요소 등을 상호 결합하는 방식을 의미하기도 한다. 즉, 몽타주는 특정한 이야기를 효과적으로 전달하기 위해 모든 예술적 요소들을 배열, 결합하는 것을 포함하기도 한다. 소비에트 몽타주 이론가들은 하나같이 처음에는 숏과 숏의 결합에만 신경을 썼다. 그러나 그들의 이론은 점차 몽타주의 개념을 다양한 예술적 요소들 사이의 상호관계로 확장시키면서 성숙하게 된다. 특히 몽타주 이론의 대가인 에이젠슈테인에 와서 이러한 경향은 매우 농후해진다. 이렇듯 편집의 원리는 몽타주 이론의 일부에 지나지 않는다. 몽타주 이론은 궁극적으로 예술미학을 지향하는 것이다. 따라서 우리는 '몽타주＝편집'이라는 선입관에서 벗어나 몽타주를 예술의 일반 원리 속에서 이해하려는 태도를 취해야 할 것이다.

몽타주는 영화적 표현의 무한한 잠재력을 제시한다.

몽타주 이론은 1920년대부터 1940년대까지 쿨레쇼프, 푸도프킨, 그리고 에이젠슈테인 같은 소비에트 영화이론가들에 의해서 발전하였다. 그 이후로 몽타주 이론은 더 이상 크게 발전하지 못했다. 오히려 몽타주 미학은 영화이론가들로부터 비판을 받은 적조차 있었다. 그 대표적인 예로, 프랑스의 비평가인 바쟁(André Bazin)은 몽타주 미학이 현실을 조작한다고 하여 그 대안으로 '미장센(mise-en-scéne)'을 내세웠다. 그러나 앞으로 논의하겠지만 몽타주는 미장센 미학을 배제하지 않는다. 몽타주 미학은 미장센, 즉 프레임 내에서의 의미작용도 포함하기 때문이다. 단편과 단편의 결합 속에서 의미를 발생시키는 몽타주는 영화라는 매체에 고유한 것이다. 영화는 필연적으로 단편적인 숏들을 결합할 뿐 아니라, 주어진 프레임 내에서 몽타주, 즉 구도를 고려할 수밖에 없기 때문이다. 이러한 관점에서 볼 때 몽타주는 우리를 영화적인 창의력의 세계로 안내할 수 있다.

이 책은 지금까지 논의한 문제의식을 바탕으로 몽타주 이론을 체계적으로 검토하고자 한다. 제1부는 몽타주 이론의 창시자인 쿨레쇼프의 이론에 관한 것으로, 여기서는 초기 몽타주 이론의 생성과정을 단계적으로 살펴볼 것이다. 제2부는 '연결 몽타주'의 대명사 격인 푸도프킨의 이론을 고찰한다. 여기서는 푸도프킨에게 영향을 미친 쿨레쇼프와 스타니슬라프스키의 예술적 사고가 소개될 것이며, 그러한 사고에 기초한 푸도프킨의 이론체계를 핵심적인 개념을 중심으로 규명할 것이다. 제3부는 몽타주 이론의 대가라 할 수 있는 에이젠슈테인의 예술적 사고를 탐구한다. 다양한 예술과 문화 속에서 몽타주의 원리를 찾고자 했던 에이젠슈테인의 이론을 이해하기 위해 이 책은 그에게 중요한 영향을 미친 마이어홀드의 연극미학을 설명하고, 다채롭게 전개되는 그의 몽타주 이론에 체계적으로 접근하겠다. 따라서 제3부의 핵심은 복잡하게 전개되는 에이젠슈테인의 다양한 이론들을 체계적으로 분류해 그들 사이의 상관관계를 밝히고, 그 밑에 흐르고 있는 예술적 사고나 감수성을 밝히는 것이다. 그 밖에 이 책의 각 부에서는 몽타주 이론과 영화 연기의 관계를 공통적으로 다룬다. 즉 우리는 각 이론가들이 몽타주 미학에 맞는 영화 연기를 어떻게 규정하고 있는지를 살펴볼 것이다.

또한 본문에 이은 부록에서 이야기 구성방법으로서의 몽타주 전통을 개괄적으로 설명하겠다. 이를 통해 독자들은 각 몽타주 이론이 어떠한 연극적 전통과 연관되는지 이해하게 될 것이다.

쿨레쇼프의 몽타주 이론

1장

이론의 배경

1899년 1월 1일, 화가의 아들로 태어난 쿨레쇼프(Lev Kuleshov, 도판 1)는 소비에트의 영화 이론가이자 감독이다. 그러나 1920년 이후 활동한 소비에트의 영화 감독들 중에 반 가량이 그의 제자임을 자랑스럽게 생각하는 쿨레쇼프는 무엇보다도 영화 선생이었다. 그는 소비에트의 모스크바 영화학교(VGIK)의 교수로서 1920년부터 사망하는 날까지 학생을 지도하면서 내로라 하는 소비에트의 유명한 감독들을 길러냈다. 따라서 푸도프킨(Vsevolod. I. Pudovkin)을 비롯한 제자들은 쿨레쇼프가 1934년에 쓴 『영화예술(Art of Cinema)』의 서문에서 "우리는 영화를 만들었지만, 쿨레쇼프는 '영화기법(cinematography)'을 만들었다"고 스승에 대한 경의를 표하고 있는 것이다.[1] 제자들의 말처럼 쿨레쇼프는 분명 영화의 기본 원리들을 본격적으로 탐구한 선구자였다. 그는 몽타주를 영화예술의 핵심으로 올려 놓았을 뿐 아니라, 몽타주에 맞는 영화 연기를 모색하고자 하였다.

쿨레쇼프는 화가의 아들로서 어린 시절부터 그림에 심취했으면서도 기계에 대한 남다른 흥미를 가졌다고 한다. 미학적인 것과 기계적인 것에 대한 감수성의 조화는 후에 그가 몽타주 이론을 발전시키는 데 지대한 영향을 미친 것으로 여겨진다. 여기서 흥미로운 것은 몽타주 이론의 대가인 푸도프킨과 에이젠슈테인도 유사한 감수성을 지녔다는 것이다. 푸도프킨은 화학을 전공한 이학도로서 영화에 투신했으며, 에이젠슈테인은 건축공학도 출신의 천재적 예술가였던 것이다. 따라서 이들이 펼친 몽타주 이론이 과학적 사고에 기초하면서도 놀라운 예술적 감각을 보이는 것은 우연이 아니다.

쿨레쇼프는 화가가 되기 위하여 열다섯 살에 '미술, 건축, 조각 학교(the School of Painting Architecture and Sculpture)'에 입학하게 된다. 그러나 그는 곧 연극 무대 디자인에 관심을 두게 되고, 우연한 기회에 영화감독 바우어(Evgeni Bauer)의 세트

1. 레프 쿨레쇼프.

디자이너로 일하게 된다. 이때가 1916년, 그의 나이 열일곱 살이었다. 바우어와 일을 하면서 쿨레쇼프는 이른바 '미국식 몽타주(American Montage)'를 접하고 크게 감명을 받는다. 여기서 '미국식 몽타주'는 특히 그리피스(D. W. Griffith)의 영화 스타일을 지칭하는 것으로서, 빠른 편집, 빈도 높은 클로즈업, 그리고 '평행 액션(parallel action)' 등을 특징으로 하고 있다. 평행 액션은 세 개, 혹은 네 개의 이야기가 나란히 진행되는 것으로, '교차 편집(cross-cut)'이라는 용어로도 알려져 있다.

드디어 쿨레쇼프는 1917년 미국식 몽타주에 토대를 둔 첫 작품 〈기능공 프라이트의 계획(Engineer Prite's Project)〉을 연출한다. 쿨레쇼프의 말에 따르면 〈기능공 프라이트의 계획〉은 클로즈업을 사용해 편집을 역동감있게 구성한 최초의 소비에트 작품이었다.[2] 이 작품의 촬영 과정을 통해 쿨레쇼프는 몇 가지 몽타주 원리를 깨닫게 되며, 이를 토대로 몽타주 연구에 전념한다. 쿨레쇼프는 그의 글에서 몽타주를 처음 만든 사람은 그리피스이나 몽타주에 관한 이론적 고찰은 자신이 최초로 시작하였다고 반복적으로 강조하고 있다.

아무튼 쿨레쇼프의 영화 미학은 미국 영화에 토대하고 있음을 부인할 수 없다. 그가 가장 존경한 영화인은 그리피스와 채플린(Charlie Chaplin)이었고, 그가 생각하는 영화의 힘은 미국식 편집 방식에 있었던 것이다. 미국 영화에 대한 애호는 그의 주관적인 취향뿐만이 아니었다. 그것은 객관적인 조사에 의해 뒷받침되기도 하였다. 예를 들어 쿨레쇼프는 1916년경 호소력있는 영화기교를 발견하기 위해 영화관에 가서 관객들의 반응을 조사하였다. 여기서 그는 관객들이 미국 영화에 특히 감동을 받는다는 사실에 주목하였다. 미국 영화에서 주인공이 영리한 술책을 쓰고, 필사의 추적이 펼쳐지고, 피나는 싸움이 전개될 때 객석은 휘파람과 환호로 흥분의 도가니가 되었던 것이다. 이러한 관객 반응을 인상적으로 본 쿨레쇼프는 대중이 이해하지 못하는 섬세한 예술적 표현은 영화에 어울리지 않는다고 생각하게 된다. 그가 보기에 영화는 무엇보다도 보통의 감수성을 지닌 관객들에게 호소력이 있어야 한다는 것이었다.[3] 이러한 관점에서 쿨레쇼프는 심리주의에 심취한, 외적인 액션이 없이 문학성만을 내세우는 영화를 경멸하고 액션과 활력이 가득 찬 미국 영화를 찬양하고 있다.[4] 그렇다면 쿨레쇼프의 몽타주 이론은 대중적인 영화 미학에서 출발하였다고 볼 수 있다. 그 대표적인 예가 앞으로 살펴볼 '벽돌 쌓기'의 원리이다. 쿨레쇼프는 몽타주를 벽돌 쌓듯이 이야기를 누적적으로 진행시켜 보통 관객이 명료하게 이해할 수 있어야 한다고 보았다. 푸도프킨으로까지 이어지는 '벽돌 쌓기' 이론은 미국 할리우드의 '고전적 스타일(classcial style)'과 소비에트 몽타주 이론의 연결점인 것이다.

2장

몽타주 기법의 발견

1. 미국식 몽타주

쿨레쇼프는 1928년에 출판된 『영화예술』에서 몽타
주 기법이 어떻게 발전하게 되었는가를 설명하고
있다. 그 시발은 '영화기법(cinematography)'의 본
질을 밝히는 것에 있었다. 그러기 위해서 쿨레쇼프
는 우선 다른 예술이 따라 할 수 없는 영화 고유의 특성으로 관객을 감동시키는 방
법을 찾고자 하였다.5 이렇듯 처음부터 쿨레쇼프는 영화의 특성을 다른 예술과 차별
되는 것에 두려고 하였다. 예를 들어 쿨레쇼프가 보기에 아주 훌륭한 배우가 아주
훌륭한 세트에서 아주 훌륭한 연기를 하는 영화는 영화적이지 않다. 왜냐하면 그것
은 영화 고유의 방법으로 관객을 감동시키는 것이 아니기 때문이다.6 이러한 결론에
도달한 쿨레쇼프는 '영화적인 것(filmness)'을 찾기 위해 다양한 영화관에 간다. 그
곳에서 쿨레쇼프는 어떤 영화 그리고 어떤 영화적 기교가 관객을 사로잡는지 관찰한
다. 여러 영화관을 돌아다니던 쿨레쇼프는 점잖은 관객이 주로 가는 비싼 영화관보
다 교육 수준이 다소 낮은 사람들이 애용하는 싸구려 영화관이 관객의 반응을 관찰
하기에 적합하다는 것을 알게 된다. 왜냐하면 점잖고 교육 수준이 높은 관객들은 정
서적 반응을 자제하지만, 일반 대중들은 격식에 구애받지 않고 자발적인 반응을 보
이기 때문이었다. 싸구려 영화관에서 쿨레쇼프는 의미있는 사실을 발견한다. 관객들
을 열광하게 하는 영화는 소비에트의 영화가 아니라 미국의 영화였던 것이다.* 따라

---

* 1935년에 쓴 「몽타주의 원리들(The Principles of Montage)」에 따르면 쿨레쇼프는 소비에트 영화, 유럽
영화, 미국 영화를 비교하였다. 이 영화들은 그 구성에 있어서 각기 다른 특성을 보였는데, 대개 하나
의 시퀀스(sequence)가 소비에트 영화에서는 10-15개의 숏으로, 유럽 영화에서는 20-30개의 숏으로,
미국 영화에서는 80-100개의 숏으로 구성되었다. 여기서 쿨레쇼프는 미국 영화, 유럽 영화, 소비에트
영화 순으로 관객들의 반응이 좋은 것에 주목하였다. 이러한 관찰은 짧은 숏으로 이루어진 몽타주가
가장 효과적이라는 생각으로 이어진다. Lev Kuleshov, *Kuleshov on Film*, ed. and trans. Ronald Levaco
(Berkeley : U of California P, 1974) p.187.

서 쿨레쇼프는 무엇이 관객을 열광하게 하는지 알아내기 위해 미국 영화를 연구하기 시작한다.

미국 영화를 공부하는 과정에서 쿨레쇼프는 미국 영화와 소비에트 영화를 비교해 본다. 여기서 쿨레쇼프는 아주 중대한 사실을 발견하게 된다. 소비에트 영화는 단일한 지점에서 촬영한 아주 긴 숏들로 이루어져 있지만, 미국 영화는 다양한 지점에서 찍은 짧은 숏들로 구성되어 있고, 그 숏들이 '예정된 순서(predetermined order)'에 따라 결합된 것이다.7 (쿨레쇼프는 이러한 미국 영화의 특성이 최대의 재미를 주려는 상업주의 그리고 빠른 속도로 돌아가는 미국식 생활에서 비롯된 것으로 파악하고 있다) 따라서 쿨레쇼프는 영화만이 갖고 있는 힘은 숏 안에 담긴 내용을 단순히 보여주는 데 있지 않고, 이러한 숏들을 결합하고 구성하는 데 있다는 확신을 하게 된다. 여기서 쿨레쇼프는 '예정된 순서'로 숏들을 결합하는 것을 기술적인 용어로 '몽타주'라고 정의하였다.8 따라서 1916년에 쿨레쇼프는 영화기법의 원천으로 추구해야 할 것이 무엇보다도 몽타주라고 선언하였다. 이제 중요한 것은 "숏들이 어떻게 찍혔는가" 하는 것이 아니라 "숏들이 어떻게 결합되었는가" 하는 것이었다.9 (후에 쿨레쇼프는 이 당시 개별적인 숏의 중요성을 생각할 겨를이 없이 모든 정력을 몽타주, 즉 숏과 숏의 전환에 바쳤음을 회고하며, 이렇게 편향된 자세가 옳지 못했음을 암시하고 있다. 이에 관한 것은 5장에서 논의된다)

빠른 속도의 몽타주를 '미국식 몽타주'라고 부른 쿨레쇼프는 한 사나이가 자살하는 장면을 예로 들며 그 원리를 설명하고 있다. 가령 책상에 앉은 한 사나이가 절망에 빠져, 서랍에서 권총을 꺼내어, 그것을 관자놀이에 대고, 방아쇠를 당겨, 권총이 발사되어, 쓰러지는 장면을 시각적으로 상상해 보자. 소비에트 영화라면 이 장면을 한 지점에서 롱 숏으로 처리했을 것이다. 그리고 방은 꽃무늬의 벽지, 창가에 놓인 꽃병, 벽에 걸린 그림 등으로 사실적으로 잘 꾸며져서, 방의 모습이 선명하게 잡힐 것이다. 따라서 관객은 자살하는 사나이에게 주목하지 못하고 그의 주변을 볼 수도 있다. 예를 들어 관객들은 심리적 갈등을 하는 사나이의 얼굴을 보지 않고 벽에 걸린 그림에 눈을 돌릴 수가 있다. 미국 영화는 전혀 다른 방식으로 작품을 만든다. 미국 영화는 전체의 장면이 짧은 숏들로 분할되어 있으며, 각각의 숏들은 주어진 순간의 중요한 액션들을 클로즈업으로 포착한다.10 따라서 심리적 고통을 겪는 사나이의 얼굴, 서랍을 열어 권총을 집는 손, 방아쇠를 당기는 손가락 등이 클로즈업으로 찍히고 다른 중요하지 않은 것들은 무시된다. 그리고 만일 롱 숏이 있다 하더라도 그것은 중요한 부분만 밝게 비추고 나머지 부분은 어둡거나 희미하게 처리될 것이다. 이렇듯 주어진 순간의 가장 중요한 동작만을 촬영하는 방식을 쿨레쇼프는 '미국식 방식

(American method)'이라고 명명하고 소비에트 영화가 추구해야 할 새로운 영화기법으로 설정하였다.[11] 따라서 쿨레쇼프는 가장 효과적인 몽타주는 '미국식 방식'에 토대한 것이라고 선언하게 되며, 이 기법을 극영화가 아닌 기록영화에도 도입하였다. 쿨레쇼프는 혁명이 일어난 후 전선에서 적군(赤軍)의 활약상을 기록영화로 촬영하는데, 그 당시 어떤 카메라맨도 기록영화를 '클로즈업 몽타주(close-up montage)'로 처리할 생각을 못했던 것이다.[12]

아무튼 미국 영화에서 배운 교훈은 앞으로 살펴볼 쿨레쇼프의 작업과 실험에 지대한 영향을 미친다. 그러나 이러한 입장은 '형식주의(Formalism)'가 호되게 비판받는 1935년 무렵에 크게 수정된다.(이에 관한 것은 5장을 참조할 것)

2. 쿨레쇼프의 몽타주 실험 I - 인위적 풍경

1917년, 쿨레쇼프는 첫 작품 〈기능공 프라이트의 계획〉을 만든다. 쿨레쇼프의 말에 따르면 〈기능공 프라이트의 계획〉은 몽타주의 착상에 따라 만들어진 최초의 소비에트 작품으로, 앞으로 전개될 몽타주의 기본 원리가 개발되었다. 그것은 현실에서는 존재하지 않는 '영화적 영역(cinematic terrain)'을 창조하는 것이었다. 이 원리는 참으로 우연히 발견되었다.

영화의 한 장면에서 아버지와 딸이 목장을 걷다가 철선이 매달려 있는 철탑을 보는 장면을 찍을 필요가 있었다. 그러나 기술적인 문제로 인해 같은 장소에서 이러한 장면을 모두 촬영할 수 없었다. 따라서 쿨레쇼프는 철탑을 어떤 한 장소에서 찍고, 또 다른 장소에서 아버지와 딸이 철탑에 대해 이야기하며 위를 쳐다보다가 걷는 모습을 촬영하였다. 각각 다른 장소에서 촬영한 두 숏을 결합한 결과 부녀가 목장을 걷다가, 철탑을 보며 이야기하다가, 계속 걷는 인상을 준 것이다.[13] 이렇듯 편집, 즉 몽타주는 현실에서는 존재하지 않는 새로운 공간마저 창조할 수 있는 힘이 있다는 것을 확인한 쿨레쇼프는 이러한 몽타주 효과를 '인위적 풍경(artificial landscape)' 혹은 '창조적 지형학(creative geography)'이라고 이름하였다. 물론 지금은 이러한 몽타주 기법이 너무나 평범한 것이지만, 그 당시에는 신기한 발견에 가까웠다. 따라서 쿨레쇼프는 인위적으로 새로운 이미지를 창조하는 몽타주 원리에 계속 몰두하게 된다.

첫번째 실험에서 힘을 얻은 쿨레쇼프는 몇 년 후 보다 복잡한 실험을 하였다. 그는 코클로바(Khokhlova)와 오볼렌스키(Obolensky)라는 두 명의 배우를 이용하여 또 다른 창조적 지형을 만들고자 했던 것이다. 이 실험은 모스크바에서 촬영되었다. 코클로바는 모스크바의 페트로프(Petrov) 거리를 걷고 있었고(장소 1), 오볼렌스키는

2마일 떨어진 모스크바 강둑을 걷고 있었다.(장소 2) 2마일이나 떨어진 장소에 있는 두 사람은 상대방을 알아본 듯 미소짓고 만나려고 서둘러 움직였다. 그들의 만남은 전혀 다른 지역인 프리키스텐스키(Prechistensky) 거리에서 촬영되었다.(장소 3) 그들은 고골리의 기념비를 배경으로 악수를 나눈다. 그런 다음에 그들은 화면 바깥 쪽을 쳐다보았다. 그 다음에 쿨레쇼프는 미국 영화에서 뽑아낸 워싱턴에 있는 백악관의 숏을 삽입하였다.(장소 4) 다음 숏은 여전히 모스크바의 프리키스텐스키 거리에 있던 두 사람의 모습을 보여주었으며, 그들은 자리를 옮기기로 결심하고 떠난다. 다음 숏은 두 사람이 모스크바에 있는 한 성당의 거대한 계단을 오르고 있는 모습을 보여주었다.(장소 5) 이처럼 각기 다른 다섯 장소에서 촬영된 숏들을 편집한 결과 두 사람이 백악관 근처에서 만나 백악관 계단을 걸어 올라가는 인상을 만들어낸 것이다. 몽타주에 의해 현실에서는 존재하지 않는 이미지를 창조할 수 있다는 점을 다시 확인한 쿨레쇼프는 다음과 같은 중간 결론에 도달한다.

> 이 특별한 장면은 믿기 어려운 몽타주의 힘을 보여주는데, 그 힘은 너무나 강력하여 소재의 속성을 바꿀 수 있을 정도이다. 이 장면을 통해 우리는 영화의 기본적 힘이 몽타주에 있다는 것을 알게 되었다. 왜냐하면 영화는 몽타주를 이용해 재료를 분해하고 재구성하여 궁극적으로 새로운 것으로 만들 수 있기 때문이다.[14]

한마디로 몽타주 만능주의의 서곡이 아닐 수 없다. 그러나 여기에 함정이 있다. 소재의 속성을 바꿀 수 있는 몽타주는 곧 현실을 조작하는 것을 의미하기 때문이다. 바로 이 점에서 프랑스의 비평가인 바쟁은 몽타주 미학을 비판하고 그 대안으로 '미장센'을 제안한다.*

아무튼 편집의 잠재적 표현력을 밝힌 쿨레쇼프의 업적은 무시할 수가 없다. 그의 잇달은 실험과 이론화 작업은 후배들에게 편집에 대해 새로운 인식을 하게 했으며, 향후 영화는 정도의 차이는 있으나 다양한 몽타주 방법을 개발해 발전하게 되는 것이다. 그러나 몽타주는 현실을 조작해 관객에게 왜곡된 리얼리티를 제시할 때 항상 윤리적 문제가 뒤따르는 것이다.

---

* 만일 몽타주가 숏과 숏 사이의 관계에서 의미를 만들어낸다면, 미장센은 단일한 숏에 담긴 인간이나 사물들 사이의 관계에서 의미를 창출한다. 미장센은 본래 연극 용어로서, "장소에 배열하다(to put in place)"를 의미하였다. 다시 말해서 무대장치, 의상, 조명, 배우의 움직임 등 시각적 요소들을 배열하는 것을 의미하였다. 미장센 미학은 보통 롱 숏, '장시간 촬영(long take)', '전신초점(deep focus)', '카메라의 움직임' 등을 이용해 리얼리티의 시공간적 연속성을 보존하고 피사체와 배경적 상황을 명확히 보여준다. 쉽게 말해 미장센은 화면의 이미지가 리얼리티를 그대로 보존한 것처럼 보이도록 하는 것이다.

3. 쿨레쇼프의 몽타주 실험 II - 현실에서는 존재하지 않는 사람

'백악관 실험'이 끝난 후 쿨레쇼프는 두 사람이 악수하는 숏이 분실된 것을 발견하고 코클로바와 오볼렌스키를 불러 재촬영하고자 하였다. 그러나 그 배우들을 다시 쓸 수 없게 되자 쿨레쇼프는 다음과 같은 대안을 마련하였다. 두 배우가 입었던 오버코트를 다른 사람들에게 입힌 다음, 고골리의 기념비를 배경으로 악수하게 한 것이다. 물론 바뀐 사람들의 얼굴은 화면에 나오지 않고 악수하는 손만이 촬영되었다. 이렇게 촬영된 숏을 삽입해도 아무도 사람이 바뀐 것을 눈치채지 못한 것이다.

위의 작업에서 영감을 얻어 쿨레쇼프는 두번째 실험인 '현실에 존재하지 않는 여인'을 창조하는 것에 착수한다. 어떤 여인이 거울 앞에 앉아 눈썹을 그리고, 입술을 칠하고, 슬리퍼를 신는 것을 만들어 보고자 한 것이다. 여기서 쿨레쇼프는 한 여인의 입술, 다른 여인의 다리, 세번째 여인의 뒷모습, 네번째 여인의 눈을 촬영해 편집하였다. 그 결과 마치 한 여인이 거울 앞에서 몸치장을 하는 듯한 효과를 낸 것이다. 이렇듯 몽타주는 현실에서는 존재하지 않고 영화에서만 존재하는 사람(여인)을 창조할 수 있는 힘까지 있다는 것이 확인된 것이다. 다시 한번 쿨레쇼프는 영화의 힘은 몽타주에 있다는 것을 재확인하게 되며, 그 힘은 속임수가 아니라 '재료의 조직(the organization of the material)'에서 비롯된다고 주장하였다.[15] 여기서 쿨레쇼프가 강조하고자 한 것은 몽타주의 핵심이 '재료의 조직'에 있다는 것이다. 다른 예를 들어보자. 롱 숏으로 문에 서 있는 사람을 아주 멀리서 촬영한 다음, 클로즈업으로 다른 사람의 얼굴을 찍어 두 숏을 연결시키면 우리는 두 숏이 모두 같은 사람을 찍었다고 생각할 것이다. 이렇듯 영화는 잘 계산된 순서에 따라 편집되면 새로운 이미지를 창조할 수 있는 것이다. 바로 이것이 쿨레쇼프가 찾고자 했던 영화만이 할 수 있는 표현력인 것이다.

4. 쿨레쇼프의 몽타주 실험 III - 쿨레쇼프 효과

위에서 살펴본 몽타주 실험에 힘을 얻어 쿨레쇼프는 몽타주가 배우의 심리적 상태를 바꿀 수 있는 것인지 알아보기로 한다. 몽타주가 배우의 심리적 상태를 변화시킬 수 없다고 믿는 한 유명한 배우와 논쟁을 벌이던 쿨레쇼프는 다음과 같은 장면을 예로 들었다. 한 장면은 감옥에 갇혀 오랫동안 굶주린 사나이가 스프 한 접시를 받고 크게 기뻐하는 것이고, 다른 장면은 같은 죄수가 스프를 잘 먹은 후 밝은 태양 아래 새소리를 들을 수 있는 자유를 갈망하는데, 그가 드디어 바깥 세상에 나와 기뻐하는 것이다. 이렇게 설명한 다음 쿨레쇼프는 그 유명한 배우에게 과연 스프를 보고 기뻐하는 표정과 바깥 세상에 나와 태양을 보고 기뻐하는 표정이 같을 것인지 다를 것인지를 물었다. 이에 유명한 배우는 한심하다는 듯이 두 표정은 당연히 다를 수밖에 없다고 대답하였다. 그러자 쿨레쇼프는 이 장면들을 직접 촬영하였다. 그런 다음 쿨레쇼프는 스프를 보고 기뻐하는 숏과 태양을 보고 기뻐하는 숏을 바꾸어 편집하였다. 그 결과 각 숏에서의 연기는 달랐지만, 아무도 얼굴 표정의 차이를 알아차릴 수 없었다. 따라서 쿨레쇼프는 몽타주가 올바르게 되었을 때 배우의 연기도 편집자의 의도에 따라 다르게 지각될 수 있다는 잠정적인 결론에 도달해 "몽타주를 통해 배우의 작업, 동작, 행위를 이런저런 방향으로 바꿀 수 있다는 것이 명백해졌다"고 말한다.[16] 즉 몽타주는 배우의 연기, 특히 그의 심리적 혹은 정서적 상태마저 변화시킬 수 있다는 가설이 마련된 셈이다.

위 실험은 그 유명한 '쿨레쇼프 효과(Kuleshov Effect)'로 이어진다. 쿨레쇼프는 관객이 몽타주의 영향으로 의도적으로 창조된 이미지를 지각하는가를 알아보기로 한 것이다. 소비에트의 유명한 배우인 모주힌(Mozhukhin)의 무표정한 얼굴을 클로즈업으로 찍은 긴 필름을 발견하자, 쿨레쇼프는 그것을 다른 다양한 숏과 결합해 보았다. 쿨레쇼프는 다른 숏들의 정확한 내용에 대해서 기억을 못하는 것 같으나 푸도프킨에 의하면 그것들은 김이 모락나는 스프 한 접시, 관에 누워 있는 여인, 그리고 곰인형을 갖고 노는 어린이였다.(쿨레쇼프는 스프 접시, 감옥의 문, 에로틱한 상황을 암시하는 영상 등으로 기억한다) 모주힌의 얼굴과 다양한 숏들을 결합한 결과 관객들은 모주힌의 얼굴에서 다양한 감정적 반응을 느낀 것이다. 예를 들어 같은 얼굴 표정이 스프 접시의 숏 다음에서는 배고픈 것으로, 곰인형을 갖고 노는 아이의 숏 다음에서는 흐뭇해 하는 것으로, 관에 누워 있는 여인의 숏 다음에서는 슬퍼하는 것으로 보였던 것이다. 이렇듯 몽타주는 배우의 심리적 혹은 감정적 표현에까지 영향을 미치는 것으로, 심한 경우 존재하지 않은 감정까지도 창조할 수 있다는 것이 밝혀진 셈이다. 이러한 실험 과정에서 확인될 수 있는 몽타주의 기본 원리는 "하나의 숏은 다른 숏과의 관계 속에서 그 의미가 탄생한다"는 것이며, 이 원리는 몽타주 이론과 늘 함께 하는 것이다.

5. 벽돌 쌓기

몽타주 미학은 필연적으로 영화를 짧은 숏들의 집합으로 만든다. 따라서 몽타주를 이용한 어떤 영화들은 관객이 액션을 잘 이해할 수 없을 정도로 숏들이 빠르게 전환되기 마련이다.(앞으로 살펴볼 에이젠슈테인의 몽타주는 바로 이러한 특성을 지니고 있다) 그러한 영화를 만든 감독에 대해 '미치광이 미래주의자(crazy futurist)'라는

2. 에이젠슈테인은 〈10월〉에서 왕좌 옆에 있는 아이의 모습에서 왕좌에 앉아 있는 아이의 모습으로 직접 '점프 컷'을 하였다. 쿨레쇼프는 바로 이러한 시각적 혼동을 바람직스럽지 않게 보았던 것이다.

비난이 쏟아지자, 쿨레쇼프는 몽타주가 반드시 갑작스러운 전환을 수반하지는 않는다고 자신의 입장을 적극 변호하게 된다. 이를 위해 쿨레쇼프는 두 가지의 편집을 예로 든다.[17] 첫번째 유형은 급작스러운 전환을 수반하는 경우이다. 예를 들어 오른쪽에서 왼쪽으로 움직이는 기차가 앞선 숏의 마지막 프레임에서는 왼쪽 모서리에 위치하고, 그 다음 숏의 첫 프레임에서는 오른쪽 끝에 위치한다고 가정해 보자. 이 두 숏의 결합은 급작스러운 비약의 인상을 불러일으켜 관객을 짜증나게 할 것이다. 두번째 유형은 앞선 숏의 마지막 프레임과 다음 숏의 첫 프레임에 나타난 동작의 방향이 일치하는 경우이다. 이렇듯 쿨레쇼프는 몽타주도 '급작스러운 비약(abrupt jump)'을 피하고 '부드러운 전환(smooth transition)'을 가져올 수 있음을 설명하였다. 이와 같은 원리에 입각해 쿨레쇼프는 둥근 물체의 숏과 사각형 물체의 숏을 잇는 것은 갑작스러운 변화의 인상을 초래하므로 피해야 한다고 생각하였다.

위와 같은 입장에서 쿨레쇼프는 에이젠슈테인의 〈파업(Strike)〉이 잘못된 몽타주를 사용하였다고 비판하고 있다.* 왜냐하면 이 작품은 편집이 너무 단편화되어 있을 뿐 아니라 숏들 사이의 상호 연관성이 매우 미약해 '단일한 주제의 흐름(a single thematic line)'을 보여주지 못기 때문이다.[18] 예를 들어 그 유명한 소의 도살과 노동자들이 학살당하는 숏들의 결합은 쿨레쇼프가 보기에 연상적인 상호 관련성이 희박하였다. 그 결과 소의 도살은 노동자들의 학살을 의미있게 부각시키지 못했다.(그러나 에이젠슈테인은 정반대의 설명을 한다. 그의 견해에 따르면 소의 도살과 노동자의 학살이라는 두 개의 이질적인 액션은 '도살'을 연상시킨다. 즉 두 액션은 몽타주되어 "노동자들이 군인들에 의해 소처럼 도살된다"는 의미를 발생시킨다는 것이다. 124-125 페이지 참조) 이런 점에서 쿨레쇼프는 '점프 컷(jump cut)'을 배격하고 할리우드 방식의 '눈에 띄지 않는 편집(découpage)'을 지향하고 있다고 볼 수 있다.** 이것은 미국식 몽타주에서 출발한 이론의 당연한 귀결이라고 할 수 있다.

앞서 설명한 쿨레쇼프의 입장은 곧잘 다음과 같은 '벽돌 쌓기'로 표현되기도 하였다.

> 만일 하나의 생각, 하나의 단편적 이야기, 전반적인 극적 연속성을 주는 하나의 연결이 있다면, 이 생각은 '숏 기호들(shot-signs)'이 벽돌들처럼 쌓이며 표현될 것이다.[19]

에이젠슈테인이 지적했듯이 이러한 사고 아래서 몽타주는 필름 조각을 '연결(linkage)'하는 것이며, 하나의 '생각(idea)'을 상세히 설명하기 위해 벽돌을 누적적으로 쌓는 격이다.[20] 이러한 쿨레쇼프의 입장은 앞으로 살펴볼 푸도프킨의 '연결 몽타주(montage of linkage)' 이론으로 보다 체계화되고, 에이젠슈테인의 '충돌 몽타주(montage of collision)'와 첨예한 대립을 이루게 된다.(도판 2)

---

* 그러나 쿨레쇼프는 에이젠슈테인을 매우 높게 평가해 여러 차례 그에게 찬사를 보내고 있기도 하다. 예를 들어 쿨레쇼프는 에이젠슈테인을 새로운 영화문화를 개척한 감독으로 평가하고 있다.

** 할리우드 방식의 편집을 '눈에 띄지 않는 편집(invisible editing)'이라는 의미의 '데쿠파주(découpage)'라고 부른다. '눈에 띄지 않는 편집'은 앞으로 살펴볼 푸도프킨의 몽타주처럼 '연속성'을 중시해, 관객이 편집의 이음새를 의식하지 못하도록 한다.

3장

몽타주와 영화 연기

쿨레쇼프는 몽타주 미학에 눈을 뜨면서 몽타주에 맞는 연기에 대해 생각하게 된다. 이 두 분야는 서로가 긴밀하게 연결되어 있다. 만일 몽타주가 치밀한 계산 아래 짧은 숏들이 결합되는 것이라면, 몽타주 영화에 적합한 연기는 짧은 시간 내에 표현할 수 있는 아주 정확하게 계산된 동작을 요구한다. 이렇듯 쿨레쇼프는 편집에서뿐 아니라 연기에서도 수학적 정확성을 전제로 하고 있다. 연기에 대한 그의 첫 탐구는 색다른 실험인 '필름없는 영화(films without film)'에서 시작되었다.

1. 필름없는 영화

1920년경 전선에서 돌아온 쿨레쇼프는 모스크바 영화학교에서 영화배우를 철저히 훈련시키는 방법에 몰두한다. 소위 '필름없는 영화'라고 알려진 이 작업은 말 그대로 필름이 없는 카메라 앞에서 배우들이 연기를 하는 것이다.* 따라서 쿨레쇼프와 그의 학생들은 시나리오를 쓰고, 그것에 따라 빈 카메라 앞에서 연출하고 연기하였다. 이 과정에서 그들은 종이에 숏들을 일일이 그렸으며, 나중에 그것들을 모아 한 편의 완성된 작품을 만들었다.[21] 쿨레쇼프는 이러한 작업을 하게 된 이유를 다음과 같이 아주 단순하게 설명한다. "우리는 다른 것을 할 수 없었기 때문이다. 그 당시 쓸 필름이 없었던 것이다."[22]

'필름없는 영화'는 크게 두 단계의 과정을 걸쳐 실시되었다. 먼저 쿨레쇼프는 배우들의 신체 훈련을 실시하고, 그 다음 단계로서 '에튀드(étude)'라고 부르는 일련의 습작들을 무대에 발표하였다. 에튀드는 여러 개의 몽타주 장면이 바뀌는 '촌극

---

* 이 방법은 소비에트의 모스크바 영화학교에 도입되어 약간 수정된 형태로 지금까지 이어 내려오고 있다고 한다. Ronald Levaco, Introduction, *Kuleshov on Film*, by Lev Kuleshov(Berkeley : U of California P, 1974)

(playlet)'의 형태였다. 처음에는 학교에서 단순히 공연하던 것이 후에는 공식적인 공연으로 발전하게 되어, 그 당시 큰 뉴스거리가 되었다. 이처럼 '필름없는 영화'는 아주 열악한 조건 아래서 시작되었지만, 그 결실은 매우 놀라웠다. 이 작업을 통해 쿨레쇼프는 조직화된 연기에 관한 원리를 발전시키게 된다.

2. 조직적인 연기

앞서 언급했듯이 쿨레쇼프는 몽타주에 적합한 연기란 짧은 시간 내에 표현되는 동작으로서 아주 정확하게 계산되어야 한다고 생각하였다. 대체로 몽타주를 이용한 영화는 개별 숏이 매우 짧을 수밖에 없다. 따라서 숏에 담긴 내용은 아주 구체적이고 조직적이어서 관객이 짧은 시간 내에 명확히 이해하도록 해야 한다. 그러기 위해서 쿨레쇼프는 다음과 같은 주장을 한다.

고정된 화면비, 영사된 단편들의 길이, 관객의 지각 능력을 감안할 때 하나의 법칙을 세울 수 있다. 즉 영화는 사물과 배우의 단순명료한 동작을 구성해야 하는 것이다.[23]

한편 표현력이 풍부한 숏을 만든다는 것은 쿨레쇼프에게 있어서는 주어진 화면을 최대한 경제적으로 이용하는 것이다. 따라서 쿨레쇼프는 화면에 쓸모없는 공간이 있는 것을 허락하지 않았다. 화면의 모든 공간은 최대한 철저하게 사용되어야 하였다. 그러기 위해서 화면에 담긴 내용은 조직화되어 단순명료하고 표현력있는 형태가 되어야 한다는 결론에 이르게 된다.[24] 쿨레쇼프가 주장하는 조직화된 영화 연기는 이러한 숏의 속성에도 부합한다.(도판 3)

영화적 표현은 단순명료하면서도 잘 조직되어 있어야 한다는 것이 쿨레쇼프 이론의 기본 전제이다. 예를 들어 그는 화면 내의 동작 방향은 혼동스럽기보다 조직적인 형태를 취하는 것이 좋다고 하였다.[25] 이러한 생각은 쿨레쇼프로 하여금 시골 풍경보다 철교, 고층 빌딩, 기선, 비행기, 자동차 등의 기하학적이고 과학적인 풍경을 선호하게 만들었다.[26] 한마디로 쿨레쇼프에게 있어서 숏이란 하나의 '기호(sign)' 혹은 '철자'로서, 관객이 즉각적으로 이해할 수 있는 것이어야 하였다.[27] 즉 숏은 하나의 인상적인 '기호'이므로, 배우들은 특정한 감정 상태를 나타내기 위해 표정이나 제스처를 체계화하고 조직화할 수 있어야 한다는 것이다. 여기서 우리는 연극 연출가 마이어홀드(Vsevolod Meyerhold)의 영향을 엿볼 수 있다. 마이어홀드는 배우의 신체적 표현이 즉각적으로 해독할 수 있는 상형문자의 성질을 지녀야 한다고 주장한 바가 있다.(115 페이지 참조) 배우의 신체적 표현을 인상적인 '기호' 혹은 '상형문자'로 보는 쿨레쇼프는 궁극적으로 배우들의 동작과 제스처를 '공간 내의 조각적 형태

3. 쿨레쇼프의
1926년 작품 〈법(Law)〉의 한 장면은
단순명료하면서도 표현력이 있는
공간적 처리를 보여준다.(위)
1925년 작품 〈살인광선〉은
쿨레쇼프가 조직화된 연기를 이용해
주어진 화면을 최대한 사용하는 것을
보여주고 있다.(아래)

(sculptural forms in space)'로
만들려고 노력하였는데, 그 결
과가 다음에 살펴볼 '동작축'과
'공간적 그물망(spatial grid)'
에 관한 원리인 것이다.

쿨레쇼프가 의미하는 '조직적인 연기'를 보다 잘 이해하기 위해서는 그가 예로 든
부두의 인부가 일하는 모습을 살펴볼 필요가 있다. 부두의 인부는 무거운 짐을 경제
적인 동작으로 숙련되게 나르는 것이 보통이다.[28] 바로 이러한 것이 쿨레쇼프가 추구
하는 동작이었다. 배우의 동작은 조직적일 뿐 아니라, 숙련되고 경제적이어야 하는
것이다. 이럴 때 관객은 화면에 나타난 동작을 즉시 명확하게 이해할 수 있다고 쿨레

쇼프는 보았던 것이다. 조직적이고 숙련되고 경제적인 동작을 필요로 하는 쿨레쇼프의 연기 방법론은 배우들에게 혹독한 신체 훈련을 요구한다. 이것이 바로 다음에 살펴볼 내용이다.

3. 동작축과 공간적 그물망

조직화된 동작을 요구하는 쿨레쇼프의 연기는 보통 수 년의 연습을 요구한다.[29] 먼저 초보적인 연습 과정에는 동작을 구성 부분으로 나누어 실행하는 것이 포함된다. 예를 들어 방안에 들어오는 동작은 다음과 같은 다양한 부분들로 나누어 생각할 수 있다. 어떤 손으로 문고리를 잡을 것인가? 문고리를 가장 잘 잡는 방법은? 어떤 발이 먼저 들어올까? 몸의 자세는? 다른 손은 무엇을 할 것인가? 머리는 어떻게 할까?[30] 이렇듯 모든 신체 부위마다에 적합한 동작을 취한다는 점에서 쿨레쇼프의 영화 연기술은 아주 세부적이라 할 수 있다. 동작이 기본적인 정확성을 지니게 되면, 그 다음의 연습은 운율과 율동에 관계되는 동작의 시간적 요소에 집중한다. 이때 '박자 측정기(metronome)'를 이용해 배우들이 미리 마련된 계획에 따라 각 동작을 원하는 박자에 맞게 행한다. 여기서 배우들은 박자마다에 고유한 분위기가 있음을 상기해야 한다. 예를 들어 3/4 박자는 월츠와 같은 서정적 주제에 어울리며, 2/4 박자는 행진 곡같이 힘에 넘치는 박자에 맞다. 여러 가지 연습을 통해 배우들이 시간적 요소에 익숙해지면 그 다음 단계인 동작의 표기와 율동 훈련으로 넘어간다. 이 단계에서 배우들은 동작을 악보처럼 정확히 표기한 다음 그에 따라 움직인다. 이 훈련은 음악가들이 악보를 보고 무의식적으로 연주하는 것과 같이 숙달되어야 한다.[31] 다음 단계의 연습은 상당한 경험과 기술을 요하는 보다 복잡한 동작으로, 레슬링, 권투, 체조, 넘어지기 등이 포함된다. 먼저 배우들은 사전에 동작을 부분으로 나누어 분석한다. 그리고 나서 그들은 각각의 세부 동작을 느린 속도로 연습한 다음 정상 속도로 연습한다. 그 다음 단계는 얼굴의 연기에 관한 것이며, 여기서는 카메라에 맞는 섬세한 표현을 모색한다.[32] (얼굴 연기에 관한 것은 33 페이지에서 논의한다) 이렇듯 초기 단계의 연습은 주로 세부적인 동작을 정확하고도 율동감있게 표현하는 것에 초점이 모아진다.

초보적인 동작에 대한 연습이 끝나면 쿨레쇼프의 배우들은 동작축과 공간적 그물망의 원리를 이용해 보다 정밀한 연기를 하게 된다. 먼저 배우가 동작축을 중심으로 조직적으로 움직이게 하기 위해서 쿨레쇼프는 사람을 구성 부분으로 나누었다.[33] 여기서 쿨레쇼프는 동작의 체계를 설명하기 위해 음악의 예를 든다. 본래 음(音)은 그 수가 무한하다고 할 수 있다. 그러나 작곡은 어떤 정해진 음의 체계에만 의존하는 것으로, 이를 통해 작곡가들은 수없는 음악을 만들 수 있는 것이다. 이러한 원리는 동작에도 적용된다. 다시 말해 우리는 어떤 움직임이라도 '동작의 체계'에 토대해 창조할 수 있는 것이다.[34] 이를 위해 쿨레쇼프는 사람의 동작을 세 가지 축, 즉 수평축, 수직축, 가로축을 중심으로 파악하였다.[35] 가령 머리를 좌우로 흔들거나 혹은 위아래로 끄덕일 수 있는데, 전자는 부정의 표시이며 후자는 긍정의 표시이다. 마찬가지로 손, 허리, 다리, 엉덩이, 무릎, 발 등 신체 부위를 다양한 축으로 움직일 수 있다. 이러한 동작들 혹은 동작들의 조합이 선명하게 이루어졌다면, 관객은 그러한 움직임을 쉽게 파악할 것이라는 것이 쿨레쇼프의 의견이다.*

동작축 다음의 단계는 움직임을 주변 환경 속에서 이해하는 것이다. 여기서 우리는 채플린의 영향을 읽을 수 있다. 쿨레쇼프는 1928년에 쓴 「데이비드 그리피스와 찰리 채플린(David Griffith and Charlie Chaplin)」에서 채플린이 감정이나 삶의 다양한 측면을 얼굴로 표현하지 않고 몸의 태도로 표현하는 것을 높이 샀다. 즉 채플린은 주변에 있는 사물이나 사람과의 관계를 통해, 혹은 그러한 사물이나 사람을 다루는 태도를 통해 감정이나 생각을 표현했던 것이다.[36] 여기서 생각해야 할 점은 영화 연기는 주어진 사각형의 스크린 안에 갇혀 있다는 것이다. 따라서 사각형의 프레임 안에서 배우가 주변에 있는 사람이나 사물과 맺는 관계는 매우 표현적일 수 있다는 것이다. 쿨레쇼프는 동작을 주변의 환경 속에서 파악하기 위해 배우가 일하는 공간을 렌즈의 중심을 꼭지점으로 하는 피라미드로 보게 하였다. 그리고 이러한 공간은 수많은 사각형으로 이루어진 '공간적 그물망'으로 나눌 수 있다. 따라서 배우가 사각형 화면 내에서 정확한 위치를 잡으며 신체를 움직인다면, 이는 관객이 쉽게 해독할 수 있는 명료한 표현이 된다고 쿨레쇼프는 생각하였다.[37] 이러한 생각에서 쿨레쇼프의 배우들은 공간을 수직적으로나 수평적으로 망이 형성된 입체로 생각하고, 이러한 기하학적 공간 속에서 정확히 분석된 동작과 제스처를 취해야 하는 것이다.

그렇다면 쿨레쇼프의 배우들은 기본적인 축을 이용하고 '입방체 공간(cubic space)'을 의식해 조직화된 동작을 구성해야 한다고 볼 수 있다. 조직화되고 명료한 연기를 위해서 쿨레쇼프가 가장 중요시한 원리는 바로 '공간적 그물망'과 기본적인 축을 이용한 신체 움직임이었다.[38] 쿨레쇼프는 이렇게 복잡한 영화배우의 연기 훈련

---

* Lev Kuleshov, *Kuleshov on Film*, ed. and trans. Ronald Levaco (Berkeley : U of California P, 1974) p.66. 지금까지 살펴본 신체 부위와 얼굴의 동작 연습을 위해서 쿨레쇼프는 델사르테(François Delsarte) 체계가 매우 유익하다고 생각하였다.(이에 대해서는 Kuleshov p.107을 참고할 것.) 델사르테는 프랑스 사람으로, 19세기말에 수학적인 정밀성을 지닌 신체 표현을 연구한 사람이다. 그는 배우가 다리, 발, 팔, 몸통, 머리 등 신체의 부분을 정확히 사용해 특별한 감정, 태도, 생각 등을 전달해야 한다고 믿었다.

을 자동차 운전에 비유하였다. 즉 운전을 배울 때 우리는 의식적으로 클러치를 밟으
며 기어를 바꾸지만, 이것이 익숙해지면 자동적으로 무의식적으로 하게 된다는 것이
다. 영화배우의 연기도 마찬가지이다. 영화배우는 동작의 축과 '공간적 그물망'을 의
식적으로 계산하지 않고도 정확하게 사용할 수 있도록 숙달된 훈련을 해야 하는 것
이다.[39] 그 결과 배우는 부두의 숙련된 인부처럼 힘든 일을 조직적이면서도 쉽게 해
낼 수 있어야 하는 것이다.

조직적이고 기계화된 연기를 원하는 쿨레쇼프는 얼굴보다는 팔과 다리를 보다 효
과적인 표현 수단으로 보았다. 왜냐하면 얼굴은 가장 '기계화(mechanization)'하기
힘든 부분일 뿐 아니라, 그 표현 범위가 좁아 풍부한 표현이 결핍되어 있기 때문이
다.[40] 그러나 쿨레쇼프는 궁극적으로 '기계적 얼굴(machine face)'의 가능성을 인정
해 조직화되고 기계화된 얼굴의 연기를 모색하였다. 예를 들어 쿨레쇼프는 얼굴 동
작에 관한 다음과 같은 에튀드를 제안하였다.

(1) 정상적 얼굴, (2) 눈을 흘겨 우측으로 움직이기, (3) 사이, (4) 이마와 눈썹 찌푸리기, (5)
턱을 내려 앞으로 내밀기, (6) 눈을 갑자기 우측으로 움직이기, (7) 턱을 왼쪽으로 내리기,
(8) 사이, (9) 정상적 얼굴, 그러나 눈은 아직 앞선 동작 상태, (10) 눈을 크게 뜨고 입을 반쯤
벌리기, 등등

위와 같은 얼굴의 연기에서 두드러진 점은 심리적 동기가 완전히 결여되어 있다는
것이다. 대신 얼굴은 기계의 부속처럼 자율적인 부분들로 나뉘어져 감독의 뜻에 따
라 움직일 수 있어야 하는 것이다.[41] 심리적인 연기보다 신체적 표현력을 중시한 점
에서 쿨레쇼프는 스타니슬라프스키보다 마이어홀드에 접근하고 있음을 다시 한번
확인할 수 있다.

한편 쿨레쇼프는 몽타주의 일반적 원리를 얼굴 표정에 적용하였다. 그에 따르면
얼굴 표정은 다른 신체적 표현과의 몽타주 속에서 그 의미가 새로워질 수 있다는 것
이다. 이를 설명하기 위해 쿨레쇼프는 '가면의 얼굴(mask face)'이라는 개념을 도입
해 다음과 같이 말하고 있다.

만일 배우에게 어떤 가면을 씌우고 슬픈 자세를 취하게 한다면 그 가면도 슬픔을 나타낼
것이다. 반면 만일 배우가 행복한 자세를 취한다면 가면은 마치 행복한 것처럼 보일 것이다.[42]

여기서 말하고자 하는 핵심은 얼굴의 감정 표현은 다른 무엇과의 관계, 즉 몽타주 속
에서 변할 수 있다는 것이다. 예를 들어 '쿨레쇼프 효과' 실험에서 모주힌의 무표정
한 얼굴은 그 앞에 스프 혹은 곰인형을 갖고 노는 어린 아이와의 관계 속에서 그 감

정적 뉘앙스가 각각 달랐다. '가면의 얼굴'은 몽타주를 통해 보다 구체적인 감정이 담긴 얼굴로 변모된 것이다. '기계적 얼굴' 그리고 '가면의 얼굴'이 지향하는 연기는 전통적으로 생각하는 '표현(ex/pression)', 즉 안의 것을 밖으로 짜내는 것과는 거리가 멀다.[43] 여기서 연기의 본질을 '가면'으로 보는 것은 마이어홀드의 영향이 아닐수 없다. 마이어홀드는 '분장(make-up)'의 연기와 반대되는 '가면(mask)'의 연기를 주장하였다.(114-116 페이지 참조) 한마디로 '분장'의 연기는 스타니슬라프스키 방식으로, 맡은 역을 심리적으로 느끼는 것을 의미한다면, 가면의 연기는 맡은 역을 신체적으로 외적으로 표현하는 것을 말한다. 따라서 마이어홀드는 가면의 개념 아래 연기의 핵심을 '제스처와 동작의 예술(the art of gesture and movement)'로 규정한 바 있다.[44]

　배우는 감독이 요구하는 동작을 조직적으로 정확하게 표현해야 하므로 쿨레쇼프는 배우를 '배우 마네킹(actor-mannequin)'이라고 불렀다.* 이러한 생각 아래서 배우란 얼굴, 손, 몸통, 다리 등 온몸을 이용해 인간이 할 수 있는 모든 동작을 표현할 수 있어야 한다는 것이다.[45] 마네킹이라는 말은 오해의 여지가 있는 용어이다. 그것은 마치 조작하는 사람에 의해 기계적으로 움직이는 인형의 인상을 준다. 따라서 쿨레쇼프는 1968년에 발표한 「적군(赤軍) 전선에서(On the Red Front)」라는 글에서 '배우 마네킹'의 참뜻을 설명하고 있다. 배우 마네킹은 일부 학자들이 해석하듯 감독의 지시대로 움직이는 마네킹이 아니라, 진짜 사람처럼 자연스러운 배우로서 인간의 모든 동작을 할 수 있는 배우를 지칭하는 것이다.[46] 여기서 우리는 쿨레쇼프가 자연스러움을 강조하는 것에 주목할 필요가 있다. 사실 쿨레쇼프는 가장된 표현보다 삶 그대로의 모습이 더 영화에 어울릴 수 있다는 입장을 줄곧 취했었다. 따라서 그는 "진짜 환경 속에 있는 진짜가 영화적인 재료를 구성한다"라고 단정한다.[47] 이러한 생각에 따르면 사실적인 것을 벗어나 양식적인 표현을 추구하는 연기는 물론이고, 진짜 살아있는 사람처럼 보이게 하려는 노력도 영화에 적합하지 않다. 왜냐하면 두 연기는 모두 근본적으로 무엇을 '가장(假裝)'하고 '모방'하는 것이기 때문이다. 따라서 쿨레쇼프가 보기에 영화에 잘 어울리는 배우는 오히려 연기를 해본 일이 없는 사람일 수도 있다.[48] 그렇다면 '배우 마네킹'은 정확한 계산 아래 모든 신체적 표현을 '연기(acting)'한다는 인상 없이 자연스럽게 하는 배우를 일컫는 것이라고 볼 수 있다. 이러한 쿨레쇼프의 생각은 이론적인 모순이 아닐 수 없다. 그는 기계적이면서도

＊ 배우를 마네킹으로 보는 쿨레쇼프의 시각은 무대 디자이너이자 연출가인 크레이그(Gordon Craig)의 생각을 반영하는 듯하다. 크레이그는 배우가 '초인형(Super-Marionett)'이 되어야 한다고 주장하였다.

조직적인 동작을 원하면서도, 그 표현이 아주 자연스럽기를 바랐다. 과연 이 두 조건 이 어떻게 조화되어 결실을 맺을 수 있을지 궁금하다. 쿨레쇼프는 연기 경험이 미흡 하였기에 마음껏 이상론을 펼치고 있는 것이 아닐까? 아무튼 쿨레쇼프는 배우들이 매우 체계적인 신체 훈련을 받아 감독이 원하는 어떤 동작이라도 조직적이면서도 자 연스럽게 표현하기를 바랐다. 연기 기호학에 비유할 만한 그의 이론은 아마 '만능 배 우'를 필요로 했을지도 모른다.

여기서 한 가지 지적하고 싶은 것은 쿨레쇼프의 연기론이 특히 무성영화에 어울 린다는 것이다. 예를 들어 쿨레쇼프는 1932년 〈수평선(Horizon)〉이라는 발성영화를 만든다. 이 영화에 출연한 쿨레쇼프의 배우들은 예전처럼 짧은 몽타주 숏 안에서 단 일하고 명확한 감정을 표현하는 데 익숙했다. 이러한 배우들에게 대본과 대사가 주어지자 그들은 '장시간 촬영(long take)'동안 카메라 앞에서 얼어붙은 듯했고, 생 명력없이 딱딱해 보였다.[49] 아울러 '신체언어(body language)'를 중심으로 하는 그의 연기는 인간의 심리적 내면세계를 탐구하는 데 적절하지 않았다. 이러한 점을 감안 할 때 쿨레쇼프의 연기는 너무 단편적이고, 신체적 표현에 편중되어 있지 않나 하는 생각이 든다. 그럼에도 불구하고 우리는 주어진 화면 내에서 하나의 기호적 가치를 지니는 조직화된 연기를 새롭게 평가해야 한다. 영화는 사각형의 '프레임' 안에 관객 의 시선을 몰입시키고, 연극에 비해 아주 짧은 시간의 연기를 요구한다. 따라서 정해 진 프레임 안에서 짧게 행해지는 연기는 인상적인 기호로서 기능할 필요가 있는 것이 다.

4. 전형

쿨레쇼프는 영화가 요구하는 연기술이 연극 연기와는 상이하고, 사실의 가장이 아 닌 '진짜(real material)'가 필요하다고 보았다. 따라서 영화에 적합한 배우는 연극배 우가 아닌 '전형(types)'이어야 한다고 보았다.[50] 여기서 '전형'이란 타고난 모습이 영화적 처리에 잘 어울리는 사람을 말한다. 다시 말해 전형의 필수 조건은 성격이 외 형적으로 드러나고, 아주 표현력이 있는 외모를 갖추어야 하는 것이다. 이와 같은 생 각에 따르면 평범한 외모를 가진 사람은 아무리 잘 생겼더라도 영화에 적합하지 않 은 것이다.

그렇다면 영화배우는 무엇보다도 조직적인 연기를 하고, 신체적인 조작을 통해 외 양을 변모시킬 수 있는 전형이어야 하는 것이다.[51] 쿨레쇼프가 전형을 옹호하는 것은 그의 경향을 볼 때 아주 당연한 것일 수 있다. 예를 들어 그는 심리주의에 심취해 외 적인 액션 없이 문학성만을 내세우는 영화를 경멸하고 액션과 활력이 가득 찬 미국 영화를 찬양하였다. 예술성을 앞세우는 심리주의에 대한 혐오감 그리고 활력에 찬 액션에 대한 그의 사랑이 신체적 표현과 전형을 중시하는 것으로 나타난 것이다. 아무튼 쿨레쇼프는 몽타주 이론 전반에 걸쳐 대립하였던 에이젠슈테인과 유독 전형의 필요성에 대해서만은 의견을 같이하고 있다. 만일 앞으로 살펴볼 푸도프킨이 연기 방법론에 있어 스타니슬라프스키를 추종했다면, 쿨레쇼프와 에이젠슈테인은 마이어홀드 방식을 택한 것이다. 푸도프킨이 쿨레쇼프의 후계자임을 감안하면 이것은 아이러니가 아닐 수 없다.

4장

몽타주 영화에서의 장치와 숏

쿨레쇼프에게 있어서 몽타주는 영화의 알파요 오메가였다. 따라서 그가 짧은 숏들로 이루어진 몽타주 영화에 적합한 장치와 숏을 모색하는 것은 너무나 당연한 일이라 하겠다.

1. 몽타주와 장치

쿨레쇼프는 세트 디자이너로서 영화를 시작하였다. 그는 세트 건축에 관한 경험을 쌓은 후 연출작업을 공부하였는데, 무엇보다도 관심을 둔 것은 몽타주에 대한 실험과 비전문 배우의 연기에 관한 것이었다. 그러나 쿨레쇼프는 빠른 속도의 몽타주를 이용한 영화를 제작하면서 다시 '장치(scenery)'에 대해 관심을 두기 시작한다. 몽타주에 대한 생각은 미국 영화에서 비롯된 것이므로, 쿨레쇼프가 몽타주 영화에 맞는 장치를 미국 영화에서 배우고자 했던 것은 자연스러운 일이었다.[52] 미국 영화를 통해 쿨레쇼프가 제일 먼저 배운 것 중의 하나는 숏이 빠른 몽타주의 흐름 속에서 최대한의 표현력을 가져야 한다는 것이며, 이를 위해 세트는 다양한 치장으로 복잡할 필요가 없고 그 장면의 정수(精髓)를 표현력있게 나타낼 수 있도록 단순명료해야 한다는 것이다. 예를 들어 쿨레쇼프의 입장에서 어떤 한 방을 묘사한다면, 그것은 실제의 방과 똑같이 벽걸이, 테이블, 찬장 등으로 잔뜩 치장할 필요가 없는 것이다. 그러한 장치는 몽타주 숏 내에서 혼란스럽게 보일 것이다. 왜냐하면 짧은 시간 내에 관객은 이러한 것들을 모두 지각할 수 없기 때문이다. 따라서 쿨레쇼프는 불필요한 잡동사니는 장치에 도움이 안 되고, 그 방의 특성을 나타낼 두세 개의 '디테일(details)'만 강조하는 것이 보다 효과적이라고 생각한다.[53] 이상적으로 말한다면 모든 것을 즉각 표현할 수 있는 하나의 인상적인 사물만 있으면 장치는 그 역할을 다했다고 볼 수 있다. 한마디로 장치는 쿨레쇼프가 보기에 배우의 동작처럼 '몽타주 기호(montage sign)'로 기능할 수 있어야 하는 것이다.

세트에 관한 쿨레쇼프의 기본입장은 장치나 배경은 가급적 단순하고 어둡게 처리되어 액션을 돋보이도록 해야 한다는 것이다.[54] 세트의 치장이 눈에 덜 띌수록 관객은 그것에 덜 주목하게 되고, 따라서 장치는 중요한 액션이나 사물을 덜 방해할 것이다. 배우의 동작이나 액션을 돋보이게 할 단순한 세트의 한 방법으로 쿨레쇼프가 선호한 것은 부분적으로 혹은 전반적으로 어둡게 처리된 장치이다.[55] 단 배우나 중요한 물체를 클로즈업으로 처리해야 할 때, 배경은 그 재질에 있어 최대한의 표현력을 갖도록 해야 한다.[56] 한편 공간적 그물망의 원리는 세트에도 적용이 된다. 의자 하나라도 이러한 원칙에 토대해 배치한다면 인상적인 숏이 될 것이다. 그리고 화면에 나타난 사물들 사이의 상호관계는 쉽게 잘 파악되도록 해야 한다.[57] 이처럼 쿨레쇼프의 몽타주 미학에서는 모든 표현수단이 단순명료해야 한다. 왜냐하면 모든 표현은 짧은 시간 내에서 효과적으로 전달되어야 하기 때문이다.

2. 몽타주와 숏

숏을 구성하는 방법은 영화기법의 특성에 따라 다를 수 있다. 쿨레쇼프는 몽타주 영화에서는 숏이 단순명료해야 할 뿐 아니라, 사용하지 않는 빈 공간이 있어서도 안 된다고 생각하였다.[58] 예를 들어 사람의 얼굴을 클로즈업했을 때 많은 카메라맨들이 머리 위에 '헤드 룸(head room)'이라고 하는 빈 공간을 두는데, 쿨레쇼프는 이러한 빈 공간은 전적으로 불필요하며 숏의 힘을 약화시킨다고 보았다. 불필요한 사물이나 공간을 숏에서 배제하려는 쿨레쇼프는 미국 영화에 자주 등장하는 '아이리스(iris)' 기법을 선호한다. 쿨레쇼프가 보기에 아이리스는 화면을 아름답게 꾸미려는 미학적 의도에서 사용되어서는 안 되며, 숏 내에서 불필요한 것을 제거하는 데 사용되어야 한다는 것이다.[59]

다시 한번 강조하지만 쿨레쇼프에게 영화의 숏은 정지된 사진같이 독립적으로 존재하지 않는다. 그것은 몽타주의 구성 속에 하나의 기호 혹은 철자로서 기능해야 하는 것이다. 기호로서 기능하는 숏의 가장 단순한 예를 들어보자. 자신에 찬 사람은 대개 '앙각(仰角, low angle)'으로 잡아 그의 압도적인 태도를 불러일으킨다든지, 의기소침한 사람은 '부감(俯瞰, high angle)'으로 찍어 그가 왜소하게 보이도록 하는 것은 숏을 하나의 기호로 처리한 예라고 할 수 있다.[60]

한편 쿨레쇼프는 액션을 극중인물의 관점에서 볼 수 있는 기회를 마련한 것이 몽타주의 도입 덕분이라고 생각하였다.[61] 예를 들어 탑 꼭대기에서 아래를 내려다보는 한 인물을 생각해 보자. 이 장면의 몽타주는 아마 탑 꼭대기에 있는 인물을 객관적 시점에서 보여주는 숏과 그 인물의 주관적 시점에서 아래에 있는 사물을 보는 숏으로 구성될 것이다. 이렇듯 소위 '주관적 카메라'라고 하는 새로운 관점은 몽타주에 의해 비로소 가능해졌다는 것이 쿨레쇼프의 견해인 것이다.

지금까지 살펴보건대 쿨레쇼프에게 있어 영화의 제일조건은 몽타주이다. 따라서 그는 연기, 세트, 숏 구성 등을 포함한 다른 영화적 요소들이 모두 몽타주 미학에 부합되어야 한다고 생각하였다. 그러나 이러한 몽타주 제일주의는 1935년에 다소 수정된다.

5장

수정된 몽타주 이론

쿨레쇼프는 1935년에 쓴 「몽타주의 원리들(The Principles of Montage)」이라는 글에서 초기에 취했던 입장을 수정한다. 과거에 쿨레쇼프는 가장 중요한 영화 기법이 몽타주에 있음을 일관되게 주장하였다. 그러나 1935년경에 이르러서 쿨레쇼프는 초기의 몽타주 만능주의로부터 벗어난다. 무엇이 이러한 태도의 변화를 일으켰을까? 쿡(David A. Cook)에 따르면 1935년에 쿨레쇼프는 '영화인 총회'에서 베르토프(Dziga Vertov)와 함께 형식주의자로 비판을 받고, 과거의 과오를 뉘우칠 것을 강요받는다.[62] 그렇다면 쿨레쇼프는 글을 통해 전략적으로 자신의 입장을 수정한 것인지 모른다. 그럼에도 불구하고 1935년에 쓴 글을 읽으면, 우리는 그의 새로운 태도가 오랜 경륜에서 비롯되었음을 감지할 수 있다. 따라서 쿨레쇼프의 변화된 생각은 그 원인이 복합적이라고 할 수 있다.

이유야 어떻든 쿨레쇼프는 몽타주에 대해 새로운 입장을 취하며, 그것은 두 가지로 압축될 수 있다. 첫째, 쿨레쇼프는 배우 연기의 중요성에 대해 새로운 인식을 한다. 쿨레쇼프가 보기에 영화 재료는 살아 있는 인간 그리고 '진짜 삶(real life)'인데, 이러한 재료는 너무 가지각색이고 복잡해 몽타주, 즉 기계적인 결합만으로는 충실히 표현할 수 없다는 것이다.[63] 이렇듯 쿨레쇼프는 몽타주에 대한 맹신으로부터 한 발자국 물러선 입장을 취하며, 과거의 실수를 고백까지 한다. 과거에 그는 몽타주가 배우의 심리적 표현에도 영향을 미칠 수 있다고 굳게 믿었다. 앞서 살펴본 '쿨레쇼프 효과'에 관한 실험은 이러한 신념의 근거가 되었다. 예를 들어 감옥에 갇힌 죄수가 스프를 보고 기뻐하는 표정과, 같은 죄수가 자유의 몸이 되어 기뻐하는 표정을 바꾸어 편집하여도 관객은 연기의 차이를 전혀 알아차릴 수 없었던 것이다. 따라서 쿨레쇼프는 영화에서 몽타주를 제외하고는 아무것도 존재하지 않으며, 몽타주가 잘 이루어지는 한 배우의 연기는 크게 신경 쓸 필요가 없다고 선언했던 것이다.[64] 그러나 이러한 생각은 잘못된 것이다. 왜냐하면 그 당시 배우의 연기는 미숙했을 뿐 아니라, 기뻐하는 두 표정은 분명히 달랐던 것이다. 따라서 쿨레쇼프는 몽타주가 배우의 심리적 표현을 항상 바꿀 수 있는 것은 아니라는 생각에 이르게 된다.[65]

위와 같은 생각은 쿨레쇼프로 하여금 몽타주를 새롭게 정의하게 한다. 지금까지 그는 몽타주를 숏과 숏 사이의 상호관계로만 이해하였다. 이러한 생각은 1922년에 쓴 글에서 다음과 같이 단적으로 표명된다. "중요한 것은 주어진 숏에 무엇이 찍히는가 하는 것이 아니고 어떻게 숏들이 서로 이어지는가, 즉 숏들이 어떻게 구성되는가 하는 것이다."[66] 다시 말해 영화에서 가장 중요한 것은 숏과 숏 사이의 상호관계이므로 숏 내의 내용은 소홀히 처리되어도 무방하다는 것이다. 이러한 생각은 1935년에 크게 변화한다. 이제 몽타주는 숏과 숏 사이의 상호관계에서 발생할 뿐 아니라 숏 내에서도 존재하는 것이다. '숏 내의 몽타주(intra-shot montage)'를 설명하기 위해 쿨레쇼프는 다음과 같은 도표를 이용한다.

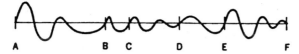

몽타주 단편과 숏 내의 몽타주를 나타내는 도표.

여기서 A, B, C, D, E, F는 숏과 숏이 이어지는 부분이다. 지금까지 몽타주의 율동과 의미는 전적으로 여기서 발생한다고 보았다. 그러나 몽타주는 각 숏 내에도 존재하는 것으로, 그것은 특히 배우의 연기에서 발견될 수 있다. 도표에서 A와 B, 혹은 B와 C 사이는 숏을 의미하며, 이들 숏들은 곡선으로 표시된 '내적인 율동'을 갖고 있다. 즉 각 숏은 배우의 동작에 따른 그 자체의 '몽타주 곡선(montage curve)'을 갖고 있다.[67] 따라서 영화는 숏 사이의 몽타주와 '숏 내의 몽타주'로 구성되어 있으며, 이 둘은 상호 긴밀한 관계를 갖고 있다는 결론이 나오게 된다. 숏 사이의 몽타주만을 강조해 왔던 쿨레쇼프에게 있어 이러한 결론은 커다란 변화가 아닐 수 없다.

위와 같은 생각에서 쿨레쇼프는 배우의 연기를 잘 몰라서 오직 몽타주에만 의존하는 감독의 작업을 별로 바람직스럽지 못한 것으로 판단한다. 대개 감독은 여러 상황에서 작업을 하게 된다. 어떤 상황에서는 표현하고자 하는 아이디어가 몽타주를 통해서 잘 성취될 수도 있지만, 때에 따라서는 배우의 연기, 즉 '숏 내의 몽타주'를 통해 나타낼 필요도 있다.[68] 따라서 쿨레쇼프의 관점에서 보면 감독은 배우의 연기에 일가견이 있어야 한다는 것이다. 이렇듯 몽타주 제일주의를 앞세우던 쿨레쇼프는 단일한 숏 내에서의 표현력을 인정하게 된다. 그러나 여기서 주의해야 할 점은 쿨레쇼프가 아직도 영화기법의 핵심을 몽타주에 두고 있다는 것이다. 그 증거로 쿨레쇼프가 숏 내에서의 표현력, 즉 배우 연기의 중요성을 말하면서도 몽타주가 영화의 핵심임을 늘 역설하고 있다는 점을 들 수 있다. 따라서 쿨레쇼프는 다음과 같이 주장한다. "무엇보다도 우리는 몽타주를 공부하고 연구해야 한다. 왜냐하면 그것은 관객에게 아주 특별한 효과를 일으키기 때문이다."[69] 특히 쿨레쇼프가 보기에 몽타주가 미숙한 배우의 연기를 수정 보완할 수 있을 때 그 가치는 재확인되는 것이다. 여기서 우리는 쿨레쇼프의 태도가 약간 애매모호하다는 것을 알 수 있다. 그는 몽타주 제일주의를 앞세우던 과거의 과오를 자아비판하면서도 자신의 옛 생각을 은근히 옹호하고 있다. 그렇다면 쿨레쇼프의 근본적인 시각은 사실상 변한 것이 없다고 볼 수도 있다. 다만 배우의 연기 혹은 '숏 내의 몽타주'의 중요성을 인정한 것이 새로운 변화라 할 수 있다. 여기서 우리는 에이젠슈테인의 영향을 감지할 수 있다. 에이젠슈테인은 1929년에 이미 '숏 내의 대립(conflict within the shot)'도 몽타주의 일종이라고 언급하며, '숏 내의 몽타주' 가능성을 제시하였다.[70] 따라서 1935년에 발표한 글을 통해 숏 내의 몽타주를 뒤늦게 인정한 쿨레쇼프는 에이젠슈테인으로부터 어느 정도 영향을 받았을 가능성이 있다. 에이젠슈테인의 영향은 다음에 논의할 두번째 태도 변화에서도 엿볼 수 있다.

쿨레쇼프의 두번째 변화된 시각은 몽타주가 제작자의 이념적 태도를 담을 수밖에 없다는 것을 가정한다. 따라서 쿨레쇼프는 몽타주가 사회주의 이데올로기를 반영해야 한다는 입장을 피력한다. 이러한 발언 역시 정치적으로 살아 남기 위한 제스처가 아닐 수 없다. 아무튼 영화는 그 속성상 사람들의 개별적인 행위들을 촬영한 다음 편집을 통해 그것들의 상호관계가 현상의 핵심을 나타내도록 하는 면이 있다. 따라서 감독의 세계관은 촬영과정뿐 아니라 몽타주에도 반영되는 것이다.[71] 이러한 생각 역시 에이젠슈테인의 관점이 매우 짙게 풍기는 대목이다. 에이젠슈테인은 1929년에 이미 몽타주가 특정한 이데올로기를 반영할 수밖에 없다고 주장한 바 있다.(144-147 페이지 참조) 더욱이 쿨레쇼프는 몽타주가 예술가의 이념적 목적과 직결된다고 가정한 다음, 이를 에이젠슈테인의 강의를 인용해 증명하고 있다. 에이젠슈테인은 몽타주를 다음과 같이 신문 편집에 비유하고 있다. 먼저 이삼 일 동안 세상에서 일어나는 사건들을 가정해 보자. 이러한 사건들은 기자에 의해 기록되어 다양한 신문에 실릴 것이다. 자본주의 신문과 사회주의 신문이 이것을 사설이나 논평없이 사건 보도만 하더라도 거기에는 차이가 있다. 즉 편집인의 정치적 태도가 신문 기사의 몽타주, 즉 편집을 결정하는 것이다. 따라서 자본주의 신문은 사건들을 부르주아의 가치관에 맞게 편집해 자본주의 체제의 착취성을 덮어버릴 것이다. 반대로 사회주의 신문은 같은 사건들을 다루더라도 자본주의 체제의 모순을 밝히는 쪽으로 편집을 할 것이다. 이러한 원리가 영화에도 적용된다고 보는 쿨레쇼프는 자신이 과거에 몽타주를 미학적으로만 생각하고 그것의 이념적 측면을 소홀히 한 과오를 반성하고 있다.[72] 이제 쿨레쇼프에게 있어 몽타주는 리얼리티를 특정한 관점, 즉 사회주의 관점에서 조직하는 방법이 되어야 하는 것이다. 위와 같은 생각에 이르자 과거에 찬양하였던 '미국식 몽타주'를 재평가할 필요성이 쿨레쇼프에게 생기게 된다. 이제 쿨레쇼프의 눈에 비친 빠른 속도의 미국식 몽타주는 한마디로 자본주의의 소산인 것이다. 자본주의 사회의 근본은 경쟁 윤리와 생존 법칙이라 할 수 있다. 따라서 자본주의가 필요로 하는 사람은 활력적이고 경쟁적인 투사인 것이다. 미국 영화의 임무는 바로 자본주의에 맞는 사람을 길러내는 것으로, 그 초점을 부르주아 가치관으로 채색된 경쟁심과 기업심에 두는 것이다. 그리하여 관객들은 활력적이고 힘있는 자본주의 영웅들에게 매력을 느끼게 되고, 이러한 인물들은 힘, 재력, 용기가 항상 승리한다는 자본주의 신화를 만들어내는 것이다. 한편 자본주의의 소산인 미국 영화는 부단히 프롤레타리아의 계급투쟁 의식을 약화시킨다. 미국 영화는 활력있는 사람이 성공해 행복한 지주(地主)가 될 수 있다는 의식을 심어준다. 경쟁, 액션, 그리고 승리로 특징지워지는 극적 흐름이 빠른 속도의 미국식 몽타주를 탄생시킨 것이다. 이러한 결론에 도달한 쿨레쇼프는 미국식 몽타주를 맹목적으로 수용해 본의 아니게 부르주아 예술을 도입한 과오를 인정하고 반성한다.[73]

6장

요약 및 결론

영화에서의 몽타주 미학은 쿨레쇼프에 의해 본격적으
로 이론화되었다. 그가 발견한 것은 "숏은 다른 숏과
의 관계 속에서 의미를 발생한다"는 것이었다. 결론은
단순하지만 그 잠재력은 무한한 것이어서 그 뒤 다양
한 방법으로 몽타주의 가능성이 모색된다. 숏과 숏의
관계에 대해 쿨레쇼프가 특별히 관심을 가졌던 것은 급작스러운 비약보다 부드러운
전환이었다. 따라서 '벽돌 쌓기'로 대표되는 그의 몽타주는 '보통 관객'이 이야기를
잘 따라갈 수 있도록 하는 것이다. 이러한 점에서 쿨레쇼프의 몽타주는 할리우드의
'눈에 띄지 않는 편집'과 유사한 점이 많다. 이것은 미국식 몽타주에서 출발한 이론
의 당연한 귀결이다. 이렇듯 쿨레쇼프의 몽타주 이론은 일차적으로 미국의 대중영화
에 기초하고 있다.

그러나 쿨레쇼프가 미국식 몽타주를 답습해 발전시킨 것만은 아니었다. 그는 '인
위적 풍경'과 '쿨레쇼프 효과' 같은 일련의 실험을 통해 몽타주가 '재료의 조직'으
로 새로운 이미지를 창조할 수 있다는 것을 증명하였다. 몽타주에 대한 논란은 바로
여기서 비롯된다. 왜냐하면 몽타주가 주어진 재료의 속성을 바꾼다는 것은 곧 현실
의 조작을 의미하기 때문이다. 따라서 몽타주 이론은 태생적으로 윤리적 문제를 안
고 있다. 이 문제를 어떻게 해결할 것인가? 앞으로 논의할 푸도프킨은 현실을 충실히
반영하는 몽타주를 내세우고, 에이젠슈테인은 현실을 창조적으로 묘사하는 몽타주를
옹호한다. 그러나 이러한 입장 역시 몽타주에 대해 문제를 제기하는 사람들을 만족
시킬 수 없다. 아무튼 몽타주는 영화의 독창적인 표현력이면서도 리얼리티를 조작할
잠재력을 갖고 있다고 하겠다.

편집의 위대한 힘을 발견한 쿨레쇼프는 영화의 모든 요소들을 몽타주의 관점에서
조명하려고 하였다. 예를 들어 영화배우는 몽타주 숏에 적합하도록 짧은 시간 안에
인상적인 연기를 해야 하였다. 그러한 연기는 아무래도 신체적인 외적 표현에 의존

할 수밖에 없다. 따라서 쿨레쇼프는 표현력있는 신체 동작을 위한 엄격한 훈련 과정
을 개발하였고, 외형적 특성이 두드러지는 배우, 즉 '전형'을 선호하였다. 몽타주는
연기뿐 아니라 장치나 장면 구성 등에도 영향을 미친다. 모든 영화적 표현은 짧은 몽
타주 숏에 맞도록 단순명료해야 하며, 즉각적으로 해독될 수 있는 '기호'로서 기능해
야 한다는 것이다. 이러한 점에서 쿨레쇼프가 모색한 영화기법의 특징은 '시간적 정
확성(precision in time)', '공간적 정확성(precision in space)', 그리고 '구성적 정확
성(precision in organization)'으로 압축될 수 있다.[74]

1935년 이후 쿨레쇼프의 이론은 변화를 겪는다. 몽타주 제일주의를 부르짖던 그가
배우 연기에 바탕한 '숏 내의 몽타주'를 인정한 것이다. 이제 숏과 숏 사이의 관계뿐
아니라, 숏 내에서 이루어지는 배우의 연기 또한 상당히 중요시된다. 이러한 태도 변
화는 이념적 압박이 작용하기도 하였지만, 그의 오랜 경륜을 반영하는 것이기도 하
다. 아무튼 1935년의 수정된 몽타주 이론은 몽타주와 미장센 미학이 서로 배타적이
지 않고 상호보완적일 수 있다는 것을 암시한다.

쿨레쇼프는 향후 모든 영화 감독들이 염두에 두어야 할 영화의 원리를 제시하였
다. 즉 영화의 진정한 힘은 특별한 효과와 목적을 위해 필름을 편집하는 데 있다는
것이다. 그러나 그의 뒤를 이은 푸도프킨과 에이젠슈테인은 각각 추구하는 목적이
달라서 주장하는 몽타주 방식도 대조적이었다. 어떻게 보면 몽타주의 '특별한 효과'
는 이미 쿨레쇼프의 글에 암시되어 있다. 그것은 첫째, '매끄러운 편집'이고, 둘째,
'급작스러운 비약'이다. 푸도프킨이 쿨레쇼프의 뒤를 이어 벽돌 쌓기의 매끄러운 편
집을 발전시킨다면, 에이젠슈테인은 비약을 근본으로 하는 새로운 형태의 몽타주를
제기한 것이다.

2부

푸도프킨의 몽타주 이론

푸도프킨의 몽타주 이론

1장

이론의 배경

쿨레쇼프, 에이젠슈테인과 함께 몽타주 이론을 발전시
킨 푸도프킨(도판 4)은 1893년 2월 16일 볼가(Volga)
지역의 한 프롤레타리아 가정에서 태어났다. 1897년
네 살의 나이로 모스크바에 온 푸도프킨은 그곳에서
기본 교육을 받고, 모스크바 대학에서 화학을 전공한
다. 졸업시험을 앞두고 일차 세계대전에 징집이 된 그는 1915년 부상을 입고 독일군
포로 수용소에 갇힌다. 수용소 생활의 무료함을 달래기 위해 영어, 프랑스어, 폴란드
어를 공부하던 푸도프킨은 수용소에서 연극에 관여하면서부터 연극에 대한 관심을
키운다. 탈옥에 성공해 1918년 모스크바에 돌아온 푸도프킨은 대학 졸업시험을 통과
하고 가스 공장 실험실에서 일 년 남짓 근무한다. 이때까지만 해도 푸도프킨은 영화
를 비천한 대중오락이라고 경멸하였다고 한다. 그러나 그리피스의 〈불관용
(Intolerance)〉은 영화에 대한 그의 인식을 새롭게 바꾸어 놓았다. 푸도프킨은 이에
대해 다음과 같이 말한다.

> 나는 그리피스의 〈불관용〉을 보고 커다란 감명을 받았다. 이 영화는 나에게 영화예술의 앞
> 날을 상징하였다. 이 영화를 보고 나서 나는 영화가 진정한 예술로서 엄청난 잠재력을 갖고
> 있는 것을 확신할 수 있었다. 영화는 나를 매료시켰다. 나는 이 새로운 분야에 빠져 들기를
> 열망하였다.[75]

푸도프킨은 1920년 모스크바 영화학교에 들어가 학교장이었던 가딘(Vladimir
Gardin) 밑에서 일하게 된다. 가딘은 혁명 전 세대의 영화감독으로, 학생들에게 혁명
적 주제에 맞는 혁신적인 영화 형식을 가르치지 않고 대신 보수적인 방법론을 제시
하였다. 주로 배우로서 활약하며, 때때로 가딘의 조감독 겸 대본 작가 그리고 세트
디자이너로 일하던 푸도프킨은 1922년 쿨레쇼프의 워크숍에 가담한다. 그 후 이 년
동안 쿨레쇼프의 작업에 참여한 푸도프킨은 '필름없는 영화'를 위한 에튀드에서 배

4. 푸도프킨.

우로서 활약했을 뿐 아니
라, 〈볼셰비키의 땅에서의
서부인의 특별한 모험(The
Extraordinary Adventures
of Mr. West in the Land of the Bolsheviks)〉(1924), 〈살인광선(The Death Ray)〉
(1925) 등의 작품에서 쿨레쇼프를 도와 시나리오, 조연출, 배우, 편집, 세트 디자인
등 다양한 일을 담당한다. 푸도프킨이 몽타주에 대한 기본원리를 터득하게 된 것은
바로 이 시기였다.

〈살인광선〉을 끝으로 쿨레쇼프로부터 독립한 푸도프킨은 〈체스 열기(Chess
Fever)〉(1925)와 〈뇌의 역학(Mechanics of the Brain)〉(1926) 등을 제작한다. 1926년
에 푸도프킨은 드디어 오 년의 대학생활, 오 년의 전쟁, 오 년의 수습기간을 마감하
고 〈어머니(Mother)〉를 연출한다. 이 영화에 출연한 주연배우들은 모스크바 예술극
장(Moscow Art Theatre) 소속으로, 주인공인 어머니 역을 맡은 바라노프스카야(Vera
Baranovskaya)와 아들 역을 맡은 바탈로프(Nicolai Batalov) 등을 그 대표적인 예로
들 수 있다. 모든 사람들은 연극배우를 출연시키는 데 회의적이었다. 그러나 늘 '스
타니슬라프스키 시스템(Stanislavsky's System)'을 이해하려고 노력했던 푸도프킨은
스타니슬라프스키의 제자들과 호흡을 맞출 수 있었다. 따라서 푸도프킨은 후에 자신
의 첫 본격적인 작업이 스타니슬라프스키로부터 영향을 받았음을 토로하며 "다양한
연극 학파의 수많은 배우 중에서 나와 가장 호흡이 맞는 배우는 스타니슬라프스키로
부터 훈련을 받은 사람들이다"라고 말하고 있다.[76] 스타니슬라프스키의 연기 방법론
은 쿨레쇼프의 '배우 마네킹'과는 너무나 대조되었다. 쿨레쇼프가 외적으로 표현력

있는 연기를 우선으로 삼았다면, 스타니슬라프스키는 무엇보다도 내면적인 연기를 요구하였던 것이다. 푸도프킨은 스타니슬라프스키 시스템에서 영화 연기의 나아갈 방향을 발견하고, 이를 〈어머니〉에서 실현한 것이다. 따라서 앞으로 살펴볼 푸도프킨의 몽타주 이론에서 스타니슬라프스키의 생각이 지배적인 것은 우연이 아니다.

푸도프킨의 스승들

앞서 살펴보았듯이 푸드프킨은 쿨레쇼프와 스타니
슬라프스키로부터 상당한 영향을 받았다. 그의 독창
적인 생각은 바로 이러한 배경에서 비롯된 것으로,
이에 대한 이해 없이는 그의 몽타주 이론을 똑바로
이해할 수 없을 것이다. 따라서 푸도프킨의 몽타주
이론을 본격적으로 논의하기 앞서 먼저 쿨레쇼프와 푸도프킨 그리고 스타니슬라프
스키와 푸도프킨의 관계를 살펴보겠다.

1. 쿨레쇼프의 교훈

푸도프킨이 몽타주의 개념을 접하게 된 것은 쿨레쇼프로부터였다. 푸도프킨의 회
고에 따르면 그가 쿨레쇼프로부터 배운 교훈은 "모든 예술에는 무엇보다도 재료가
있고, 그 다음은 이 재료를 주어진 예술에 맞게 구성하는 방법이 있다"라는 아주 간
단한 것이었다.[77] 예를 들어 음악가는 음을 재료로 삼아 그것을 시간적으로 구성하는
것이며, 화가는 색을 재료로 삼아 그것을 캔버스 표면 위에 공간적으로 결합하는 것
이라고 할 수 있다. 그렇다면 영화의 재료는 무엇이고, 그 구성방법은 무엇인가? 쿨
레쇼프는 영화의 재료는 필름 조각이라고 하였고, 그 구성방법은 그 조각들을 창조
적으로 발견된 순서로 잇는 것이라고 하였다. 그리고 영화예술은 다양한 장면이 촬
영될 때보다 촬영된 다양한 숏들을 편집하는 순간 시작되는 것이라고 가르쳤다. 여
기서 어떻게 숏들을 결합하는가에 따라 서로 다른 효과들이 나온다는 것이다. 예를
들어 한 사람이 웃고 있는 얼굴, 같은 사람의 겁에 질린 얼굴, 그리고 누군가를 향해
조준된 권총의 숏들이 있다고 가정해 보자. 이 숏들은 두 가지 방법으로 몽타주될 수
있다. 첫번째 방법은 맨 처음에 웃는 얼굴을 보여주고, 그 다음에는 조준된 권총, 그
리고 마지막으로 겁에 질린 얼굴을 보여주는 것이다. 두번째는 맨 처음에 겁에 질린
얼굴을 보여주고, 그 다음에는 조준된 권총, 그리고 마지막으로 웃는 얼굴을 보여주

는 것이다. 첫번째 경우에 우리는 화면에 나타난 사람이 겁쟁이라는 인상을 받을 것이며, 두번째 경우에는 그가 용감하다는 인상을 받을 것이다.[78]

위와 같이 숏들의 배열 순서에 따라 전반적인 인상이 달라지는 것은 '쿨레쇼프 효과'에서도 확인된 바가 있었다. 같은 표정의 배우 얼굴이 다양한 내용의 숏과 결합되어 상이한 정서적 뉘앙스를 풍겼던 것이다.(24-25 페이지 참조) 그러나 푸도프킨은 여기서 한 걸음 더 나아간다. 그가 보기에 몽타주 효과는 단순히 숏들을 결합하는 것만으로는 충분하지 않다. 원하는 몽타주 효과를 위해서는 숏들의 시간적 길이가 마치 음악의 음처럼 정확한 계산 아래 통제되어야 한다는 것이다. 그래야만 다양한 숏들의 결합이 율동을 창조하고 관객에게 다양한 효과를 미칠 수 있다는 것이다. 가장 쉬운 예로, 짧은 숏들의 결합은 흥분을 일으킬 것이고, 긴 숏들의 결합은 그것을 가라앉히는 효과를 수반할 것이다.[79] 이렇듯 푸도프킨이 생각하는 몽타주의 기본원칙은 첫째, 숏들을 필요한 순서에 따라 배열하는 것이며, 둘째, 그 결합에 맞는 율동을 고려하는 것이다.

푸도프킨은 몽타주의 기본원리를 쿨레쇼프로부터 배웠다. 그러나 그는 쿨레쇼프의 교훈에 머물지 않고 나름대로의 정교한 이론화 작업을 모색하였다. 여기서 연극 연출가인 스타니슬라프스키의 연극 이론은 그에게 또 다른 새로운 전기(轉機)를 마련해 주었다. 스타니슬라프스키가 주장하는 예술의 구성 원리는 푸도프킨의 몽타주 이론에서 핵심적 개념으로 작용하고 있다.

2. 스타니슬라프스키의 교훈

푸도프킨은 스타니슬라프스키의 친구였을 뿐 아니라 추종자였다. 푸도프킨은 그의 저서 『영화 기술과 영화 연기(*Film Technique and Film Acting*)』 그리고 「영화에서의 스타니슬라프스키 시스템(Stanislavsky's System in the Cinema)」이라는 논문에서 스타니슬라프스키의 연극 이론을 영화에 적용하려고 노력하였다. "스타니슬라프스키의 시스템은 나의 학파가 되었다"[80]라고 선언한 푸도프킨은 스타니슬라프스키가 자신에게 미친 영향을 다음과 같이 설명하고 있다.

> 극예술, 문학, 그리고 시각예술과 밀접한 관련이 있는 영화는 스타니슬라프스키 학파의 기본원리들을 자연스럽게 채택하였고, 앞으로도 그것을 지속적으로 발전시킬 것이다.[81]

우리가 스타니슬라프스키의 연극 이론을 살펴보는 것은 바로 이러한 이유에서이다. 과연 푸도프킨의 몽타주 이론은 어떠한 예술적 전제에서 시작되는가? 그 해답의 상당 부분은 앞으로 살펴볼 스타니슬라프스키의 예술적 사고가 제시할 것이다.

5. 스타니슬라프스키의 〈빈민굴〉 공연은 사실주의 연극의 정수를 보여주고 있다. 사실적인 배경과 심리적 사실주의에 토대한 배우들의 연기가 돋보인다.

스타니슬라프스키는 사실주의 연극을 확립한 소비에트의 연출가로, 특히 '심리적 사실주의(psychological realism)'를 추구하였다.(도판 5) 즉 스타니슬라프스키는 외형적인 사실성보다 심리적인 진실성에 토대한 사실주의를 예술적 표현의 정수로 보았던 것이다. 이러한 신념 아래 스타니슬라프스키는 배우들과 밀접한 관계 속에서 작업을 하면서 소위 '시스템(System)'이라는 연기 방법론을 창안하였다. '시스템'은 역을 창조하는 방법에 관한 것으로, 넓은 의미에서 예술적 구성론이라 할 수 있다. 푸도프킨이 '스타니슬라프스키 시스템'에서 배운 것은 이상적인 예술적 구성, 즉 몽타주였다. 특히 푸도프킨의 영화 연기론은 스타니슬라프스키 시스템을 그대로 베껴온 느낌마저 주고 있다. 따라서 다음에 논의할 시스템의 핵심적 개념들은 푸도프킨의 이론에서 다시 반복되는 것이다.

논리적 연결과 연속성

스타니슬라프스키 시스템은 무엇보다도 논리와 일관성을 지닌 연속성을 중시한다. 스타니슬라프스키는 배우로 하여금 맡은 '역을 살 것(living the part)'을 요구하는데, 이는 근본적으로 내적 논리에 따라 역을 연기해야 한다는 것을 의미한다. 즉 "연극의 모든 액션은 내적인 당위성이 있어서 논리적이고 일관성있고 사실적이어야 한다."[82]

스타니슬라프스키 시스템에서 이러한 내적 경험은 외적인 액션으로 구현되어야 한다. 따라서 시스템은 심리적 경험에 관한 '내적 기교(inner technique)'와 외적 표현에 관한 '외적 기교(external technique)'로 크게 구분된다. 아무튼 중요한 것은 논리적으로 역을 구축하는 것이 '내적 기교'나 '외적 기교' 모두에 적용된다는 점이다.

내적 논리를 위한 첫번째 단계는 '만일(magic if)'과 '주어진 상황(given circumstances)'의 원리를 적용하는 것이다. 여기서 '만일'은 "만일 내가 이 사람이라면 어떻게 하겠다"라는 가설로, 이것은 배우의 상상력을 고무시킨다. '주어진 상황'은 말 그대로 극중인물이 처한 상황으로, 배우는 극의 줄거리, 액션이 일어나는 시간과 장소 등을 고려해야 한다. 따라서 배우에게는 "만일 내가 이 사람으로서 이런 상황에 놓여 있다면 어떻게 행동하겠다"하는 가정이 성립되는 것이다. 이렇듯 '만일'과 '주어진 상황'은 함께 적용되어 배우의 상상력을 고취시키고, 더 나아가 역의 내적 논리를 구축하게 하는 것이다.

'만일'과 '주어진 상황'의 원리는 궁극적으로 대사 저변에 있는 내적 감정이나 태도를 일관성있게 연결해 주는 이른바 '내적 시야의 일관된 선(solid line of inner visions)'을 찾게 해준다.[83] 여기서 '내적 시야의 일관된 선'은 끊임없이 '만일'과 '주어진 상황'의 원리를 적용한 결과이므로, 배우의 연기는 논리와 일관성을 지닌 '연속성(continuity)'을 지닐 수밖에 없다. '만일'과 '주어진 상황'은 또 다른 측면에서 논리적이고 연속적인 액션을 구축한다. 왜냐하면 이 원리는 배우들이 '장면적 진실(scenic truth)'을 느끼고 창조할 수 있게 해주기 때문이다.[84] '장면적 진실'이란 경험 세계에서의 진실보다는 허구 세계 안에서의 진실을 뜻한다. 이에 대해 스타니슬라프스키는 다음과 같이 말하고 있다.

> 일상적인 생활에서 진실은 실제로 존재하는 것이다.… 반면 무대에서의 진실은 정말 존재하지는 않지만 일어날 수 있는 일로 이루어져 있다.[85]

연극의 본질은 경험적 진실이 아니라는 견해는 이미 아리스토텔레스가 주장한 바 있다. 아리스토텔레스에 의하면 연극 같은 '허구(fiction)'는 '실제로 일어난 일(what actually happened)'이 아니라 '일어날 수 있는 것(what may happen)'을 다룬다는 것이다. 이렇듯 이른바 '시적 진실(poetic truth)'이라고 불리는 허구 세계의 진실은 역사나 현실 세계의 진실과는 구분된다. 스타니슬라프스키는 배우가 '만일'과 '주어진 상황' 같은 진실된 가정에 토대한다면 쉽게 '장면적 진실'을 믿을 수 있다고 생각하였다. 그리고 이러한 믿음은 배우가 '연속적인 시퀀스(continuous sequence)' 혹은 '신체적 액션의 논리적인 흐름(logical line of physical action)'을 구축하는 데 밑받침이 된다는 것이다.[86]

논리와 일관성을 지닌 연속성은 액션의 외적인 연속성으로 직결된다. 즉 "올바른 내적 의미가 구축되어야 창조할 인물의 신체적 구현이 자발적으로 나오게 된다"는 것이다.[87] 다시 말해 내적 기교에서 구축한 논리적 연속성은 외적인 액션의 논리적 연속성을 보장한다. 시스템의 핵심적 원리로 연속성을 내세운다는 것은 예술의 근본을 연속성에 둔다는 것을 의미하기도 한다. 따라서 스타니슬라프스키는 다음과 같이 언급하고 있다.

> 음의 예술이든, 목소리의 예술이든, 동작의 예술이든 간에 예술은 끊임없는 흐름이 이루어지는 순간 발생한다. 음악 대신 개별적인 음·절규·음표·감탄이 있거나, 도안 대신 개별적인 선과 점이 있거나, 조화로운 동작 대신 개별적이고 발작적인 경련이 있다면, 음악·노래·도안·그림·무용·건축·조각은 물론 극예술도 존재할 수 없다.[88]

한마디로 연속성의 법칙은 모든 예술에 적용된다는 것이다. 앞으로 살펴볼 푸도프킨의 몽타주 이론은 바로 이러한 맥락에서 전개되고 있다.

유기적 통일성과 연역적 구성

스타니슬라프스키 시스템은 아리스토텔레스가 제안한 '유기적 통일성(organic unity)'의 관점에서도 이해할 수 있다. 먼저 배우는 극을 작은 '단위(unit)'로 나누고, 각 단위에서 하나의 '목적(objective)'을 찾는다. 그런 다음 배우는 중요한 단위와 목적 들에 주목함으로써 방향 감각을 잃고 표피적이고 관련없는 일들에 매달리지 않도록 한다.[89] 여기서 중요한 것은 분석된 단위들이 단편으로 남아서는 안 된다는 것이다. 그것들은 유기적 통일성의 원칙 아래 상호 관련되어야 한다. 따라서 스타니슬라프스키는 다음과 같이 말하고 있다.

> 역이나 극은 단편으로 남아서는 안 된다.… 실제 창작에 있어서 그것들은 보다 큰 단위로 통합되어야 하는 것이다.[90]

'초목적(super-objective)'은 스타니슬라프스키 시스템에서 유기적 통일성을 성취하는 방법 중의 하나이다. '초목적'이란 극이 추구하는 '주된 의도(main idea)'로, 목적을 비롯한 모든 세부사항들이 이에 종속된다. 이것에 대하여 스타니슬라프스키는 다음과 같이 말하고 있다.

> 극에서 개별적인 작은 목적들의 전반적 흐름은 플롯의 초목적을 실행하도록 수렴되어야 한다. 그 결속력은 아주 강해 초목적과 관련없는 세부사항은 불필요하거나 틀린 것으로 드러나야 한다. 초목적을 향한 이러한 충동은 극 전반에 걸쳐 지속되어야 한다.[91]

그렇다면 배우가 하는 모든 액션은 극의 초목적과 관련되어야 한다. 이때 배우가 취하는 다양한 액션들은 모두 초목적의 유기적 일부가 되는 것이고, 그 결과 맡은 역은 조화로운 이미지, 즉 유기적 통일성을 갖추게 되는 것이다.

유기적 통일성은 배우의 외적 표현에 관련되는 '외적 기교'에도 똑같이 적용된다. 예를 들어 스타니슬라프스키는 긴 대사를 할 때 우선 핵심적 단어와 부수적 단어를 구분한 다음 그들 사이의 유기적 통일성을 기할 것을 다음과 같이 권하였다.

> [핵심적 단어와 부수적 단어는] 약한 단어를 강하게 강조해 핵심 단어를 돋보이게 하도록 계산된 방법으로 결합 조정되어야 한다. 그들은 서로 경쟁해서는 안 되고 전반적인 흐름으로 섞여서 어려운 구절이 잘 전달되도록 한다.[92]

즉 단어와 단어는 서로 '대립'하기보다 조화로운 통합을 하여 전달하고자 하는 뜻을 분명히 전달해야 한다는 것이다. 여기서 주목해야 할 것은 상반되는 예술적 구성방법이다. 스타니슬라프스키는 예술적 구성을 부분들 사이의 조화로운 혼합으로 생각했으며, 이러한 입장은 푸도프킨으로 이어진다. 한편 이와 반대되는 시각은 부분들 사이의 '경쟁', 즉 대립이다. 이것은 유기적 통일성보다는 대위법(對位法)을 강조하는 입장으로, 우리는 이것을 앞으로 에이젠슈테인의 몽타주 이론에서 만나게 된다. 아무튼 아리스토텔레스가 말한 유기적 통일성은 스타니슬라프스키나 푸도프킨의 이론에서 중요하게 작용하고 있다. 스타니슬라프스키가 보기에 논리와 일관성을 결여한 단편적인 작품은 예술적이지 않다. 이것은 "깨진 조각상, 찢어진 캔버스는 아무리 그 부분들이 아름답다 하더라도 예술작품이 아닌 것이다"라는 그의 발언에서 확인된다.[93] 이것 역시 부분의 탁월한 표현력을 중시하는 에이젠슈테인의 입장과 대비된다.

초목적을 중심으로 논리적이고 유기적인 액션을 도모하는 '시스템'은 '연역적 구성(deductive construction)'을 취하고 있다고 볼 수 있다. 왜냐하면 연출가는 극의 주된 의도에 의거해 세부사항을 선택하고, 연기자도 맡은 역의 전체적 윤곽과 주된 의도에 따라 세부사항을 결정짓기 때문이다. 따라서 스타니슬라프스키가 생각하는 연극의 창조적 과정은 '위에서 아래로', 즉 초목적에서 세부 부분으로 구성해 가는 연역적 구성에 기반을 두고 있다. 한편 시스템은 전반적인 방법론에서도 연역적이다. 앞서 언급했듯이 스타니슬라프스키가 제안한 역의 첫 창조 과정은 역의 내적 논리를 세우는 것이며, 둘째는 그렇게 형성된 내적 경험을 외적으로 구체화하는 것이다. 이는 '안에서 밖으로' 진행하는 연역적 방법으로서, '밖에서 안으로'의 방법을 취한 마이어홀드의 귀납적 연기 방법과는 대조된다. 마이어홀드의 연기 방법론은 반사학의 원리, 즉 "사람은 곰을 봤을 때 우선 달아나기 시작하며, 그리고나서 달음질로 인해 두려움을 느끼게 된다"는 원리에 근거한다. 따라서 마이어홀드는 스타니슬라프스키와 달리 배우의 감정은 심리적 경험보다는 신체적 움직임에서 시작되어야 한다는 귀납적 연기론을 주장하였다. 우리가 앞으로 살펴볼 푸도프킨과 에이젠슈테인의 차이는 여기에도 있다. 푸도프킨은 스타니슬라프스키를 따라 연기를 연역적 구성으로 생각하였으며, 에이젠슈테인은 마이어홀드처럼 신체적 표현을 우선으로 하는 '전형(typage)' 이론을 전개하였다.

논리적인 연속성과 유기적 통일성을 기하는 스타니슬라프스키 시스템은 '에너지 보존(conservation of energy)'의 법칙을 활용한다. 시스템은 전체적으로 볼 때 배우들이 불필요한 제스처를 피하고 중요한 액션만을 택해 명료하면서도 조화로운 이미지를 구축할 것을 권하고 있다. 이렇듯 절제된 연기는 배우의 에너지를 보존하게 하고, 비축된 에너지는 배우가 가장 절실하게 필요로 하는 것, 즉 맡은 역의 내적인 삶을 창조하는 데 쓰일 수 있다.[94] 중요한 곳에 에너지를 집약하는 구성법은 푸도프킨의 몽타주 이론에서도 중요한 위치를 차지한다.

지금까지 살펴보았듯이, 스타니슬라프스키 시스템의 핵심개념은 논리적 연결, 연속성, 유기적 통일성, 연역적 구성, 그리고 에너지 보존의 법칙 등이다. 이러한 원리들은 대부분 아리스토텔레스적인 전통의 소산이며, 이것은 다음에 살펴볼 푸도프킨의 몽타주 이론으로 이어진다.

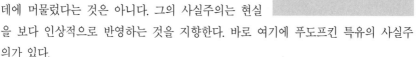

3장

사실주의 몽타주

푸도프킨은 스타니슬라프스키처럼 사실주의를 신봉하
였다. 따라서 그의 몽타주 이론은 전반적으로 현실을
충실히 반영하는 방향으로 전개된다. 그렇다고 해서
푸도프킨이 있는 그대로의 사실을 그대로 복사하는
데에 머물렀다는 것은 아니다. 그의 사실주의는 현실
을 보다 인상적으로 반영하는 것을 지향한다. 바로 여기에 푸도프킨 특유의 사실주
의가 있다.

1. 연결 몽타주

알려진 바와 같이 푸도프킨의 몽타주 이론은 '연결 몽타주(montage of linkage)'
로 대표된다. '연결 몽타주'는 말 그대로 '연결'을 중시하는 편집을 의미한다. 그렇
다면 여기서의 연결은 구체적으로 무엇을 의미하는가? 다음과 같은 푸도프킨의 말은
'연결'이 의미하는 바를 함축적으로 표현하고 있다.

> 만일 영화가 솜씨있게 만들어졌다면, 관객은 그 속에 담긴 동작을 하나의 중단없는 '통일체
> (unity)'로 지각할 것이다. 오직 실수나 잘못만이 단속적인 동작으로 보이도록 한다.… 독립
> 된 숏들을 결합해 **통합적이고 중단되지 않은 연속적인 액션**의 인상을 주는 기술을 우리는
> 흔히 몽타주라고 부른다.…
> 스크린에서 하나의 숏에 그 다음 숏을 이을 때 중단이나 비약 혹은 다른 종류의 무분별
> 한 짜증을 느끼지 않게 하려면, 그들 사이에 **아주 명백한 연결**이 반드시 있어야 한다.[95][강
> 조는 필자가 한 것이다]

위 문장에서 핵심적인 단어는 '통합적이고 중단되지 않은 연속적인 액션' 그리고 숏
들 사이의 '아주 명백한 연결'이다. 푸도프킨에게 있어서 몽타주란 '명백한 연결'로
연속적인 액션을 만들어 궁극적으로 통합적인 전체를 창조하는 것이다. 이렇듯 푸도
프킨의 이론에서 '연결'은 연속성의 개념과 함께 이해되어야 한다. 연결은 연속성을

강화하고, 연속성은 연결을 보완한다. 그리고 여기서 주목해야 할 점은 푸도프킨의 몽타주 이론이 스타니슬라프스키의 이론처럼 논리적 연결, 연속성, 그리고 유기적 통일성을 지향하고 있다는 것이다.

명백한 연결과 연속성에 대한 집착은 푸도프킨으로 하여금 변증법을 특수하게 해석하도록 만든다. 푸도프킨은 변증법적 사고는 인류가 창조해낸 최고의 사고 형태로서 다음과 같은 특징들을 가지고 있다고 말한다.

> 무엇보다도 모든 현상은 움직임의 상태에 있으면서도 **중단없는 발전**을 하는 것으로 관찰된다. 즉 모든 현상의 현 상태는 과거와 미래를 지닌 역사의 한 부분으로 보았을 때만 진정으로 이해될 수 있는 것이다. 이것이 첫번째 요점이다. 둘째, 변증법적 사고 아래서는 어떤 현상이든 가능한 한 그것을 둘러싸고 있는 모든 영향력들과의 직접적이고도 **유기적인 관계** 속에서 관찰된다.[96][강조는 필자가 한 것이다]

변증법을 '중단없는 발전'이나 '유기적인 관계'로 파악하려는 푸도프킨의 시각은 에이젠슈테인이 생각하는 변증법과는 대조된다. 에이젠슈테인은 변증법을 보다 역동적으로 이해해, 정(正)과 반(反)의 충돌에 의한 새로운 종합의 과정으로 생각하였다.[97] 이것이 바로 에이젠슈테인이 주장하는 '충돌 몽타주(Montage of Collision)'의 기본 전제인 것이다. 에이젠슈테인은 푸도프킨의 몽타주 이론을 '연결 몽타주'라고 이름하며 자신의 '충돌 몽타주' 이론과 구별하려고 하였다.

앞서 언급했듯이 연결 몽타주의 첫번째 조건은 숏과 숏 사이에 '명백한 연결'이 있어야 한다는 것이다. 푸도프킨이 보기에 의미적으로 서로 연결되지 않는 편집은 관객에게 혼동감을 불러일으킬 우려가 있다. 그렇다면 푸도프킨이 생각하는 영화예술의 핵심은 잡다한 사건 중에서 필수적인 이미지만을 선택한 다음, 잘 '연결'된 편집을 통해 현실이 제공하는 혼동감을 제거하는 것이라고 볼 수 있다.[98] 연결의 원리는 곧잘 '벽돌 쌓기'에 비유되기도 한다. 여기서 벽돌, 즉 개별적인 숏은 단어에 해당되며, 벽돌들 사이의 '연결'은 문장에 가깝다고 푸도프킨은 생각하였다.[99] 즉 몽타주란 단어와 단어가 연결되어 하나의 의미있는 문장을 만들어 나가는 것에 비교될 수 있다는 것이다. 이때 단어와 단어 사이가 논리적으로 잘 연결되었을 때 문장의 의미가 선명해질 것이다. 푸도프킨이 생각하는 '연결의 원리'는 바로 이러한 점을 함축하고 있다. 잘 연결된 편집은 궁극적으로 이야기를 선명하게 전달한다. 이러한 점에서 푸도프킨은 '서술적 명료함(narrative clarity)'을 추구하였으며, 이를 위해 그는 미국의 '고전적 스타일'에 의존해 다양한 배경을 지닌 관객들이 쉽게 이해할 수 있는 영화를 만들고자 했던 것이다.[100] 바로 이러한 것이 쿨레쇼프와 푸도프킨의 공통점이다.

'명백한 연결'은 숏과 숏 사이의 결합에만 국한되는 것이 아니다. 이것은 작품 전체에도 해당된다. 예를 들어 영화배우는 그가 연기하는 단편적인 액션들을 최대한 연결함으로써 조화로운 단일한 이미지를 창조해야 한다.[101] 트레티아코프(Sergei Tretyakov)는 작품 전반에 걸쳐 논리적 연결을 비중있게 다루는 푸도프킨의 태도를 다음과 같이 평가하고 있다.

체호프는 사용하지 않는 것은 무대 위에 올리지 말아야 한다고 말한 적이 있다. 예를 들어 만일 1막에 권총이 나타났다면, 그것은 마지막 막에 도달했을 때쯤 해서 반드시 발사되어야 한다.
푸도프킨이 스크린에 담는 모든 것은 체호프의 권총과 같다. 단 푸도프킨은 권총에서 하나 이상의 숏을 얻을 수 있다는 것이 다를 뿐이다.[102]

푸도프킨의 영화에서 모든 것은 다른 중요한 사건과 연결되어 있다.* 영화에서 일어나는 모든 사건들은 서로 논리적으로 연결되어 명백한 인과율(因果律)을 성취하고 있다. 이러한 점에서 푸도프킨의 연결 원리는 앞으로 발생할 사건의 원인을 세심하게 준비하는 '잘 짜여진 극(well-made play)'의 기교를 답습하였다고 볼 수 있다.(부록 참조)

2. 사실주의 몽타주

명백한 연결을 중시하는 푸도프킨의 생각은 '사실주의(realism)'에 대한 그의 개념과 밀접히 연관되어 있다. 푸도프킨의 사실주의는 무엇보다도 현실을 질서정연하게 모방하는 것을 의미한다. 그 첫 단계는 현실에서 특정한 부분들을 사리분별있게 선택하는 것에서 시작된다. 이것이 바로 푸도프킨이 말하는 '조리있는 선택의 과정 (the process of clear selection)'이다.[103] 예를 들어 그리피스의 〈불관용〉에 나오는 재판 장면을 살펴보자. 이 장면에서 한 여인이 죄를 짓지 않은 남편에게 사형 선고가 내려지는 것을 듣는다. 여기서 그리피스는 눈물을 흘리며 불안한 듯 떨리는 미소를 짓는 여인의 얼굴을 보여준 다음, 갑자기 그녀의 손을 클로즈업으로 보여주었다. 이 때 그녀의 손가락은 경련을 일으키며 살갗을 움켜쥐고 있었다. 가장 인상적인 것으로 기억되는 이 장면은 그러나 한번도 여인의 모습을 전체적으로 보여주지 않았다.

---

* 시클로프스키(Shklovsky)는 푸도프킨의 영화 〈어머니〉에서 사용한 '준비(preparation)' 기교를 지적하였다. 예를 들어 푸도프킨은 '자연'이 자유를 의미함을 영화의 시작 부분에서 암시하였다. 파업 주동자들은 시골의 맑은 공기 속에서 새벽 모임을 가졌는데, 이러한 이미지는 영화의 절정에서 다시 반복된다. 즉 노동자들이 드디어 봉기하자 얼었던 강이 흐르는 것으로 묘사된 것이다. Paul E. Burns, "Linkage : Pudovkin's Classics Revisited," *Journal of Popular Film and Television* 9(1981) pp.72-73.

관객이 본 것은 오직 얼굴과 손뿐이었다. 다시 말해 감독인 그리퍼스는 '조리있는 선택'을 한 것으로, 수많은 세부사항 중에서 오직 특징적인 두 이미지만을 선택해 감명깊은 장면을 연출했던 것이다. 그렇다면 푸도프킨이 말하는 '조리있는 선택'이란 특징적인 것을 사리분별있게 선택하고, 별로 중요하지 않은 것들을 제거하는 과정일뿐 아니라, 가장 극적이고 절정인 순간을 보존하는 것을 의미한다.[104]

푸도프킨의 사실주의 개념은 여기서 끝나지 않는다. 두번째 단계로 논리적 연결을 통한 세심한 정렬이 반드시 뒤따라야 하는 것이다. 이것은 푸도프킨의 말을 빌면 "실제로 존재하는 표피적 상호관계 그리고 심층적 상호관계를 모두 분명히 묘사"하는 것이다.[105] 이렇듯 푸도프킨의 사실주의는 조리있는 선택과, 선택된 것을 상호 관련있게 연결하는 것을 전제로 한다. 예를 들어 차 사고는 다음과 같은 개별적인 단편들로 표현될 수 있다.

1. 차들이 움직이는 거리. 행인이 카메라를 등진 채 거리를 건너간다. 지나가는 자동차가 그의 모습을 가린다.
2. 아주 짧은 순간. 놀라서 브레이크를 밟는 운전사의 얼굴.
3. 똑같이 짧은 순간. 피해자의 얼굴, 비명을 지르며 벌어진 입.
4. 운전석에서 내려다본 모습으로, 피해자의 다리가 차 바퀴 가까이에 있다.
5. 브레이크를 밟아 미끄러지는 차 바퀴.
6. 정지한 차 옆에 놓여 있는 시신.

실제의 상황은 위에서 제시한 액션보다도 훨씬 더 많은 사건을 포함할 것이다. 그러나 감독은 차 사고를 분석해 가장 필수적인 순간 여섯 개만을 선택한 다음, 선택된 순간들을 상호 관련있게 연결해, 사건을 보다 인상적으로 만든 것이다. 만일 자동차의 숏으로 시작해, 행인의 다리 중간 부분을 커트한 다음, 운전수의 얼굴을 보여주었다고 가정해 보자. 이러한 배열은 단편들을 무분별하게 혼합한 것으로, 관객들에게 혼란감만 줄 것이다. 따라서 푸도프킨의 표현에 따르면 '합리적인 순서(rational order)'야말로 편집의 가장 중요한 원칙이며, 이를 통해 숏들 사이의 관계를 명확하게 드러내야 한다는 것이다.[106]

푸도프킨은 몽타주를 사실주의의 총아(寵兒)로 생각하였다. 왜냐하면 몽타주는 어떤 주어진 현상을 한 시점에서 수동적으로 관찰하지 않고 다양한 관점에서 심도있게 탐구하기 때문이다.[107] 앞서 언급한 차 사고는 그 좋은 예이다. 감독은 차 사고를 고정된 지점에서 보지 않고 카메라를 여섯 번이나 옮겨가며 관찰하였다. 그 결과 사건은 보다 충실히, 그리고 인상적으로 묘사되었다. 푸도프킨이 예로 든 다른 상황을 살펴보자. 한 사나이가 우연히 목격하게 된 어떤 여인의 비극적 죽음을 회상하고 있다.

조용히 듣고 있던 노인은 그 여인이 바로 애타게 기다렸던 자기 딸이라는 것을 직감
한다. 이제 아버지의 운명은 검은 먹구름에 덮여 있다. 감독은 이러한 이야기를 효과
적으로 전달하기 위해서 처음에 끔찍한 사건을 말하는 사나이를 보여주나, 점차 극
이 진행되면서 이야기를 듣는 노인의 얼굴을 클로즈업으로 보여줄 것이다. 이렇듯
장면이 분할되는 것은 한 사람을 보다가 다른 사람을 보고 싶어서가 아니라, 플롯에
담겨 있는 '심오한 내적 관계'를 드러내기 위해서이다.[108] 만일 이 장면을 한 군데 고
정된 지점에서 관찰하였다면 이야기가 담고 있는 은밀한 의미를 포착하지 못했을 것
이다. 그러나 몽타주는 다양한 관점에서 적극적으로 사건에 접근함으로써 그것을 보
다 심도있게 다룰 수 있다. 한마디로 푸도프킨에게 있어서 몽타주는 리얼리티의 심
오함을 완벽하게 묘사할 수 있는 수단인 것이다.[109]

3. 자연주의를 탈피하는 몽타주

조리있는 선택과, 선택한 것을 질서있게 연결하는 사실주의는 푸도프킨이 보기에
'자연주의(naturalism)'보다 우월하다. 왜냐하면 자연주의는 '단순한 현상의 기록(a
mere record of phenomena)'[110]으로, 사건을 오직 있는 그대로 모방하는 것이기 때
문이다.[111] 따라서 푸도프킨은 "모든 사람들이 보는 방식대로 사물을 보여주는 것은
아무것도 성취한 것이 없는 것이다"라며 자연주의를 비판하였다.[112] 이러한 관점에서
내리는 푸도프킨의 사실주의 개념은 아리스토텔레스가 언급하는 '예술적 모방'의 개
념과 일치한다고 할 수 있다. 푸도프킨의 사실주의는 아리스토텔레스의 예술적 모방
처럼 일상적 사건들의 혼동된 경험을 그대로 베끼는 것이 아니라, 그러한 혼돈된 경
험으로부터 논리적 연결을 갖춘 명확한 사건을 구성해내는 것이다. 따라서 푸도프킨
은 사실주의 작품은 다음과 같아야 한다고 주장한다.

> [사실주의 작품은] 하나의 현상을 표현하면서, 주어진 현상이 실제로는 전체와 연결된 부분
> 이라는 것을 알게 해주는 일반적이고 외적인 연결, 그리고 내적이고 보편적인 요소를 갖추
> 었을 때만 자연주의로부터 해방되는 것이다.[113]

쉽게 말해서 푸도프킨이 주장하는 사실주의는 현상을 특징적인 단편들로 압축한 다
음, 그러한 단편들을 보다 의미있게 재결합하는 것이라고 할 수 있다. 이렇게 함으로
써 사실주의는 자연주의로부터 벗어나고, 실제의 현상을 보다 더 인상적으로 만들
수 있는 것이다. 이러한 점에서 푸도프킨의 사실주의는 '질서를 갖춘 자연주의
(ordered naturalism)'라고 볼 수 있다.[114]

한편 사실주의를 현실의 맹목적인 모빙으로 보지 않는 것은 영화의 특성을 감안

한 것이라고 볼 수 있다. 푸도프킨에 따르면 최종적인 제작 단계에서 영화의 재료는 살아 있는 인간이나 진짜 풍경이 아닌, 필름에 기록된 이미지이다. 이것들은 감독의 의도에 따라 짧게 혹은 길게 결합되어 '영화적인 시간(filmic time)'과 '영화적인 공간(filmic space)'으로 재창조될 수밖에 없다. 다시 말해 영화는 리얼리티의 요소들을 모아 그 매체에 맞는 새로운 리얼리티를 만들어낸다고 할 수 있다.[115] 그 결과 영화는 편집을 통해 현실을 보다 인상적으로 반영한다고 볼 수 있다.

사실주의는 있는 그대로의 현상을 베끼는 것이 아니라 그것을 보다 심도있게, 그리고 인상적으로 포착하는 것이라는 푸도프킨의 생각은 '느린 동작(slow motion)'을 사실주의 영상에 수용하도록 만든다. 예를 들어 푸도프킨은 소나기가 온 후의 제초 작업이 다음과 같은 편집을 통해 인상적일 수 있다고 생각하였다.

1. 상체를 벗은 사나이가 서 있다. 그의 손에는 풀 베는 낫이 들려 있다. 사이. 그는 낫을 휘두른다.(정상 속도)
2. 낫의 휘두름이 계속된다. 사나이의 등과 어깨. 천천히 근육이 뭉쳤다가 풀어진다.(느린 동작)
3. 베는 동작의 끝에 낫의 칼날이 천천히 위로 돌아간다. 그 칼날에 햇빛이 반짝이다 사라진다.(느린 동작)
4. 칼날이 아래로 돌아간다.(정상 속도)
5. 풀을 베는 사나이의 모습을 정상 속도로 보여준다. 베고, 베고, 베고… 이때 낫의 칼날이 풀에 닿는 순간—(정상 속도)
6. 잘려진 풀이 천천히 느린 동작으로 쓰러져 넘어진다. 반짝이며 흩날리는 물방울들.(느린 동작)
7. 천천히 등의 근육이 풀어지며 어깨가 뒤로 젖혀진다.(느린 동작)
8. 다시 풀은 천천히 쓰러져 땅바닥에 눕는다.(느린 동작)
9. 낫의 칼날은 재빠르게 땅으로부터 치켜진다.(정상 속도)
10. 유사하게 재빠른 속도로 사나이는 낫을 휘두른다.(정상 속도)
11. 풀을 베는 사나이들이 박자에 맞추어 낫을 휘두른다.(정상 속도)
12. 서서히 낫을 들어 어둠 속으로 사라지는 사나이.(정상 속도)[116]

이처럼 푸도프킨은 느린 동작과 정상 속도의 숏들을 번갈아 사용해 편집을 하면 풀 베는 과정이 보다 심도있고 풍부하게 묘사될 수 있다고 믿었다. 그 결과 관객들은 흩날리는 물방울이나 무게 실린 힘 등을 피부로 느낄 수 있었던 것이다.[117] 느린 동작은 일상적으로 지각할 수 없는 움직임의 과정을 포착하므로, 현상을 보다 심도있게 표현하는 힘이 분명히 있다. 그러나 그것은 편집을 통해 영화의 전반적인 리듬과 어우러져야 한다. 다시 말해 느린 동작의 숏은 다른 숏과 유기적인 관계를 맺어야 하는

것이다. 이때 느린 동작은 실제로 일어나는 일을 왜곡하는 것이 아니라, 보다 심도있
고 정확하게 묘사하는 것이며, 관객의 관심을 특정한 현상에 주목시킨다.[118] 또 다른
예로 테이블을 내리치는 주먹을 가정해 보자. 첫째 숏은 재빠르게 테이블을 내리치
는 주먹을 보여준다. 주먹이 테이블에 닿는 순간 다음 숏으로 넘어 간다. 이때 테이
블 위에 있던 유리컵이 튀어 올라 뒹굴며 떨어지는 모습을 느린 동작으로 보여준다.
푸도프킨이 보기에 이 장면은 난폭한 행동을 왜곡시킨 것이 아니라, 그것을 보다 정
확하게, 그리고 인상적으로 포착한 것이다. 따라서 몽타주에 느린 동작을 도입하는
것은 사실주의를 벗어나는 것이 아니다. 느린 동작은 '시간의 클로즈업(close-up of
time)'으로서, 우리가 정상적인 시간의 흐름 속에서 무심히 지나칠 수 있는 현상을
선명하고도 정확하게 지각할 수 있도록 해준다.[119] 이렇듯 푸도프킨에게 있어서 사실
주의란 객관적 현상을 그대로 복사하는 것이 아니라, 그것을 보다 선명하게, 그리고
인상적으로 표현하는 것이다.

4. 미분과 적분의 원리

지금까지 논의된 '사실주의 몽타주'의 원리는 '미분과 적분(differentiation and
integration)'이라는 개념으로 설명할 수도 있다. 푸도프킨에 따르면 감독은 현상에서
특수한 부분들을 선택해 하나의 통일성있는 전체로 편집해야 하는데, 이러한 과정은
수학의 '미분과 적분'에 비유될 수 있다.[120] 여기서 '미분'은 "부분들로 해체"하는 것
으로, "앞으로 완성될 작품에 필요한 특징적 요소들을 선택하는 창조적 과정"에 해당
된다.[121] 한편 '적분'은 "이렇게 찾은 개별적 요소들을 하나의 전체로 결합"하는 과정
이다.[122] 이렇듯 푸도프킨이 생각하는 감독의 작업 과정은 두 단계로 이루어져 있다.
미분 단계에서 감독은 영화에 가장 필요하고 표현력있는 이미지를 선택한다. 미분
과정이 끝난 후 감독은 적분 단계로 들어가 개별적인 숏들이 하나의 조화로운 전체
가 되게끔 편집한다. 예를 들어 프로펠러 비행기가 이륙하는 장면은 미분과 적분의
과정을 통해 다음과 같이 표현될 수 있다.

1. 비행사는 조종석에 앉는다.
2. 비행사의 손은 이륙을 준비한다.
3. 기계공은 프로펠러를 돌린다.
4. 비행기가 카메라를 향해 달려온다.
5. 이륙은 다른 지점에서 촬영해 비행기가 카메라로부터 떠나가도록 한다.[123]

이렇게 현실에서 가장 특징적인 것만을 선별하면 그 흐름이 비연속적일 수 있다. 그

러나 비연속적인 순간들은 '조리있는 편집'에 의해 '사실 같음(verisimilitude)'의 인상을 초래할 수 있다. 다시 말해 몽타주는 논리적으로 연결되어 '유기적 통일성'을 성취했을 때 사실주의적 표현이 될 수 있는 것이다. 따라서 푸도프킨은 "개별적인 조각들을 모아서 서로 유기적 관계를 맺도록 해야 한다"[124]고 말하면서 적분 단계에서 가장 고려해야 할 사항이 유기적 통일성임을 강조했다. 만약 감독이 유기적 통일성을 달성하는 데에 실패한다면, "그는 스크린에 현상을 명료하고 선명하게 묘사하지 못할 것이다."[125]

5. 에너지 보존의 법칙

사실주의 몽타주는 궁극적으로 '에너지 보존'의 법칙에 부합한다. 푸도프킨은 영화가 중요한 세부사항들만 선택하고 그것들을 편집 과정에서 잘 배열함으로써 다음과 같은 에너지 보존의 효과를 얻을 수 있다고 말하였다.

> [잘 편집된 영화는] 관객이 그의 시야에서 불필요한 것을 제거해야 하는 번거로움을 면하게 해준다. 이러한 영화는 주의가 산란해지는 것을 방지함으로써 관객의 에너지를 절약하게 만들고, 따라서 아주 명료하고도 두드러진 효과를 얻는다.[126]

영화감독은 원료를 명료하게 선택하고 배열함으로써 관객이 불필요한 주의 집중을 하는 것을 방지하고 그럼으로써 관객의 에너지를 절약하게 만든다. 여기서 '미분과 적분'의 개념은 에너지 보존의 법칙과 밀접히 연결되어 있다는 것을 알 수 있다. 왜냐하면 '미분과 적분'은 영화 재료를 세심하게 선택하고 명료하게 배열해 관객의 에너지를 보존하도록 하기 때문이다.

잘 구성된 영화에서 관객은 에너지를 절약하고, 그렇게 해서 형성된 잉여에너지는 궁극적으로 감정이 고조된 장면에 쓰일 수 있다.[127] 따라서 푸도프킨은 불필요한 세부사항들을 제거하는 것은 다음과 같은 효과를 가져온다고 말하고 있다.

> 감독은 관객에게 보존된 에너지를 부여한다.⋯ 따라서 중요한 세부사항들로 조립된 현상은 스크린 상에서 그 표현력이 훨씬 강할 것이며, 이는 실제의 현상이 가질 수 없는 면이다.[128]

스타니슬라프스키 '시스템'에서는 배우가 원하는 효과를 극대화하기 위하여 보존된 에너지를 극의 중요한 순간에 사용하여야 했다. 푸도프킨의 이론에서 보존된 에너지를 사용하는 측은 관객이며, 그는 가장 극적이고 중요한 순간에 그 에너지를 소비한다. 이렇듯 스타니슬라프스키가 에너지 보존의 법칙을 배우의 관점에서 설명하고 있다면, 푸도프킨은 관객의 입장에서 접근하고 있다. 이 두 가지 관점은 서로 보완적이라고 할 수 있다. 만일 배우가 중요한 액션에만 주의를 집중함으로써 에너지를 보존한다면, 관객은 중요한 액션만을 봄으로써 에너지를 보존하게 된다. 다시 말해 두 사람의 접근은 동전의 양면이라고 할 수 있다. 중요한 것은 두 사람 모두 에너지 보존의 법칙 아래 매우 집약적인 극적 효과를 추구한다는 것이다.

4장

연속성의 몽타주

푸도프킨의 이론에서 논리적 연결성은 '연속성(conti-
nuity)'의 개념에 의해 더욱 뒷받침되고 있다. 푸도프킨
은 연속성을 만들어내는 몽타주를 지칭하기 위해 '구조
적 편집(constructive editing)'이라는 말을 사용했으며,
이를 관객 관심의 연속성과 액션의 연속성 두 가지 측면
에서 논의하였다.

1. 이상적 관찰자

관객 관심의 연속성은 '이상적 관찰자(ideal observer)'라는 개념 아래 설명된다.
예를 들어 다음과 같은 상황을 관찰한다고 가정해 보자. A라는 사나이가 어떤 집 벽
가까이에 서 있다가 고개를 왼쪽으로 돌린다. 왼쪽에서 B라는 사나이가 살그머니 문
으로 들어가려고 한다. 어느 정도 거리를 두고 있는 두 사람은 동작을 멈춘다. A가
어떤 물건을 들어 B에게 보여주며 놀린다. B는 화가 나서 주먹을 움켜쥐고 A에게
달려든다. 이때 삼층에서 창 밖을 보던 여인이 놀라서 경찰을 부른다. 공격자는 반대
방향으로 도망간다. 이러한 상황은 다음과 같이 관찰될 것이다.

1. 관찰자는 A를 본다. A는 고개를 돌린다.
2. 무엇을 보고 있는 것인가? 관찰자는 시선을 같은 방향으로 돌려 문으로 들어가려는 B를
   볼 것이다. B는 멈칫한다.
3. A는 B의 출현에 대해 어떻게 반응할까? 관찰자는 다시 시선을 A에게 돌린다. A는 물건
   을 들어 보이며 B를 조롱한다.
4. 이제 B는 어떻게 대응할까? 다시 관찰자는 시선을 돌려 B가 주먹을 쥐고 A에게 달려드
   는 것을 본다.
5. 관찰자는 물러서서 두 사람이 싸우는 것을 볼 것이다.
6. 삼층에서 "경찰!" 하는 외침. 관찰자는 고개를 들어 창가에서 소리치는 여인을 볼 것이다.
7. 관찰자는 고개를 내려 경고의 결과를 본다. 공격자는 반대 방향으로 달아난다.[129]

이렇듯 '이상적인 관찰자'는 모든 것을 똑똑히 보기 위해서 장면을 전체적으로 보지 않고 그의 관심에 따라 그리고 액션의 발전 양상에 따라 고개를 좌우 혹은 위아래로 돌리며 사건을 목격할 것이다.[130] 그렇다면 푸도프킨이 생각하는 몽타주의 기본 목표는 관객의 시선을 한 부분에서 다른 부분으로 인도해 장면의 발전 양상을 뚜렷하게 보여주는 것이라고 할 수 있다.[131]

이상적인 관찰자의 입장을 취하는 것은 실제로는 카메라이다. 카메라는 앞에서 전개되는 사건을 단순히 기록하는 것이 아니다. 그것은 마치 이상적인 관찰자인 것처럼 관심이 흐르는 데로 사건을 포착한다. 이럴 때 카메라의 렌즈는 관객의 눈도 되는 것이다.[132] 이상적인 관찰자로서의 카메라는 적극적인 행동을 필요로 한다. 예를 들어 우리가 거리를 행진하는 데모를 관찰한다고 가정해 보자. 데모를 선명하고도 명확하게 파악하기 위해서 관찰자는 몇 가지 동작을 취해야 할 것이다. 첫째 그가 행렬을 전체적으로 파악하고 그 규모를 알고자 한다면 지붕 위로 올라가야 한다. 그 다음 그는 일층 창가로 내려와서 데모하는 군중들이 들고 있는 깃발에 씌어 있는 글자를 볼 것이며, 마지막으로 데모 군중과 섞여 참가자들의 표정을 살필 것이다. 이렇듯 관찰자는 세 번이나 관점을 옮겨가며 현상을 완벽하게 파악하려고 하였다. 푸도프킨이 보기에 '적극적 관찰자(active observer)'의 입장에서 카메라를 처음 사용한 것은 미국 영화였다. 미국 영화는 롱 숏 위주의 소비에트 영화와는 달리 롱 숏, 미디엄 숏, 클로즈업 숏 등으로 카메라의 위치를 바꾸어가며 사건을 묘사하였던 것이다. 이렇듯 같은 장면이라도 그것을 보다 분명하고 표현력있게 하기 위해서 카메라는 그 자체의 생명력을 가져야 하는 것이다. 그렇게 함으로써 카메라는 정적이고 수동적인 입장에서 적극적인 관찰자 혹은 이상적인 관찰자로 발전하는 것이다.[133]

한편 푸도프킨은 이상적인 관찰자의 입장에서 편집된 장면은 정서에도 작용할 수 있다고 보았다. 예를 들어 흥분한 관찰자는 빠르게 진행되는 사건을 한 액션에서 다른 액션으로 숨가쁘게 옮겨가며 목격할 것이다. 따라서 이러한 관찰자의 입장에서 편집된 작품은 빠르게 바뀌는 단편적인 숏들로 이루어져 흥분을 불러일으킬 것이다. 반대로 차분한 관찰자의 입장을 취한 편집은 숏의 길이가 다소 길 것이며 숏들의 전환은 느릴 것이다.[134] 그렇다면 구조적 편집은 이상적 관찰자의 시선뿐 아니라 그의 감정적 상태까지 고려한 관점에서 이루어진다고 할 수 있다.

위와 같은 논의는 푸도프킨이 카메라의 렌즈를 관찰자의 입장에서 보고 있다는 것을 알려 주며, 이는 곧 그의 사실주의적 입장과도 일치한다. 즉 푸도프킨이 추구하는 영화는 현상을 충실히 묘사하는 것이며, 이를 위해 카메라는 사건에 대해 적극적인 관찰자의 입장을 취해야 하는 것이다. 관찰자는 감독이 될 수도 있다. 왜냐하면 카메라의 위치와 각 숏의 길이를 실제 결정하는 사람은 감독이기 때문이다. 여기서 감독의 주관적 지각 상태가 편집에 반영될 여지가 있다. 만약 감독이 눈앞에서 전개되는 장면에 흥분하고 있다면, 그의 시선은 보다 빠르게 한 지점에서 다른 지점으로 옮겨갈 것이다. 반대로 그가 그러한 액션을 보다 침착하게 관조한다면, 숏의 전환은 보다 차분하고 느릴 것이다. 이렇듯 편집의 율동은 감독의 정서를 반영한다.[135] 이와 같은 관점에서 푸도프킨이 추구하는 영화 양식은 엄밀히 말하면 '완화된 사실주의 (modified realism)'에 접근하고 있다고 할 수 있다. '완화된 사실주의'는 사실주의처럼 우리가 경험하는 삶의 모습에 토대를 두면서도, 그것을 지각하는 주관적 심리상태에 새로운 강조점을 두는 것을 말한다. 이러한 관점에서 푸도프킨의 입장을 이해할 수 있다. 그는 사실주의에서 출발하였다. 그러나 카메라의 위치를 정하고, 편집을 통해 숏의 길이를 결정하는 감독으로서의 존재는 사실주의의 엄격한 객관성에 주관적 느낌을 개입하게 할 여지를 마련하고 있다. 그렇다면 푸도프킨의 몽타주는 주관성으로부터 완전히 자유롭지는 못하다고 할 수 있다. 아무리 그가 사실주의 영화를 앞세웠을지라도, 그것은 현실을 있는 그대로 반영하는 것이 아니라 보다 인상적으로 표현하는 것이다.

정리하면, 구조적 편집은 개별적인 단편들을 모아 하나의 장면을 구축하는 것인데, 이때 각 숏은 관객의 시선을 가장 중요한 액션으로 유도한다. 그리고 이러한 숏들은 이상적 관찰자가 그의 관심을 자연스럽게 옮기는 것처럼 배열되어야 한다. 여기서 주의해야 할 점은 숏과 숏의 전환은 '특별한 논리(special logic)'를 필요로 한다는 점이다. 즉 각 숏은 다음 숏으로 옮겨가려는 충동을 담고 있어야 하는 것이다. 예를 들어 A라는 사나이가 고개를 돌려 무엇을 쳐다보면 그 다음 숏은 그가 보고 있는 것으로 넘어가는 것이다.[136] 이렇듯 푸도프킨의 몽타주는 액션의 자연스러운 흐름을 일관되게 추구하고 있다.

2. 액션의 연속성

영화의 연속성은 이상적 관찰자의 시선이 자연스럽게 옮겨가는 것에만 의존하지 않고 '액션의 극적 연속성(dramatic continuity of action)'에 의해 결정되기도 한다. 따라서 푸도프킨은 "[영화의 연속성은] 시선이 한 장소에서 다른 곳으로 단순히 옮겨가는 것에만 의지하지 않고 액션의 발전에 의해 결정되기도 한다"고 주장하였다.[137]

그러면 푸도프킨이 의미하는 액션의 극적 연속성의 예를 살펴보기로 하자. 〈법을 넘어서(Beyond the law)〉라는 영화의 한 장면은 다음과 같은 사건을 다루고 있다. 한 인물이 안락의자에 앉아 자신을 체포하러 오는 사람을 긴장하여 기다리고 있다.

그는 누군가 문으로 다가오는 소리를 듣는다. 그는 주의 깊게 듣다가, 방문의 손잡이가 돌아가는 것을 본다. 사나이는 뒤에 감추었던 권총을 서서히 꺼낸다. 문이 열리기 시작한다. 그는 재빠르게 권총을 겨눈다. 그러나 예상 밖으로 경찰 대신 강아지를 안은 어린 소년이 들어온다. 영화는 이러한 사건을 다음과 같이 편집하였다.

1. 안락의자에 앉아 있던 배우는 노크 소리를 들은 듯 몸의 자세를 바꾼다.
2. 긴장하여 주의 깊게 지켜보는 얼굴.
3. 돌아가는 방문의 손잡이.
4. 클로즈업으로 잡힌 배우의 손은 천천히 그리고 서투르게 권총을 잡고 있다.
5. 살짝 열리는 문.
6. 배우는 권총을 겨눈다.
7. 문 사이로 소년이 강아지를 안고 들어선다.[138]

위의 장면은 액션의 발전 과정에서 가장 중요한 순간들을 포착해 편집한 것이다. 다시 말해 앉아 있는 사나이의 모습, 긴장된 얼굴의 클로즈업, 문의 손잡이, 권총을 잡는 사나이의 손 등은 액션의 발전을 극적으로 묘사하고 있는 것이다. 그 결과 개별적인 숏들은 서로 어우러져 서스펜스가 넘치는 '단일한 이미지(single image)'를 창조하고, 사건이 끊임없이 발전한다는 인상을 준다.[139]

푸도프킨은 액션의 연속성을 여러 차원에서 논의하였다. 첫째, 푸도프킨에게 있어서 액션의 연속성은 넓은 의미에서 작품의 전반적인 연속성을 말한다. 다시 말해 몽타주란 "필름 조각들에서 하나의 장면을, 장면들에서 하나의 시퀀스를, 시퀀스들에서 하나의 릴"을 구성해 가는 것이며,[140] 이때 고려해야 할 점은 액션이 시작부터 끝까지 연속적으로 발전하도록 하는 것이다.

둘째, 푸도프킨은 한 숏에서 다른 숏으로의 전환이 공통된 동작에 의해 연결된다면 액션의 연속성이 성취된다고 생각하였다. '동작에 의한 연결(linkage by move-ment)'은 바로 이러한 연속성을 뜻한다. '동작에 의한 연결'은 롱 숏에서 클로즈업, 클로즈업에서 롱 숏으로의 전환이 공통된 동작에 의해 연결되는 것을 의미하며, 이때 관객은 액션이 중단없이 발전한다는 인상을 받게 되는 것이다.[141] 예를 들어 두 사람이 대화하는 도중 한 사람이 분개해 권총을 주머니에서 꺼내는 장면은 다음과 같이 구성될 수 있다. 두 사람을 롱 숏으로 잡은 첫번째 숏은 한 사람이 주머니에 손을 넣는 것으로 끝난다. 그 다음의 클로즈업 숏은 손만을 보여주며 앞 숏의 끝 부분에 보인 동작이 지속된다. 사나이는 주머니에서 권총을 꺼낸다. 그 다음 숏은 다시 롱 숏으로 앞 숏의 끝 부분에 나타난 동작이 이어지며, 권총은 상대방 얼굴을 겨누고 있는 것이다. 또 다른 예로 앞서 언급한 거리의 폭력 장면을 들어 보자. 첫번째 숏은 화가 나서 주먹을 불끈 쥐기 시작하는 B의 모습을 롱 숏으로 잡고, 그 다음 숏은 클로즈업으로 주먹을 쥐는 손을 보여줄 수 있다. 이때 앞 숏에서 시작한 동작은 다음 숏에서 완성되면서, 액션이 단절없이 발전한다는 인상을 준다. 푸도프킨은 이러한 연속성을 '동작에 의한 연결'이라고 이름하였다.

셋째, 푸도프킨은 개별적인 숏들 사이의 '의미있는 연관'도 액션의 연속성을 보장한다고 보았다.[142] 예를 들어 다음과 같은 법정 장면을 생각해 보자. 부당하게 고소를 당한 피고인이 무자비한 평결을 듣고 있다. 이때 갑자기 장면이 바뀌어 사건의 진실이 밝혀지며 피고인의 무죄를 말하고 있다. 이렇듯 부당한 평결이 내려지는 가운데 화면은 사건의 진실을 시각적으로 밝혀 주고 있는 것이다. 분명한 모순을 일으키는 두 숏의 연결은 법정의 선입관을 폭로하는 '의미'를 담고 있다. 이렇듯 두 개의 숏은 의미적으로 연결이 될 때 결합될 수 있으며, 이러한 연결에는 대조나 모순의 효과도 포함된다.[143] 다른 예를 들어 보자. 파산을 한 농부의 굶주린 자식들의 모습이 상업적인 목적 아래 밀을 산더미처럼 수확한 장면 다음에 이어진다면, 우리는 즉각적으로 세상사의 모순을 느낄 수 있을 것이다. 이처럼 숏들 사이에 '숨겨진 내적 관계(inner hidden relationship)'가 있다면, 관객은 그것을 연속적인 액션으로 느낀다는 것이 푸도프킨의 의견이다. 이것은 한마디로 '지적으로 지각된 연속성(continuity perceived intellectually)'이라고 할 수 있다.[144]

숏과 숏 사이에 '의미의 연속성'이 존재한다면 시공간적 비약은 크게 문제될 것이 없다. 아무리 시공간적 비약을 보이는 편집이라도 의미상 연결된다면 연속적인 액션으로 지각되는 것이다.[145] 예를 몇 개 들어보자. 초등학교에서 수업을 듣던 아이가 눈 깜짝할 사이에 대학을 졸업하는 청년이 된다. 자기 집 거울 앞에서 '모자를 쓰던' 사나이가 눈 깜짝할 사이에 거리에서 아는 사람을 만나 '모자를 벗으며' 인사한다. 법정에서 자신을 변호하던 피고인이 "저는 절대 그런 일을 한 적이 없습니다"라고 할 때 순식간에 장면은 그 사나이의 십 년 전 모습으로 돌아간다. 이렇게 엄청난 시공간적 비약도 의미있게 연결되므로 관객은 이를 연속적인 액션으로 지각할 수 있는 것이다.

모든 영화의 액션은 개별적인 숏들이 모여서 만들어진 것이므로 시공간적 간격을 지닐 수밖에 없다. 그러나 관객은 시공간적 간격을 지닌 액션들이 의미있게 연결될 때 하나의 연속적인 액션으로 느낄 수 있는 것이다. 이에 대해 푸도프킨은 "스크린에 투사된 이미지들이 시공간적 간격을 내포하고 있다는 사실에도 불구하고 관객은 영화를 연속적 행동으로 지각할 것이다"라고 말하고 있다.[146]

지금까지 논의한 바에 따르면 관객이 시공간적 간격을 지닌 액션을 연속적인 액션으로 느끼는 것은 여러 가지 요인에 의해서였다. 즉 액션의 극적 연속성, 동작에 의한 연결, 의미적인 연결 등이 그것이다.

다트(Peter Dart)는 『푸도프킨 영화와 영화 이론(*Pudovkin's Film and Film Theory*)』에서 관객이 연속적인 액션으로 지각하는 현상을 설명하기 위해 '동일시 (identification)'라는 개념을 사용하였다. 다트에 따르면 푸도프킨이 말하는 연속성은 "관객이 스크린 이미지에 대한 동일시를 하는 것"에 의해 성취된다.[147] 앞서 언급한 거리의 폭력장면을 예로 들어보자. 감독은 카메라를 옮겨가며 A의 얼굴 클로즈업, B의 손 클로즈업, 여인의 얼굴 클로즈업, 장면 전체를 보여주는 롱 숏 등 다양한 각도에서 본 특정한 숏들을 선택해, 이러한 숏들이 액션의 연속성을 나타내도록 편집할 수 있다. 다트가 지적했듯이 감독은 관객이 스크린 이미지에 대한 동일시를 하는 한도 내에서 어떠한 편집도 할 수 있다.[148] 즉 '스크린 이미지에 대한 동일시'는 관객이 이상적 관찰자의 입장에 선 것을 전제로 한다. 이때 관객은 자신의 흥미에 따라 개별적인 액션들을 선택적으로 주목하는 셈이 되고, 편집은 관객의 관심을 자연스럽게 유도하는 것이다. 그 결과 관객은 이상적인 관찰자가 되어 스크린 이미지에 대해 동일시를 하게 된다.

그렇다면 푸도프킨이 말하는 '연속성'의 핵심은 관객이 몽타주를 어떻게 지각하는가에 달려 있다고 볼 수 있다. 결합되는 숏들은 서로 별개의 성격을 지녔거나 커다란 시공간적 격차를 보일 수도 있다. 그러나 관객이 그들 사이의 상호관계를 이해한다면, 그 편집은 연속성을 성취한 것이다. 따라서 푸도프킨에게 있어서 몽타주는 단편(숏)들을 단순히 모으는 것이 아니다. 그것은 단편과 단편 사이에 '분명한 관계 (clear connection)'가 있도록 하는 것이다.[149] '연결'과 '연속성'의 개념은 여기서 출발하는 것이다.

푸도프킨은 영화의 편집이 관객의 호기심을 자연스럽게 인도하고, 극적 액션을 중단없이 발전시키며, 숏과 숏 사이의 의미적 연속성을 살려야 한다고 믿었다. 어떻게 보면 푸도프킨의 몽타주 이론은 '연속성'의 개념으로 압축될 수도 있다. 따라서 푸도프킨은 연속성의 중요성에 대해 "연속성을 상실하게 되면, 작품의 통일성, 스타일 그리고 그 효과를 잃게 된다."고 언급하였다.[150]

지금도 우리는 촬영 대본을 연속성, 즉 '콘티뉴이티(continuity)'의 줄인 말인 '콘티(conti)'로 부르고 있다. 이것은 편집에서 연속성이 차지하는 중요성을 함축하고 있는 말이다.

5장

연역적 구성과 조형력있는 이미지

1. 연역적 구성

연역적 구성은 아리스토텔레스부터 스타니슬라프스키에 이르기까지 논리적 연결, 연속성, 유기적 통일성을 구축하는 방법 중의 하나였다. 푸도프킨도 예외는 아니었다. 그는 시나리오의 구성과정이 '일반적인 것에서 특수한 것으로' 진행되어야 한다고 믿었다.[151] 좀더 자세히 말해 푸도프킨에게 있어서 시나리오의 구성은 주제에서 액션, 그리고 액션에서 액션의 영화적 표현으로 진행되어야 한다는 것이다.[152] 주제는 세부사항들을 선택하는 기본지침이며, 영화의 모든 세부사항들은 주제와 관련되어야 한다는 것이다.

푸도프킨이 생각하는 시나리오 작성과정은 19세기 '논제극(thesis play)'의 기교와 매우 유사하다. 일반적으로 논제극의 작가는 먼저 사회적 혹은 윤리적 논제를 설정한 다음, 이 논제를 중심으로 극을 논리적으로 구축한다. 유사하게 푸도프킨은 시나리오 작가가 우선 주제를 선정한 다음, 그 주제를 중심으로 영화의 세부사항을 조직할 것을 권유하였다. 따라서 푸도프킨을 연구한 다트는 푸도프킨의 글에서 '주제'라는 단어를 '논제'로 바꾸어도 무방하다고 지적하며, 푸드프킨의 시나리오 구성법은 논제극과 같음을 암시하였다.[153] 푸도프킨과 논제극 작가와의 유사점은 여기서 끝나지 않는다. 논제극이나 '잘 짜여진 극'의 작가는 소(小)뒤마(Alexandre Dumas fils)의 예에서 보듯 마지막 장면을 먼저 쓰는 경향이 있다. 이는 극의 절정을 먼저 설정한 다음 이를 향해 극을 구성하는, 일종의 '후진적 구성'이라고 할 수 있다. 푸도프킨도 유사한 방법을 사용하였다. 예를 들어 그의 작품 〈어머니〉는 영화의 절정인 마지막 장면부터 만들어졌다.[154] 이러한 후진적 구성은 미리 정해진 절정을 향해 세부적인 사항들을 구축해 가는 점에서 연역적이라고 할 수 있다. 소(小)뒤마는 후진적 구성은 작가가 목표를 알게 함으로써 극의 흐름을 명료하게 할 수 있는 방법이라고 지적하였다. 마찬가지로 푸도프킨은 후진적 구성이 배우들이 맡은 역의 운명을 미리 알게 함으로써, 그들의 연기는 통일성과 연속성을 도모할 수 있다고 믿었다.[155]

한편 푸도프킨은 스타니슬라프스키처럼 '초목적'의 개념 아래 연역적 구성을 지향하였다. 푸도프킨은 영화의 주제를 '초예술적 개념(super-artistic concept)'이라고 표현하였는데, 이는 바로 스타니슬라프스키의 '초목적'에 해당된다.[156] 작가는 주제 혹은 '초예술적 개념'을 정한 다음 그 주제를 설명하는 데 필요한 일련의 '종석들(key-stones)'을 구축해야 하며, 이러한 종석들은 전반적인 개요를 드러낼 것이라고 푸도프킨은 말하였다.[157] 여기서 '종석'은 스타니슬라프스키가 말한 '소단위(units)'에 해당된다. 스타니슬라프스키는 배우들이 작품을 '초목적'에 따라 중요한 소단위들로 나눌 것을 권고하였다. 스타니슬라프스키는 이러한 소단위들이 명료해질 때 배우들은 논리적이고도 일관성있는 흐름을 갖춘 액션을 할 수 있으며, 그러한 흐름과는 관계 없는 표피적인 사항들을 피할 수 있다고 주장하였다.[158] 이와 유사하게 푸도프킨은 종석들이 "단단한 골격을 구축해 공백에 빠질 위험을 막는다"고 지적하였다.[159] 그리고 푸도프킨은 종석을 결정할 때는 명료한 윤곽을 그리는 데 필수적인 것만을 선택해야 한다고 말했다.[160]

2. 조형력있는 이미지

주제가 정해지면, 그 다음에는 이 주제를 부각시킬 '종석', 즉 중요한 액션들을 마련해야 한다. 여기서 액션에 대한 처리는 영화의 특성에 맞아야 한다. 그러기 위해서 영화의 액션은 '조형력있는 이미지(plastic images)'가 되어야 한다.[161] 즉 영화의 액션은 주제를 선명하고도 생생하게 부각시킬 수 있는 이미지를 불러일으켜야 한다. 푸도프킨은 조형력있는 이미지의 예로 미국 영화 〈토요일 밤(Saturday Night)〉을 들고 있다. 이 영화의 주제는 계급이 다른 사람들 사이의 결혼은 행복할 수 없다는 것이다. 이 주제를 위해 영화의 액션은 다음과 같이 진행된다. 한 자가용 운전사는 그가 모시는 사업가의 딸과 사랑에 빠졌기 때문에 세탁부의 호의를 무시한다. 다른 사업가의 아들은 우연히 젊은 세탁부를 보고 사랑에 빠진다. 이렇게 해서 두 쌍의 결혼이 이루어지게 된다. 운전사의 비좁은 다락방은 사업가의 딸의 눈에는 개집처럼 보인다. 운전사는 하루의 고된 일과를 마친 후 아내가 차려 주는 음식을 기대하나, 아내는 불을 어떻게 켜고, 주방 기구를 어떻게 사용할지를 몰라서 음식을 제대로 마련할 수 없다. 그녀가 보기에 불은 너무 뜨겁고, 음식은 그녀의 손을 더럽히는 것이다. 따라서 반쯤 익은 음식이 방바닥에 널리는 것이 예사이다. 하루는 저녁을 즐겁게 보내기 위해 방문한 운전사의 친구들이 너무 천박하게 행동하므로 아내는 항의하듯 뛰

쳐나가 자기 방에서 신경질적인 울음을 터뜨려 버린다. 한편 세탁부와 부잣집 아들과의 결혼도 문제에 봉착한다. 경멸하는 하인들에 둘러싸인 세탁부 출신의 아내는 연속해서 당혹한 상황을 맞이한다. 그녀는 옷을 입혀 주고 벗겨 주는 하녀를 이상하게 보며, 긴 자락의 가운을 입었을 때는 자신을 우스꽝스럽게 여긴다. 디너파티에서 그녀는 조롱의 대상이 되어 그녀의 남편이나 가족을 난처하게 만든다. 우연히 운전사와 세탁부는 만난다. 현재의 생활에 불편을 느끼는 두 사람은 자연스럽게 서로 옛정을 느낀다. 불행한 두 쌍의 부부는 헤어져서 새롭게 짝을 맺는다. 세탁부는 부엌에서 제 세상을 만난 듯하며, 사업가의 딸은 세련되게 옷을 입고 폭스트롯(foxtrot)을 멋들어지게 추는 것이다. 모두가 자신에게 맞는 배우자를 맞이해 행복한 것이다.

이렇듯 부엌, 운전사의 친구들, 우아한 옷들, 디너파티의 손님들 등으로 이루어진 이미지들은 주어진 주제를 선명하게 외적으로 드러내는 데 적합하다. 푸도프킨이 보기에 영화의 액션들은 한마디로 '선명하고도 조형적으로 표현력있는 종석들(clear and plastically expressive key-stones)'로 이루어져야 하는 것이다.[162] 푸도프킨이 말하고자 하는 것은 시나리오는 구체적인 이미지를 일으키는 액션으로 이루어져야 한다는 것이다. 예를 들어 시나리오는 "니코노프 가족은 아버지나 딸이 일자리를 구할 수 없어서 굶어 죽을 지경이 되었다"라고 표현하였다고 가정을 하자. 이러한 시나리오는 액션이 너무 추상적이어서 주제를 선명히 부각시키지 못하고 있다. '굶어 죽을 지경', '일자리를 구할 수 없다' 등의 표현은 시각적인 액션으로 구체화되어야 하는 것이다.

조형력있는 이미지를 만드는 것은 삶이 제공하는 무한한 재료 가운데 주제를 선명하고 생생하게 부각시킬 수 있는 액션들을 선택하는 것을 말한다. 예를 들어 한 영화에서 탈옥한 죄수는 다음과 같은 액션을 통해 자신의 극악무도함을 나타낸다.

1. 깎지 않은 수염이 텁수룩하게 자란 부랑자는 어떤 집을 들어가다가 멈추어 무언가를 응시한다.
2. 응시하는 부랑자의 얼굴 클로즈업.
3. 그가 보고 있는 것을 보여준다. 작고 털이 복슬복슬한 고양이가 양지에서 자고 있다.
4. 다시 부랑자. 그는 무거운 돌을 들어 자고 있는 작은 고양이를 없애려고 한다.
   이때 물건을 집 안으로 나르는 한 사나이가 우연히 스쳐 지나가자 부랑자는 잔인한 행동을 실행하지 못한다.[163]

위의 숏에서 잠자고 있는 고양이는 천진난만함과 태평무사함을 완벽하게 표현하고 있다. 따라서 덩치가 큰 사나이의 손에 들린 돌멩이는 어처구니없는 잔인함을 상징하게 된다. 이렇듯 위 시퀀스는 조형력있는 이미지를 통해 바라는 목적이나 인물의 성격화를 효과적으로 달성하고 있다.[164] 푸도프킨에게 있어서 '조형력있는 이미지'는 언어적인 설명이 없이도 분명한 의미를 전달할 수 있는 시각적 이미지를 말하는 것이다.[165]

조형력있는 이미지는 궁극적으로 화면에 나타나는 사물에도 달려 있다. 사물은 배우와 연결되어 그의 감정상태를 외적으로 미묘하게 드러낼 수 있다. 이러한 점에서 스크린에 나타나는 사물들은 '표현력있는 사물들(expressive objects)'이 되어야 한다.[166] 예를 들어 〈전함 포템킨(Battleship Potemkin)〉에 나오는 전함은 아주 강력한 이미지로서 그 배에 있는 선원들과 유기적인 관계를 갖고 있다. 따라서 에이젠슈테인은 무고한 시민을 학살하는 군대에 대한 응답으로 대포 옆에 서 있는 선원들을 보여주지 않고, 거대한 전함 그 자체를 보여준 것이다.[167] 여기서 주목해야 할 점은 몽타주를 조형력있는 이미지의 구축으로 생각하는 것은 에이젠스타인의 후기이론에서도 발견된다는 것이다.(199-204 페이지 참조) 아마 푸도프킨과 에이젠슈테인 사이에 유사성이 있다면 바로 이것일 것이다.

6장

관계적인 편집

푸도프킨은 관객에게 정서적으로 혹은 이미지 연상적
으로 영향을 미치는 편집을 '관계적인 편집(relational
editing)'이라고 이름하였다. '관계적인 편집'은 다섯
가지의 유형으로 분류된다.[168] 첫번째 유형은 '대조
(contrast)'이다. 예를 들어 굶어 죽는 사람의 불행한
처지를 인상적으로 만들기 위해서 감독은 부잣집 사람이 음식을 게걸스럽게 먹는 장
면을 삽입할 수 있다. 이렇듯 대조되는 관계 속에서 두 장면은 서로를 부각시킬 수
있는 것이다.

두번째 유형은 '평행(parallelism)'이다. '평행'의 관계는 첫번째 유형과 유사하나,
두 사건이 보다 밀접히 연결되어 있다. 예를 들어 파업의 주동자인 한 노동자가 다섯
시에 처형되기로 되어 있다고 가정하자. 이 이야기는 다음과 같이 편집될 수 있다.
공장 주인은 만취해서 식당을 나서며 시계를 본다. 시계는 네시를 가리키고 있다. 사
형수가 보인다. 그는 사형장에 끌려갈 준비가 되어 있다. 다시 공장 주인으로 넘어간
다. 그는 초인종을 눌러 시간을 물어 본다. 시간은 네시 삼십분이다. 감옥 마차가 삼
엄한 경비 속에 거리를 지나간다. 문을 연 하녀는 사형수의 아내이다. 그녀는 갑자기
몸을 빼앗긴다. 술에 취한 공장 주인은 침대에서 코를 골고 자고 있는데, 바짓자락은
걷혀져 올라가 있고, 손목시계를 찬 손은 축 늘어져 있다. 손목시계는 다섯시가 거의
가까워진 것을 보여준다. 노동자는 목을 매달리고 있다. 이 예는 서로 연결되지 않는
사건들이 시계를 통해 평행하게 진행되며 급박하게 돌아가는 사형의 순간을 묘사하
고 있다. 여기서 비정한 공장주의 손목시계는 다가오는 주인공의 비극적 결말과 연
결되어 관객에게 강한 인상을 불러일으킬 것이라고 푸도프킨은 언급하고 있다.

세번째 유형은 '상징(symbolism)'이다. 예를 들어 에이젠슈테인의 〈파업〉에서는
데모하는 군중들이 경찰에 의해 학살되는 장면과 도살장에서 소가 도살되는 장면을
연결해 경찰들의 잔인한 행동을 상징하였다. 즉 이 편집은 '도살'이라는 추상적 개념

을 상기시키는 것이다. 앞으로 살펴보겠지만 에이젠슈테인은 이것을 연상 몽타주, 혹은 몽타주 비유법이라고 하였다.

네번째 유형은 '동시성(simultaneity)'이다. '동시성'의 편집은 동시에 진행되는 두 개의 액션을 묘사하는 것으로, 한 액션의 결과가 다른 액션에 영향을 미친다. 푸도프킨은 그 예로 〈불관용〉의 마지막 장면을 들고 있다. 여기서 그리피스는 사형수와 사형수의 아내를 번갈아 보여주는데, 사형수의 아내는 남편이 무죄임을 간청하러 주지사를 만나려고 애를 쓴다. 이때 관객은 '사형수가 구해질까?' 하는 최고의 긴장상태에 있게 된다. 소위 '그리피스의 마지막 구출장면(Griffith's last-minute rescue)'이라고 불리는 동시성의 편집은 너무 남용되고는 있으나 아직도 효과적이라고 푸도프킨은 생각하고 있다.

다섯번째 유형은 '라이트모티프(leitmotif)'로, 대개 기본주제를 반복적으로 강조한다. 예를 들어 황제의 폭정에 봉사하는 교회의 위선을 폭로하는 반종교적 주제를 위해 다음과 같은 이미지가 반복될 수 있다. 서서히 울리는 교회의 종은 "종소리는 온 세상에 인내와 사랑의 메시지를 보낸다"는 자막과 겹칠 수 있고, 이러한 이미지는 인내의 허구성과 위선적인 사랑을 강조할 때마다 반복될 수 있다.

위와 같은 논의를 통해 관계적인 몽타주는 숏들 사이의 '의미있는 관계'를 구축한다는 것을 알 수 있다. 그리고 그 관계는 대조, 상징, 반복 주제 등 다양한 형태로 이루어질 수 있다. 이렇듯 푸도프킨은 항상 의미의 연결 혹은 의미의 연속을 몽타주의 핵심으로 보고 있다.

7장

시청각적 몽타주

1. 비일치의 원리

'맹목적인 모방(slavish imitation)'에 그치는 자연주의
를 배격하는 푸도프킨의 입장은 사운드의 사용에서도
반복된다. 예를 들어 화면에 자동차가 나타났다고 해서
자동차의 음을 삽입하는 것은 푸도프킨이 보기에는 원
시적인 모방에 지나지 않는다. 푸도프킨의 기본입장은 항상 객관적 현상을 묘사하되
그것을 보다 표현력있고 인상적으로 만드는 것이다. 그렇다면 표현력있는 사운드의
사용법은 무엇인가? 푸도프킨은 영화의 시각적 요소와 청각적 요소가 일치할 필요가
없다고 보았고, 오히려 그들 사이의 비일치에서 예술적 가능성을 발견하였다.[169](앞으
로 살펴볼 에이젠슈테인도 같은 견해를 가졌다) 예를 들어 분노하는 한 사나이의 시
각적 이미지는 포효하는 사자의 울음과 결합되어 보다 인상적일 수 있다. 이러한 원
리에 입각해 푸도프킨은 무성영화로 만들어진 그의 대표작 〈어머니〉의 한 장면을 다
음과 같이 발성영화로 변형시킬 수 있다고 보았다. 장면은 죽은 남편의 시신을 바라
보며 슬프게 흐느끼는 어머니에 관한 것이다.(도판 6) 첫번째 숏은 시각적으로는 시
신을 슬프게 바라보는 어머니의 모습을 포착하게 하며, 청각적으로는 세면기에 물이
떨어지는 소리를 들리게 한다. 두번째 숏은 촛불로 둘러싸인 죽은 자의 머리를 찍을
것이며, 이때 관객은 나지막하게 흐느끼는 울음을 듣게 된다. 이처럼 시각과 청각은
각각 다른 이미지를 포착함으로써 보다 뉘앙스가 풍부한 장면을 만들어낼 수 있는
것이다. 이럴 때 영화 언어는 문학 언어의 수준에 도달할 수 있다고 푸도프킨은 생각
하였다.[170]

한편 시각적 이미지와 청각적 이미지의 비일치는 소리가 주관적인 관심이나 심리
에 따라 선택적으로 지각될 수 있다는 사실에서도 그 정당성을 찾을 수 있다. 예를
들어 방 안에 있던 한 사나이가 갑자기 도움을 청하는 외침을 들었다고 가정해 보자.
그러면 그는 창으로 가서 바깥을 살펴볼 것이다. 처음에 그는 도움을 청하는 사람을

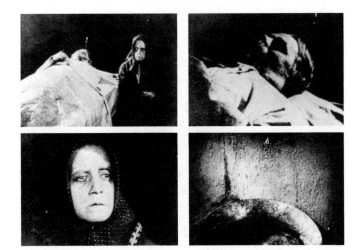

6. 〈어머니〉의
애도 시퀀스 중
몇 숏.

발견할 수 없다.
보이는 것은 지
나가는 자동차뿐
인 것이다. 그러
나 사나이의 귀에는 자동차나 버스의 소리는 들리지 않고, 대신 애타게 도움을 청하
는 소리만이 들릴 것이다. 드디어 사나이는 소리를 지르는 사람을 발견하였다. 부상
을 당해 도움을 청하는 사람 주위에 군중들이 모여들고, 이제 조용해진 그 사람은 어
떤 사람의 부축을 받으며 일어난다. 방 안에 있는 사나이는 이 장면을 지켜보면서 점
차 교통 소음을 듣기 시작할 것이고, 멀리서 달려오는 앰뷸런스의 사이렌 소리가 점
차 커지는 것을 느낄 것이다. 이때 사나이는 부상당한 사람의 옷이 눈에 들어온다.
그 옷은 두시에 오기로 한 동생의 옷과 같은 것이다. 놀란 사나이는 길거리에서 부상
당한 사람이 자기 동생인지 아닌지 궁금해 하면서 갑자기 근심 걱정에 쌓인다. 지금
까지 들리던 거리의 소음은 일시에 멈추고, 사나이의 의식에는 멍한 정적이 흐르는
것이다. '지금이 두시일까?' 사나이는 벽시계를 바라본다. 비로소 똑딱거리는 시계
소리가 들리는 것이다. 이렇듯 소리는 관찰자의 관심에 따라 선택적으로 지각되는
측면이 있다. 따라서 청각은 시각적 이미지와 꼭 일치할 필요는 없는 것이다. 눈에는
움직이는 자동차가 보이나 귀에는 도움을 청하는 소리만 들리는 것이다.

2. 이상적 관찰자의 원리와 시청각적 몽타주
앞서 논의한 바에 따르면 푸도프킨은 청각적인 지각에도 '이상적인 관찰자'의 개

넘을 도입하고 있음을 알 수 있다. 거리의 폭력장면에서 '이상적 관찰자'는 그의 관심에 따라, 그리고 액션의 흐름에 따라 사건을 선택적으로 바라보았다.(68-70 페이지 참조) 똑같은 원리가 청각에도 적용된 것이다. 푸도프킨은 이러한 선택적 지각 현상에 대해 "우리가 살고 있는 세상에는 늘 두 가지 리듬이 존재하는바, 그것은 객관적 세상의 리듬과 우리가 이 세상을 지각하는 템포와 리듬이다"라는 원리로 설명하고 있다.[171] 따라서 푸도프킨은 영화의 사운드가 객관적 세상에 일치할 수도 있고, 인간의 지각에 일치할 수 있다는 결론에 도달하게 된다. 다시 말해 영화의 사운드는 객관적 세상을 보여주는 시각적 이미지와 일치할 수도 있고 비일치할 수도 있는 것이다. 예를 들어 사나이가 시계를 볼 때 똑딱거리는 소리가 들리는 것은 '일치'이며, 그가 자동차들을 볼 때 자동차 소음이 들리지 않고 도움을 청하는 소리만 들리는 것은 '비일치'이다. 여기서 푸도프킨이 강조하고 싶은 것은 물론 비일치의 원리이다. 푸도프킨은 이렇게 시각과 청각이 대위법적으로 결합되었을 때 사운드는 영화 내용의 잠재적인 표현력을 증대시킬 수 있다고 믿은 것이다.

청각을 '이상적 관찰자'의 입장에서 생각하는 푸도프킨은 다음과 같은 초보적인 시청각적 결합을 제안하였다. 예를 들어 한 장면에서 세 사람이 이야기를 나누고 있다고 가정하자. 이때 우리는 말하는 사람을 따라서 '커팅(cutting)'할 필요가 없다. 다시 말해 A라는 사람이 말한다고 화면이 꼭 A를 보여줄 필요는 없다. 대화하는 장면을 지켜보는 이상적 관찰자는 때에 따라서 말하는 사람보다 듣고 있는 사람의 반응이 더 궁금할 수 있기 때문이다. 따라서 시각적으로는 듣고 있는 사람의 표정을 보여주고 청각적으로는 상대방의 말을 들려줄 수 있다.[172] 이처럼 푸도프킨은 이상적 관찰자인 관객의 입장에서 편집이 이루어져야 한다는 생각을 항상 고수한다. 그렇기 때문에 감독은 관객의 심리를 철저히 이해할 필요가 있으며, 그는 관객의 대리인으로서 촬영하고 편집하는 셈이 된다. 지금까지 논의된 바에 따라서 시각적 현상과 청각적 현상에 대한 이상적 관찰자를 도표로 표시하면 다음과 같다.

시각적 이미지

이상적 관찰자 = 카메라 = 감독의 눈 = 관객의 눈

청각적 이미지

이상적 관찰자 = 마이크 = 감독의 귀 = 관객의 귀

이렇듯 푸도프킨은 시각적으로나 청각적으로 주관성을 완전히 배제할 수 없는

'완화된 사실주의'를 지향한다. 그에게 있어 영화는 있는 그대로의 사실을 묘사하되, 그것은 때에 따라서 이상적 관찰자의 눈과 귀를 통해 여과된 이미지이며 소리인 것이다.

8장

몽타주와 영화 연기

푸도프킨의 영화는 밀도있는 연기로 유명하다. 그는 감독이었을 뿐 아니라 배우로도 출연을 해 오제프(Ozep)의 〈산송장(The Living Corpse)〉 그리고 에이젠슈테인의 〈폭군 이반(Ivan the Terrible)〉에서 훌륭한 연기를 하였다. 이렇듯 푸도프킨은 영화 연기에 대해 지대한 관심을 보이며, 그의 글 중 반 가량을 영화 연기에 할애하고 있다.

푸도프킨의 영화 연기론은 한마디로 몽타주 이론의 연장이다. 그는 논리적 연결, 사실주의, 연속성 등의 원칙을 영화 연기에서도 추구한다. 이를 위해 푸도프킨은 스타니슬라프스키의 연기론을 영화에 그대로 도입하였다. 어떻게 보면 푸도프킨의 영화 이론은 전체적으로 스타니슬라프스키로부터 영향을 받았다고 할 수 있다. 그는 영화의 핵심이 몽타주에 있다는 것을 쿨레쇼프로부터 배웠지만, 그 구체적인 방법에 있어서는 스타니슬라프스키의 연극 이론을 따랐던 것이다. 따라서 푸도프킨은 스타니슬라프스키처럼 사실주의를 예술적 표현의 정수로 보았을 뿐 아니라, 사실주의의 극적 구성인 논리적 연결, 연속성, 유기적 통일성 등을 몽타주의 핵심으로 생각하였다. 이러한 푸도프킨의 태도는 그의 글 「영화에서의 스타니슬라프스키 시스템」에 단적으로 나타나 있다. 그 예로 푸도프킨은 영화가 은밀히 감추어져 있으나 실제로 존재하는 삶의 진실을 발견하기 위해 스타니슬라프스키의 방법론을 사용해야 한다고 주장하며 다음과 같이 글을 끝내고 있다.

> 위대한 사실주의 예술가이며 학자이며 선생인 스타니슬라프스키는 러시아 예술의 위대한 사실주의 경향이 사회주의 리얼리즘 예술의 실제가 되게 하는 진정한 길을 닦았다.[173]

앞으로 논의할 푸도프킨의 연기론은 이러한 맥락에서 이해되어야 한다. 그는 스타니슬라프스키의 사실주의 연기론을 영화에 도입하였을 뿐 아니라, 그것을 몽타주에 어떻게 적용시키는가에 주된 관심을 두었던 것이다.

1. 사실주의 연기 – 논리적 연결과 연속성

앞서 여러 차례 언급했듯이 푸도프킨은 스타니슬라프스키처럼 사실주의를 예술적 표현의 정수로 보아 '진짜 삶의 생생한 반영(a vivid reflection of life)'을 목표로 하였다.[174] 이를 위해 그는 스타니슬라프스키의 연기 방법론, 특히 제1스튜디오에서 개발한 연기 방식을 영화에 도입하고자 하였다.[175] 제1스튜디오는 관객이 배우의 얼굴 표정 같은 세밀한 연기를 볼 수 있을 정도로 아주 규모가 작은 공간이었다. 따라서 조금이라도 과장된 연기는 사실주의의 관점에서 볼 때 어색한 것이었다. 그러한 연기도 보통 대극장에서라면 사실적으로 느껴질 수 있다. 왜냐하면 객석과 무대가 어느 정도 거리를 두고 있기에 과장된 연기가 오히려 효과적일 수 있기 때문이다. 그러나 제1스튜디오와 같은 소극장은 조금의 과장된 연기도 허락하지 않았다. 모든 것을 사실적으로 보이게 하려면 마치 진짜 삶을 사는 것처럼 행동해야 했던 것이다. 여기서 푸도프킨은 제1스튜디오의 연기가 카메라 연기에 매우 적합하다는 것을 발견한다. 왜냐하면 영화의 클로즈업은 배우들에게 '연기의 완벽한 진실성'을 요구하기 때문이다.[176]

사실주의적인 연기 기준을 제1스튜디오 실험에 둔 푸도프킨은 스타니슬라프스키 연기론에 몰두한다. 그가 스타니슬라프스키로부터 배운 첫 교훈은 '역을 살 것'이었다. 즉 배우는 그가 창조하고자 하는 극중인물이 되어 진짜처럼 살아야 하는 것이 무엇보다도 중요하였다.[177] 그러기 위해 푸도프킨은 스타니슬라프스키의 가르침대로 역의 초목적에 따른 '액션의 일관된 흐름(through-line of action)'을 영화 연기의 핵심으로 보았다. 스타니슬라프스키 시스템에서 '액션의 일관된 흐름'은 논리적이고 연속적이며 유기적인 액션을 만들어 준다는 점에서 논리적 연결, 연속성, 유기적 통일성의 세 가지 중요한 개념이 만나는 일종의 교차로라고 하겠다. 같은 현상이 푸도프킨의 이론에서도 발견된다. 스타니슬라프스키의 영향 아래 푸도프킨은 다음과 같이 말하였다.

> 액션의 전반적 목적이 있는 흐름에서 모든 배우 개개인은 극이 끝나는 순간 달성될 기본적 목표를 가져야 한다. 의지의 방향성있는 추진은… 스타니슬라프스키가 말하는 배우의 '일관된 흐름'을 보장한다.[178]

푸도프킨은 이러한 일관성이 '액션의 통일성과 연속성'에 필수적이라고 생각하였다.[179] 아울러 '액션의 일관된 흐름'은 논리적 연결성을 강화하는 중요한 방법이기도 하다. 즉 "배우예술의 기본은 연기의 모든 순간이 전체의 확고한 부분이 되게끔 하는 내적 연결을 발견하고 유지하고 강화하는 능력이어야 한다."[180]

영화배우의 작업은 근본적으로 단절적일 수밖에 없다. 그는 이야기의 순서에 관계없이 단편적인 연기를 하는 것이 보통이다. 따라서 스타니슬라프스키가 말하는 액션의 일관된 흐름을 실현하기 위해서 영화배우는 특별한 능력을 필요로 한다고 푸도프킨은 생각하였다. 첫째, 영화배우는 액션의 일관된 흐름을 달성하기 위해 앞으로 완성될 영화를 상상할 수 있는 능력을 필요로 한다. 둘째, 영화배우는 뛰어난 시각적 기억력을 가져야 한다.[181] 즉 영화배우는 앞으로 완성될 이미지를 염두에 두고 개별적인 연기를 쌓아 나가야 할 뿐 아니라, 이미 했던 연기를 기억하고 있음으로써 개별적인 액션들의 전후관계를 명료하게 파악해야 한다는 것이다. 이럴 때 배우는 액션의 일관된 흐름으로 조화로운 단일한 이미지를 창조하는 것이다. 따라서 푸도프킨은 〈어머니〉를 만들 때 여주인공이 목적하는 이미지를 구축하는 데 도움이 되도록 마지막 장면을 먼저 촬영하였던 것이다. 이 장면에서 죽은 아들의 시신 옆에서 슬퍼하던 여주인공은 이윽고 일어나 붉은 깃발을 들고 돌격해 오는 코자크 병사들을 향해 용감히 걷는다.[182] 여주인공은 이러한 최종 이미지를 머릿속에 담고서 그녀가 하는 하나하나의 액션을 만들어 나갔던 것이다. 그 결과 여배우는 비록 단편적인 연기를 하였지만 액션을 논리적 연속성이 있게 구축해 조화로운 단일한 이미지를 구축할 수 있었던 것이다.

스타니슬라프스키 시스템에서 액션의 일관된 흐름을 구축하는 것은 근본적으로 배우의 '내적 기교'와 관계가 있다. 즉 배우는 무엇보다도 역을 심리적으로 경험한 다음, 그러한 심리적 경험을 외적으로 표현해야 한다는 것이다. 이러한 원리는 푸도프킨의 연기론에 그대로 반영되어, 배우의 신체 동작이 내적인 감정에서 비롯되어야 함을 중시하고 있다. 따라서 푸도도킨은 내적인 감정이 없이 인습적이고 상투적인 제스처를 쓰거나, 느끼는 것 이상으로 강렬한 제스처를 쓰는 배우들은 혹독히 비판하였다.[183] 이러한 것은 거짓된 연기로 사실주의와는 거리가 멀다는 것이다. 배우의 신체적 표현은 그가 느끼고 생각하는 것과 일치하는 진실성을 보여야 한다는 것이 푸도프킨의 기본생각이라 할 수 있다. 앞으로 살펴볼 '전형'에 대한 비판은 바로 여기에 근거한 것이다.

2. 몽타주의 연기 – 미분과 적분

스타니슬라프스키의 연기론을 영화에 응용하기 위해서 푸도프킨은 특별한 접근법을 필요로 하였다. 그 해결책은 그가 생각하는 몽타주의 기본원리, 즉 미분과 적분에 있었다. 스타니슬라프스키가 제시한 연기론은 근본적으로 연속적인 연기를 하는 연극에 해당되는 것이었다. 그러나 영화는 연극과 다르다. 영화 연기는 작업의 속성상 단편적일 수밖에 없다. 일반적으로 영화는 대본의 시작부터 끝까지 순서대로 촬영하는 법이 없다. 순서에 관계없이 주어진 장소에서 일어나는 모든 액션을 촬영하는 것이 보편화된 관례이다. 또한 영화배우는 짧은 숏을 단위로 연기를 한다. 이러한 작업의 속성 때문에 영화 연기는 단편적이고 비연속적일 수밖에 없다. 푸도프킨은 미분과 적분의 원리가 단속적인 영화 연기의 단점을 보완할 수 있다고 믿었다. 영화배우는 하나의 역을 창조할 때 이야기의 순서에 관계없이 개별적인 숏이 필요로 하는 이미지에 몰두한다. 그러나 이러한 개별적인 이미지들은 편집을 통해 서로 연결된 것으로 보일 수 있다.[184] 다시 말해 영화배우의 작업은 주로 표현력있는 이미지만을 선택하는 '미분'에 해당한다. '적분' 작업은 감독의 임무로서 그의 손을 거쳐 배우의 편집된 이미지는 '앙상블(ensemble)'을 성취하게 될 것이다.[185]

푸도프킨에게 있어서 편집을 통해 앙상블의 연기를 만들어내는 것은 언제나 중요하였다. 예를 들어 영화배우는 대개 카메라 앞에서 연기를 하므로 상대방을 보지 않을 수 있다. 그러나 이렇게 개별적으로 연기된 숏들은 편집을 통해 마치 상대역과 호흡을 맞추는 것처럼 보일 수 있다. 이렇듯 각 극중인물들 사이의 관계에서 빚어지는 앙상블까지도 편집된 이미지를 통해 달성할 수 있다. 그러기 위해서 감독은 촬영 단계에서부터 스크린 상에 나타날 앙상블을 염두에 두고 개별적인 숏들을 지도해야 한다.[186]

위와 같은 사실에서 푸도프킨은 촬영하면서 부분적으로 만들어진 이미지들 사이의 유기적 관계는 배우의 몫이 아니고 감독의 일이라고 단언하였다.[187] 아무리 재능있는 배우라도 전체보다 주어진 개별적인 장면에 심취하게 마련이다. 더구나 영화배우는 편집이 요구하는 시간적 길이나 내용에 따라 정확히 연기할 수 없다. 편집을 염두에 둔 연기를 하기란 현실적으로 매우 어려운 일이며, 그러한 일을 할 수 있는 배우는 오직 감독만큼 작품의 구성과정을 완벽하게 이해하는 사람들로 국한될 것이다.[188]

편집이 배우의 이미지를 좌우한다는 푸도프킨의 믿음은 쿨레쇼프의 실험에 근거하고 있기도 하다. 여러 여성들의 눈, 입술, 다리 같은 부분적인 이미지들을 모아 하나의 여성을 창조했듯이, 배우의 이미지는 어떻게 편집하느냐에 달려 있다. 따라서 푸도프킨은 카메라 앞에서 하는 개별적인 연기보다 편집이 중요하며, 배우보다는 감독이 중요하다는 결론을 내린다.[189]

위와 같은 사실에도 불구하고 푸도프킨은 영화배우가 유기적 통일성을 염두에 두고 역을 창조할 것을 원칙적으로 권하고 있다. 따라서 푸도프킨은 "연기술의 목적과 목표는 그가 창조한 살아 있는 듯한 이미지에서 조화와 유기적 통일성을 이루도록 노력하는 것이다"라고 주장하였다.[190] 푸도프킨은 보다 구체적인 방법으로 역의 조화로운 이미지를 위해 스타니슬라프스키가 말한 '초목적'의 개념을 영화 연기에 도입하였다. 즉 "영화의 착상 내용(idea-content)은 모든 장면에서 원동력이 되어야 하며, 이는 모든 세부사항에서도 살아 있어야 한다"는 것이다.[191] 다시 말해 영화배우는 '미분' 과정에서 역의 '착상 내용', 즉 초목적과 관련되는 세부사항들을 선택해야 한다. 그리고 이렇게 선택된 이미지들은 "극의 논리에 맞도록 검토되어야 한다."[192] 이 말은 앞서 논의한 '액션의 일관된 흐름'을 의미한다. 그렇다면 푸도프킨은 영화 연기에 대해 두 가지 태도를 보인다고 할 수 있다. 푸도프킨은 스타니슬라프스키가 권한 것처럼 배우들이 스스로 역의 내적 통일성을 확립할 수 있기를 바랐다. 그러나 그는 영화의 속성상 그러한 일이 쉽지 않으므로 편집을 통해 조화로운 이미지를 창조해야 한다고 생각하였다.

한편 몽타주를 염두에 둔 연기는 정확성을 요구하기도 한다. 영화배우가 촬영장에서 개별적인 '테이크(take)'마다 하는 연기는 시간적으로 제약을 받는다. 그러므로 배우는 제한된 시간 내에서 주어진 동작을 하되, 그것을 선명하고 표현력있는 조형적 내용으로 만들어야 한다. 조금이라도 느슨하고 필요없는 동작을 취하게 되면 그것은 숏의 길이를 늘리게 되고, 따라서 편집의 율동감이나 전체적인 구성을 살릴 수 없게 된다.[193] 이 점에서 푸도프킨의 사실주의 연기는 조직적인 신체 동작을 강조하는 쿨레쇼프의 생각을 약간 가미하고 있다고 볼 수 있다.

3. 전형에 대한 비판

영화 연기는 조화로운 이미지를 추구해야 한다는 푸도프킨의 생각은 에이젠슈테인이 옹호하는 '전형' 이론을 비판하게 만든다.* 에이젠슈테인은 연극 연출가 마이어홀드의 영향 아래에서 관객에 의해 즉각적으로 인식되는 전형적인 인물을 적극적으로 활용하고자 하였다. 전형적인 인물이 지닌 가치는 무엇보다도 '즉각적으로 해독이 가능한 동작들'로 이루어진 '상형문자적 제스처(hieroglyphic gesture)'일 것이다.[194] 이렇듯 에이젠슈테인은 스타니슬라프스키의 심리적인 연기를 거부하고 외적인

---

* 푸도프킨은 초기에는 '전형'에 토대를 두어 캐스팅을 하였다. 그렇다고 해도 그는 "전형을 배우에 우선하지 않았다"고 자신의 초기입장을 변호하고 있다. Pudovkin, "Stanislavsky's System in the Cinema," trans. T. Shebunina, *Pudovkin's Film and Film Theory*, by Peter Dart(New York : Arno, 1974) p.194를 참조할 것.

표현력이 강한 연기를 옹호해, 상형문자적 표현력을 지닌 제스처를 연기의 정수로
보았다. 따라서 에이젠슈테인은 '전형'의 원리에 기초해 역에 대한 즉각적인 강한 인
상을 줄 수 있는 신체적 특성에 따라 배역을 정하였다.[195]
　푸도프킨은 스타니슬라프스키의 추종자로서 '전형' 이론에 대한 거부감을 다음과
같이 표명하고 있다.

> 배우를 외적으로 지시된 제스처만을 기계적으로 반복하는 '전형'으로서 생각하는 작품을
> 보면, 연기의 개별적인 부분들 사이의 간격이 참으로 하나의 진공상태처럼 보인다. 부분들
> 을 연결해 하나의 전체로 만들어 주는 살아 있는 재료가 간격을 메꾸어 주지 못하는 것이
> 다.[196]

　푸도프킨이 전형 이론을 비판한 것은 그것이 역의 조화로운 이미지를 허용하지
않는다는 점에 원인을 두고 있다. 왜냐하면 전형을 추구하는 연기는 "개별적이면서
도 전혀 연결되지 않는 토막들로 해체될 수 있는 일종의 기계적 과정"에 불과하기
때문이다.[197] 따라서 '전형' 연기는 이미지의 '유기적 통일성(organic wholeness)'과
'살아 있는 사실 같음(living verisimilitude)'을 보장하지 못한다고 푸도프킨은 주장
하였다.[198] 푸도프킨에게 있어서 부분적으로는 인상적이나 전체적인 조화를 이루지
못한 연기는 무의미한 것이다.
　푸도프킨은 전형을 반대했을 뿐 아니라 쿨레쇼프 방식의 세밀한 연출도 비판하였
다. 왜냐하면 감독이 치밀한 계산에 따라 손가락이나 눈썹의 동작까지 세밀하게 연
출하는 것은 사람을 '기계화(mechanicalisation)'하는 위험이 있기 때문이었다.[199] 푸
도프킨의 비판은 기계화된 연기에 국한되지 않는다. 그는 감독의 대략적인 지시에
따라 즉흥적으로 자유롭게 연기하는 것도 바람직하지 않은 것이라고 비판하였다.
영화 연기에서 푸도프킨이 확신하고 있는 한 가지 사실은 배우의 전체적 이미지는
편집 과정을 통해 완성된다는 것이며, 개별적인 숏에 임하는 배우의 자세는 그가 하
는 연기 하나하나가 전체적인 이미지에 유기적으로 연결되도록 노력해야 한다는 것
이다.[200] 위와 같은 점에서 푸도프킨은 연기 방법론에서 쿨레쇼프나 에이젠슈테인과
견해를 달리하고 있다. 쿨레쇼프와 에이젠슈테인은 마이어홀드의 연기론으로부터 영
향을 받았으나, 푸도프킨은 스타니슬라프스키의 연기론을 추종한 것이다.

4. 비전문 배우의 문제

　스타니슬라프스키의 심리적 사실주의는 숙련된 배우를 필요로 하였다. 그러나 푸
도프킨의 작업 현실은 그러한 이상과는 동떨어진 것이었다. 그는 많은 경우에 연기

의 경험이 전혀 없는 사람들을 단역에 쓸 필요가 있었다. 그렇다면 비전문 배우로부터 어떻게 자연스러운 연기를 이끌어낼 것인가? 이것은 푸도프킨에게 있어 숙제가 아닐 수 없었다. 그 해답은 일종의 '속임수(trick)'를 쓰는 것이었다. 예를 들어 〈칭기즈칸의 후예(The Heir to Jenghiz Khan)〉를 촬영할 때 그는 몽골인들이 귀한 여우 털을 보고 넋을 잃은 표정이 필요하였다. 이를 위해 푸도프킨은 중국인 마술사로 하여금 마술을 하게 하고 이를 지켜보는 몽골인들의 표정을 찍었던 것이다. 푸도프킨은 이 숏을 장사치의 손에 들린 여우 털의 숏과 연결해 바라는 효과를 성취할 수 있었다. 즉 몽골인들은 여우 털을 보고 넋이 나간 것이다. 푸도프킨은 이와 유사하게 어떤 배우가 미소를 자연스럽게 짓지 못하고 계속 미소를 '연기(acting)'하려고 하자, 그 배우에게 농담을 던지며 그의 표정을 찍는 편법을 사용하기도 하였다. 이렇듯 푸도프킨은 때에 따라서는 스타니슬라프스키가 권하는 '심리적 연기'보다는 일종의 속임수를 통해 바라는 연기를 포착할 수 있다고 보았다. 그러나 이러한 방법은 오직 짧은 숏에 유효하며, 감독의 능수능란한 편집을 전제로 한다고 푸도프킨은 못을 박았다.[201] 몽타주가 영화의 표현을 결정한다는 생각을 다시 한번 엿볼 수 있는 대목이다. 그리고 이러한 방법은 특히 연기 경험이 부족한 배우들에게 해당되었다.

위와 같은 경험은 푸도프킨에게 두 가지 중요한 교훈을 남겼다. 첫째 교훈은 비전문 배우들에게 될 수 있으면 상상을 적게 요구하는 연기를 제시하라는 것이다. 이럴 때 그들은 보다 자연스럽게 행동하였다.[202] 둘째 교훈은 경험없는 배우들이 촬영을 의식하지 않고 행동하도록 하기 위해서는 그들의 관심을 몰입시킬 간단한 신체 동작을 제시하라는 것이다. 이렇게 함으로써 그들의 몸은 뻣뻣하고 굳어진 상태에서 벗어날 수 있었다.[203] 아무튼 푸도프킨이 생각하는 연기의 최고봉은 하나뿐이다. 그것은 아주 사실적인 연기로서, 스타니슬라프스키가 말한 것처럼 상상력을 동원해 전혀 새로운 사람으로 변신하는 것이다.[204] 그리고 그 결과는 몽타주의 힘을 통해서든, 연기자의 노력에 의해서든 액션의 일관된 흐름으로, 조화로운 단일한 이미지여야 한다는 것이다.

9장

요약 및 결론

영화감독이라면 누구나 편집실에 쌓인 필름들을 다루어야 한다. 여기서 문제는 필름들이 수없이 많은 단편적인 숏들로 이루어져 있다는 사실이다. 과연 어떻게 숏과 숏을 이을 것인가? 이에 대해 푸도프킨은 무엇보다도 명백한 연결을 통해 연속적인 액션을 구축하는 편집을 제안하였다. 편집, 즉 몽타주는 푸도프킨이 보기에 단순히 숏들을 혼란스럽게 결합하는 것이 아니라, 단편적이고 비연속적인 숏들을 조리있게 연결해 연속적인 액션의 인상을 초래해야 하는 것이다.

푸도프킨의 이론은 여기서 끝나지 않는다. 몽타주는 잡다한 사건 중에서 필수적이고 중요한 것만을 선택하는 '미분' 과정을 전제로 한다. 이렇게 선택된 숏들은 '적분' 과정에서 잘 연결되어 인상적인 이미지를 만들어낸다. 바로 여기에서 현실과 예술의 차이가 발생한다. 즉 예술은 현실의 혼돈된 경험을 그대로 복사하는 것이 아니라, 선택과 배열의 과정을 통해 현실을 보다 선명하게 드러낼 수 있는 것이다. 이럴 때에 예술은 있는 그대로의 사건을 모방하는 '자연주의'를 극복한다. 푸도프킨이 생각하는 몽타주의 본질이 바로 여기에 있다. 그는 현실을 표현력있게 묘사하는 사실주의 몽타주를 제안한 것이다. 이러한 관점 아래서 카메라는 사건을 적극적으로 조망하는 '이상적인 관찰자'가 되어야 한다. 따라서 푸도프킨의 몽타주는 우리가 경험하는 삶에 기초하면서도, 그것을 지각하는 관찰자의 주관이 개입할 여지를 마련하고 있다. 그 결과는 사실적이면서도 인상적인 이미지일 것이다. 이렇듯 푸도프킨의 연결 몽타주는 맹목적인 모방을 벗어나 '완화된 사실주의'를 향하고 있다. 시청각적 몽타주도 이러한 시각에서 이해할 수 있다. 시각이나 청각은 이상적인 관찰자의 입장에서 선택적으로 지각되기에 그것들이 꼭 일치할 필요는 없다. 오히려 관찰자의 주관적 지각이 개입된 시각과 청각의 비일치가 보다 예술적이고 인상적일 수 있다.

푸도프킨의 사실주의는 '사실 같음(verisimilitude)'을 위해 숏과 숏 사이의 의미있는 연결, 즉 연속성을 중요시한다. 연속성은 다양한 방법으로 성취될 수 있다. 그것은 극의 흐름이나 동작들이 논리적으로 연결되는 것을 뜻할 뿐 아니라, '관계적인 편집' 아래 논의되는 대조, 상징, 반복 주제 등의 상호관계에 의해서도 이루어질 수 있다. 한마디로 푸도프킨에게 있어서 몽타주란 숏과 숏 사이의 '분명한 관계'를 나타내는 것으로, 이때 시공간적인 비약도 의미상 연결된다면 연속적인 액션으로 지각되어 사실 같은 인상을 손상시키지 않을 것이다.

한편 푸도프킨의 몽타주는 일반적인 것에서 특수한 것으로 구축해 가는 연역적 구성을 취한다. 즉 몽타주 조각은 주어진 주제에 맞게 선택되는 것이다. 이럴 때 세부적 묘사들은 모두 주제, 즉 초목적의 유기적인 부분이 되어 조화로운 이미지를 형성해 나가는 것이다. 여기서 몽타주 조각은 단순한 묘사에 그쳐서는 안 된다. 그것은 주제를 선명히 부각시킬 수 있는 조형력있는 이미지가 되어야 한다. 표현력있는 모방을 강조하는 푸도프킨의 생각을 다시 한번 엿볼 수 있는 대목이다.

푸도프킨은 영화 연기를 위와 같은 몽타주 원리에 입각해 생각하였다. 스타니슬라프스키 시스템을 답습한 그의 연기론은 무엇보다도 내적 논리에 입각한 액션의 일관된 흐름을 강조한다. 연속성, 명백한 연결, 그리고 유기적 통일성을 특징으로 하는 이러한 연기는 원칙적으로 배우의 몫이 아닐 수 없다. 그러나 영화는 연극과 달리 연기가 연속적이지 않고 단절적이다. 이를 보충하는 방법이 미분과 적분의 원리이다. 즉 배우는 정해진 이미지에 맞는 세부적인 표현을 찾아야 하며, 감독은 배우들의 단편적인 연기들을 편집 과정에서 조화로운 이미지로 전환시켜야 한다.

쿨레쇼프가 마련한 벽돌 쌓기의 원리는 푸도프킨에 와서 보다 체계적이고 정교화되었다. 이제 몽타주란 단순히 관객의 이해를 돕는 수단에 머물지 않는다. 그것은 현실을 보다 인상적으로 만드는 방법이다. 이것이 푸도프킨의 사실주의 미학의 본질이다. 푸도프킨의 몽타주는 맹목적인 모방을 벗어나 현실을 보다 선명하게 표현하는 수단이 되는 것이다. 이러한 점에서 푸도프킨의 몽타주는 '완화된 사실주의'로 규정될 수 있으며, 이러한 사실주의는 다음에 살펴볼 에이젠슈테인의 형식주의적 입장과는 대조된다.

에이젠슈테인의 몽타주 이론

1장

이론의 배경

1898년 라트비아(Latvia)의 항구 도시 리가(Riga)에서
엔지니어의 아들로 태어난 에이젠슈테인(Sergei Mik-
hailovich Eisenstein, 도판 7)은 어렸을 때부터 남다른
재능을 가졌던 것으로 알려졌다. 그는 타고난 그림 실
력이 있었을 뿐 아니라, 책 읽기를 무척 좋아했으며,
친구와 함께 연극을 하기도 하였다. 그림 중에서도 특히 풍자만화를 즐겨 그렸던 에
이젠슈테인은 후에 그 재능을 세트와 의상 디자인으로 확장하고, 다 빈치(Leonardo
da Vinci)나 고야(Goya) 등의 작품에 담겨 있는 예술적 원리를 탐구하기도 한다.(도
판 8) 에이젠슈테인은 엄청난 독서를 한 것으로도 유명하다. 그는 이미 십대에 중요
한 문학과 희곡 작품을 섭렵한 것으로 알려졌는데, 이러한 독서가 가능했던 것은 그
의 외국어 실력 때문이었다. 어렸을 때부터 불어, 독어, 영어에 능통했던 에이젠슈테
인은 일찍이 고전 작품을 원서로 읽었다. 따라서 그는 열네 살의 나이에 라신(Jean
Baptiste Racine), 코르네유(Pierre Corneille), 뒤마(Alexandre Dumas), 말라르메
(Stéphane Mallarmé) 등을 이미 끝냈으며, 열여섯 살에『프랑스 혁명사』, 셰익스피어
(William Shakespeare) 희곡, 디킨스(Charles Dickens) 소설, 그리고 후에 위고(Victor
Marie Hugo), 졸라(Émile Zola), 포(Edgar Allan Poe), 톨스토이(Lev Tolstoi), 도스토
예프스키(Dostoevskii) 등의 작품을 섭렵한 것으로 알려져 있다. 더구나 에이젠슈테
인은 책을 읽는 것으로 그치지 않았다. 반드시 그는 노트를 해가며 독서를 하였다.
방대하게 쌓여진 자료는 후에 그의 몽타주 이론이 발전하는 데 결정적인 역할을 한
다. 이에 대해 에이젠슈테인은 다음과 같이 말하고 있다.

> 책은 내 마음을 사로잡았다.… 내 손에 들어온 책은 풍성한 과실을 맺었다. 마법의 꽃처럼
> 책들은 꽃잎을 펴서 나에게 생명력 넘치는 사고를 보여주었다.[205]

한편 에이젠슈테인의 회고에 따르면, 그는 어린 시절부터 '사진 몽타주(photo-

7. 청년기의 에이젠슈테인.

montge)'라고 불리는 합성사진에 매료되었다고 한다.[206] 이 말은 몽타주에 대한 에이젠슈테인의 관심이 다분히 선천적이라는 것을 암시한다.

어린 에이젠슈테인의 마음을 사로잡았던 또 다른 분야는 연극이었다. 학교에서 가까운 거리에 있는 극장을 단골로 들락거리던 그는 학창시절에 절친한 친구와 여름방학 때마다 지난 일 년 동안 보았던 연극에 관해 의견을 교환하고, 때로는 직접 연극을 만들어 보는 의욕을 보이기도 했다. 연극광이었던 에이젠슈테인이 크게 감명을 받은 연극은 〈튜란도트(Turandot)〉로서 이를 계기로 에이젠슈테인은 연극에 보다 심취하게 된다. 에이젠슈테인은 그때를 "그 순간부터 연극은 나의 지대한 관심의 대상이 되었을 뿐 아니라, 연극에 대한 매혹은 본질적으로 적극적인 것이었다"라고 회상한다.[207] 이때 그의 나이는 열세 살이었다. 따라서 그가 첫 예술 작업으로 연극을 택한 것은 우연이 아니었다. 에이젠슈테인은 연극에 빠졌을 뿐 아니라 오페라나 서커스에도 상당한 관심을 가졌다. 오페라에 대한 관심은 1939년 바그너(Wilhelm Richard Wagner)의 음악극 〈발키리(The Valkyrie)〉를 연출하는 것으로 이어지며, 서커스에 대한 애착은 그의 연극 작업에 그대로 반영된다.

　에이젠슈테인의 성격은 아버지로부터 영향을 받은 것으로 알려졌다. 그는 아버지로부터 엔지니어의 기질뿐 아니라 현학적인 기질도 물려받았다. 모든 것을 치밀하게 계산하고, 학구적으로 탐구하려는 그의 태도는 예술적 성장에 밑거름이 되었을 뿐 아니라, 그의 이론에도 영향을 미쳐 아주 미미한 사항까지도 지나치게 이론화하려는 경향을 보이기도 한다.

　십대 후반에 들어서자 에이젠슈테인의 관심은 회화로까지 넓혀진다. 특히 그가 존경하던 화가는 다 빈치였는데, 이는 그의 앞날을 예언하는 듯하다. 다 빈치처럼 에이젠슈테인은 다양한 분야에 박식했을 뿐 아니라, 과학적 분석력과 예술적 상상력을 함께 소유하였던 것이다. 따라서 몬타규(Ivor Montagu)를 비롯한 많은 사람들이 그를 다 빈치와 같은 인물로 기억하는 것은 무리가 아니다. 그는 에이젠슈테인을 이렇게 평한다.

　　에이젠슈테인은 오늘날 보기 드물게 다양한 재능을 지닌 사람이었다. 그는 다 빈치와 같은 '르네상스 맨(Renaissance Man)'으로, 예술가였을 뿐 아니라 과학자였다.[208]

유사한 평가는 에이젠슈테인의 제자였던 허버트 마샬(Herbert Marshall)의 증언에서

8. 에이젠슈테인이 1915년 제일차 세계대전에 대해 그린 그림.

도 나타난다.

가장 인상적인 일은 그의 놀랄 만한 박식함이다. 그는 몇 가지 언어를 유창하게 구사할 수 있었다. 그는 독서와 특출한 머리로 전 세계의 문화를 파악하였다.… 그가 학생들에게 가르치는 것은 비단 영화 제작뿐만이 아니었다. 그의 강의는 예술철학을 제공하려는 시도로서 영화는 그 일부에 지나지 않았던 것이다.[209]

마샬의 증언은 매우 의미심장하다. 앞으로 우리가 살펴볼 에이젠슈테인의 몽타주 이론은 영화의 영역을 초월해 다른 예술에도 적용될 수 있는 것이다. 어떻게 보면 이것은 너무나 당연하다. 왜냐하면 에이젠슈테인의 이론은 상당 부분 다른 예술에 대한 통찰에 토대하고 있기 때문이다.

열일곱 살이 되자 에이젠슈테인은 아버지의 뒤를 이으려는 듯 토목공학학교에 입학한다. 그러나 그는 곧 인생의 전환점을 맞이하게 된다. 혁명이 일어난 것이다. 혁명은 러시아 사회뿐 아니라 에이젠슈테인의 삶도 새롭게 바꾸어 놓았다. 따라서 그는 다음과 같이 회고한다. "혁명은 나에게 가장 소중한 선물을 가져다 주었다. 혁명은 나를 예술가로 만든 것이다."[210] 혁명이 에이젠슈테인에게 준 선물은 무엇보다도 자기 스스로 결정할 수 있는 자유였다. 따라서 그는 오래 전부터 품어 왔던 예술에 대한 꿈을 실현하게 된다. 그 첫걸음은 연극이었다. 에이젠슈테인은 1945년 「나는 어떻게 영화감독이 되었나(How I Became a Film Director)」라는 글에서 연극을 하게 된 두 가지 경험을 회고하고 있다. 첫번째는 앞서 말한 〈튜란도트〉를 본 경험이다. 이로 인해 에이젠슈테인은 연극에 대한 관심과 열정을 가지게 되었다. 두번째 경험은 1918년경 마이어홀드가 연출한 〈가면무도회(Masquerade)〉라는 연극을 본 것이었다. 이 작품은 에이젠슈테인으로 하여금 엔지니어를 포기하고 연극을 동경하게 하는 결정적인 계기가 되었다.[211] 에이젠슈테인에게 기회는 빨리 왔다. 1918년 그는 적군(赤軍)에 가담해 군대에서 연극을 연출하고 디자인을 하게 된 것이다. 그 후 에이젠슈테인은 1920년 모스크바의 한 극장에서 우연히 옛 친구인 스트라우치(Maxim Strauch)를 만나 함께 '프롤레트쿨트(Proletkult, 프롤레타리아 문화 교육 조직의 연극)'에 참여하기로 결심한다. 그는 우선 모스크바 프롤레트쿨트 극단의 세트 디자이너로서 일한다. 그곳에서 〈멕시코인(The Mexican)〉 등의 작품을 올린 에이젠슈테인은 1921년 가을에 마이어홀드가 주관하는 '연출가 워크숍'에 등록한다. 이때 맺어진 마이어홀드와 에이젠슈테인의 관계는 매우 돈독하였던 것으로 유명하다. 마이어홀드는 제자 중에서 에이젠슈테인을 가장 아꼈고, 에이젠슈테인은 스승을 무한히 존경하였다. 따라서 에이젠슈테인은 회고록에서 마이어홀드를 "젊은 시절의 우상"이며 "내 연극의

9. 1936년 마이어홀드가 에이젠슈테인에게 준 자신의 사진. 이 사진에 마이어홀드는 자필로 "이미 대가(大家)가 된 나의 제자를 자랑스럽게 생각한다"라고 썼다.

훌륭한 스승"이라고 표현하고 있고, 심지어는 "나의 제2의 아버지"라고 선언하였던 것이다.(도판 9) 마이어홀드 워크숍에서 공부하던 중 에이젠슈테인은 1922년 가을에 새로 만들어진 프롤레트쿨트 극단인 '유랑 배우(The Strolling Players)'의 예술감독직을 맡게 된다. 여기서 그는 최고의 공연으로 기억되는 〈현인(Enough Folly in a Wise Man)〉을 연출하고 곧 이어 〈가스 마스크(Gas Masks)〉를 연출한다.(도판 10) 에이젠슈테인의 첫 몽타주 이론인 '어트랙션 몽타주(montage of attractions)'는 바로 이러한 연극 작업의 결실이었다.

지금까지 살펴보았듯이 에이젠슈테인의 삶은 이미 어렸을 때 형성되었다. 능통한 외국어 실력, 그림에 대한 소질, 풍자에 대한 관심, 그리고 연극에 대한 열정 등은 그의 예술적 성장에 지대한 공헌을 하였다. 에이젠슈테인의 관심은 한 분야에 머문 적이 없었다. '르네상스 맨'으로 불리는 그는 다양한 예술과 문화에 정통하였다. 따라서 에이젠슈테인은 한순간도 영화를 다른 예술 분야로부터 동떨어진 것으로 생각하지 않았다. 몽타주의 전통을 예술의 역사에서 찾고, 예술 전반에 나타나는 '총체적인 몽타주' 속에서 영화를 논하려는 그의 노력이 바로 이를 증명한다. 예를 들어 에이젠

10. 에이젠슈테인이 1924년 무대에 올린 〈가스 마스크〉의 한 장면.
이 연극은 실제 공장을 무대로 하여 공연되었다.

슈테인은 문학도 단편적인 단어들의 다양한 결합을 통해 상이한 뉘앙스를 초래하므로 몽타주 원리를 사용하고 있다고 생각하였다. 따라서 '빛이 없는 창문', '어두운 창문', '불꺼진 창문'은 단어의 결합 방식에 따라 각각 다른 이미지를 불러일으킨다는 것이다.[212]

이렇듯 영화를 비롯한 모든 예술과 문학의 원리는 몽타주에 있음을 주장하는 에이젠슈테인은 쿨레쇼프나 푸도프킨과는 전혀 다른 편집 방식을 주장하였다. 흔히 '연결(Linkage)-P', '충돌(Collision)-E'로 표현되는 대조적인 몽타주 방식이 바로 그것이다. 에이젠슈테인이 자신의 몽타주 이론을 푸도프킨의 것과 구분하기 위해 마련한 이 공식은 푸도프킨이나 쿨레쇼프가 몽타주를 '연결'의 관점에서 보았다면, 에이젠슈테인은 '충돌'의 시각에서 보았다는 것을 말해주고 있다. 그러나 과연 충돌 몽타주란 무엇을 말하는가? 단편과 단편 사이의 충돌에 의해서 제3의 의미를 발생시키는 편집! 이것이 보편적으로 알고 있는 충돌 몽타주의 성격이다. 그러나 충돌 몽타주의 의미는 훨씬 광범위하다. 왜냐하면 충돌을 전제로 한 몽타주는 에이젠슈테인의 이론에서 다양한 모습을 보이고 있기 때문이다. 이러한 양상은 충돌의 원리가 연쇄적인 폭발 속에서 다양한 이론으로 발전하는 것에 비유할 수 있다. 에이젠슈테인의 회고에 따르면 그는 예술의 원리를 중요한 세 단계의 과정을 거쳐 터득했다고 한다. 첫째는 토목공학학교에서 수학을 공부한 것이며, 둘째는 한자를 배운 경험이며, 셋째는 예술의 방법론을 배우려 한 것이다.[213] 그의 증언처럼 에이젠슈테인은 예술의 원리를 수학적으로 정확하게 규명하려는 노력으로 유명하다. 논리적으로 예술을 접근하던 그에게 예술의 신비를 알려준 것은 한자의 원리였다. 예를 들어 한자에서 입〔口〕과 새〔鳥〕의 두 글자가 결합해 울다〔鳴〕의 뜻을 창조한다. 에이젠슈테인은 한자에서 발견한 '색다른 사고방식(unusual way of thinking)'에서 심오한 예술 법칙을 터득하고 이를 몽타주의 원리에 적용한다.[214]

한편 에이젠슈테인의 몽타주 이론은 예술에 대한 탐구에 따라 발전하기도 하였다. 예술의 본질을 연구하게 된 배경에 대해 그는 다음과 같이 설명하고 있다.[215] 1920년경 에이젠슈테인은 프롤레트쿨트 극장에서 일하는 한 안내원의 일곱 살 난 아들이 연극 리허설을 본 다음 배우들의 얼굴 표정이나 액션을 실감나게 따라 하는 것에 놀랐다. 이 당시 에이젠슈테인은 "사람은 슬퍼서 우는 것이 아니라 울기 때문에 슬픈 것이다"라는 제임스(William James)의 말을 익히 알고 있었다. 다시 말해 에이젠슈테인은 어떤 감정과 연루된 표현은 그러한 감정을 일으킬 수 있다고 믿고 있었다. 따라서 그는 일곱 살 난 어린아이는 배우들의 얼굴 표정을 상기하면서 그 배우들이 무대 위에서 경험하는 바를 느끼게 된다는 결론에 도달한다. 이와 같은 연극의 '허구성

(fictitiousness)'에 대해 깊이 생각하게 된 에이젠슈테인은 만일 '허구'가 사람을 상상의 세계 속에서 만족하게 만든다면 그것은 위험한 일이라고 생각한다. 따라서 에이젠슈테인은 예술의 신비를 파헤치기로 하였고, 이러한 예술의 법칙에 대한 공부는 평생 그를 따라다닌다. 이러한 점에서 볼 때 에이젠슈테인의 활동은 창조적인 것과 분석적인 것으로 구분될 수 있다. 여기서 분석은 창작을 검토하게 하였고, 창작은 이론적 전제를 시험하는 장이 되었다. 이렇듯 에이젠슈테인의 몽타주 이론은 예술 법칙에 대한 탐구와 창작 활동의 상호작용 속에서 발전하게 된다.

예술 원리에 대한 에이젠슈테인의 생각은 상당 부분 마이어홀드와 일치하였다. 에이젠슈테인은 마이어홀드의 생각을 발전시켜 자신의 독특한 몽타주 이론을 전개한다. 따라서 에이젠슈테인은 자서전 『부도덕한 추억(Immoral Memories)』에서 마이어홀드를 "나의 제2의 아버지(my second father)"라고 칭하며 "나의 스승(마이어홀드)만큼 사랑하고, 우상시하고, 존경한 사람이 없다"[216]라고 존경심을 표하고 있다. 바로 이러한 스승에 대한 존경과 사랑 때문에 에이젠슈테인은 목숨의 위험을 무릅쓰고 숙청당한 스승의 글들을 시골 저택의 다락에 숨겨 놓았던 것이다.[217] 따라서 에이젠슈테인의 글 곳곳에서 마이어홀드의 생각이 발견되는 것은 우연이 아니다. 그러나 에이젠슈테인이 마이어홀드를 단순히 추종만 한 것은 아니었다. 그는 마이어홀드의 생각을 발전시켜 독창적인 이론으로 승화시키는 데 성공하였다. 우리가 마이어홀드 연극을 논하는 것은 바로 이러한 맥락에서이다. 과연 에이젠슈테인은 어떤 예술관을 갖고 있는가? 그 출발을 우선 마이어홀드의 연극에서 찾아보자.

2장

마이어홀드의 연극

1939년 6월 15일 마이어홀드는 '무대연출가 총동맹 회의(the All-Union Conference of Stage-Directors)'에서 연설을 하였다. 닷새 후 그는 경찰에게 체포되었으며, 그 이후로 그의 모습을 본 사람은 아무도 없었다. 지금까지 알려진 바에 의하면 마이어 홀드는 무대연출가 총동맹회의에서 '사회주의 리얼리즘(socialist realism)'을 비난한 이유로 체포되었고, 1940년 2월 2일에 모스크바의 한 형무소에서 총살당했다. 이렇게 세상을 떠난 마이어홀드는 전통적인 연극미학과 의미체계에 도전한 '혁명아'로서, 현재 우리가 알고 있는 연극 양식과 미학의 토대를 마련하였다. 현대연극에 대한 마이어홀드의 기여는 바로 여기에 있다. 전통적인 단일한 시각을 거부하고 세상을 다변화된 관점에서 파악하려는 노력, 이것이 마이어홀드 연극의 본질이자 에이젠슈테인 영화 이론의 특성인 것이다.

1. 그로테스크 양식

1906년에 마이어홀드는 블록(Alexander Blok)의 〈장터의 간이무대(The Fairground Booth)〉를 연출하였다. 이 작품은 마이어홀드가 연출의 새로운 단계로 접어드는 계기를 마련하였다. 에이젠슈테인은 이것을 "나의 예술 방향을 결정한 첫 움직임은… 운이 좋게 블록의 뛰어난 작품을 위해 창의적인 계획을 하게 된 것이었다"라고 회고한다.[218] 〈장터의 간이무대〉에서 얻은 경험은 소위 '그로테스크'라고 부르는 마이어홀드 연극의 전반적 '양식(style)'을 결정지었다. '그로테스크 양식'에 대한 마이어홀드의 생각은 1911년에서 1912년 사이에 쓴 글 「장터의 간이무대(The Fairground Booth)」에서 심도있게 펼쳐지고 있다. 여기서 마이어홀드는 '그로테스크'라는 용어를 몇 가지 관점에서 사용하고 있으며, 이러한 의미들은 마이어홀드 연극의 기본 미학을 형성하게 된다.

마이어홀드는 그로테스크를 '천한 희극(low comedy)' 혹은 소극(笑劇)의 관점에서 논의하며, 1901년 독일에서 문학적인 카바레인 우버브레트(Überbrett)를 처음으로 만든 볼초겐(Ernst von Wolzogen)의 다음과 같은 말을 인용하고 있다.

'그로테스크(이태리어로 grottesca)'는 문학, 음악, 조형예술에서의 천한 희극 장르의 제목이다. 그로테스크는 보통 무언가 섬뜩하고 이상한 것을 내포하는 익살스러운 작품으로, 아무런 논리없이 극히 상충되는 요소들을 결합하며, 이때 그로테스크는 세부사항을 무시하고 그 자체의 독창성에 의존하며, 생의 환희와 삶의 변덕스럽고 조소적인 태도를 만족시킨다면 자료에 관계없이 뭐든지 빌려온다.[219]

위의 말은 앞으로 마이어홀드가 사용할 그로테스크 양식의 두 가지 측면을 암시하고 있다. 첫째, 마이어홀드에게 있어서 그로테스크는 "생의 환희와 삶의 변덕스럽고 조소적인 태도를 만족시키는" 천한 희극이나 소극을 의미한다. 그로테스크의 두 번째 특징은 익살스러운 효과를 위해 이질적인 요소들을 아무런 논리없이 결합하는 데 있다. 여기서 두번째 측면, 즉 아무런 논리없이 상충되는 요소들을 결합하는 것은 마이어홀드 작업의 핵심이라 할 수 있다. 따라서 마이어홀드는 푸슈킨(Pushkin)의 말을 빌어 그로테스크를 다음과 같이 정의하기도 한다.

그로테스크는 모든 사소한 세부사항을 무시하고 '양식화된 그럴듯하지 않음(stylized improbability)'으로 총체적인 삶을 창조한다.… 그로테스크는 상충되는 것을 섞어 의식적으로 심한 부조화를 일으키고 오로지 그 자체의 독창성에 의존한다.[220]

이 말은 그로테스크 양식이 비논리적 구성에 기초해 심한 부조화를 일으키는 '그럴법하지 않음'을 창조한다는 것을 의미한다. 이렇듯 그로테스크 양식은 '그럴듯함(probability)', 혹은 '사실 같음'을 내세우는 아리스토텔레스적인 전통과 결별하고 있다.

상충되는 것을 혼합하는 '부조화의 원리'는 마이어홀드 연극에서 내용과 형식의 관계에도 적용된다. 즉 "그로테스크의 예술은 형식과 내용 사이의 갈등에 바탕을 둔다."[221] 형식과 내용 사이의 갈등은 마이어홀드에게 있어서는 기본적으로 양식화된 형식과 사실적인 내용 사이의 갈등을 의미한다. 따라서 마이어홀드는 그의 제자들에게 "그로테스크는 배우가 사실적인 것을 상징적으로 묘사하도록 돕는다"라고 설명하였다.[222] 다시 말해, 그로테스크 연극은 표현력있는 상징이 되도록 사실적인 것을 양식화한다. 그 결과 양식화된 공연은 형식과 내용의 갈등을 초래할 수밖에 없는 것이다.(도판 11)

위와 같은 그로테스크 개념은 예술을 '삶의 재창조'로 보려는 생각을 담고 있다.

11. 〈아량이 넓은 오쟁이 진 남편〉의 양식화된 공연의 모습. 상대방의 어깨에 올라타고 주먹을 내리치려는 액션에 주목하라.

블록은 〈장터의 간이무대〉의 '드레스 리허설(dress rehearsal)'이 끝난 후 마이어홀드에게 보낸 편지에서 그로테스크의 핵심이 될 말을 하였다.[223] 이 편지에서 블록은 활기없는 현실을 극복하고, 삶을 있는 그대로 충실히 묘사하기보다 속임수를 사용하고 혼동을 일으켜 삶을 새롭게 창조하려는 목적에서 소극을 채택했다고 말했다. 이렇듯 예술의 목적은 삶의 '반영(reflection)'이 아닌 '재창조(recreation)'임을 블록은 천명했던 것이다. 블록의 논평은 마이어홀드의 그로테스크 개념에 그대로 반영된다. 그로테스크를 창조적인 예술 원리로 찬양하며 마이어홀드는 "내가 예술의 소재로 택하는 것은 모두 리얼리티의 진실보다 개인적인 예술적 느낌에 따른 진실에 부응한다"라고 선언한다.[224] 마이어홀드에게 있어서 그로테스크의 목적은 리얼리티의 진실을 추구하는 것이 아니라 예술적 상상력에 따라 리얼리티를 재창조하는 것이다.

한편 마이어홀드에게 있어서 그로테스크는 상충되는 것들의 '조화로운 균형'을 의미하기도 한다. 마이어홀드는 상충되는 것들의 조화로운 균형에 대해 다음과 같이 말하고 있다.

> 그로테스크는 단지 대조를 창조하거나 강화하기 위한 수단으로 의도된 것이 아니다! 그로
> 테스크는 그 자체가 목적이 아니지 않는가? 예를 들어 그로테스크는 고딕 건축물과 같다.
> 하늘로 치솟은 종탑은 열렬한 신앙을 표현하는 반면 무시무시하고 괴상 망측한 모양으로
> 장식된 돌출부는 우리의 생각을 지옥으로 돌려놓는다. 육신의 탐욕, 음탕함이 빚은 죄, 극복
> 할 수 없는 삶의 야수성, 이 모든 것은 과도한 이상주의가 금욕주의로 전환되는 것을 방지
> 하기 위해 설계된 듯하다. 고딕 건축물에서 긍정과 부정, 천상의 것과 지상의 것, 아름다움
> 과 추함이 절묘한 균형을 이루듯 그로테스크는 아름다움이 감상주의로 빠지는 것을 방지하
> 기 위해 추함을 내보인다.[225]

그렇다면 마이어홀드의 그로테스크는 상충되는 음과 양의 조화로운 균형을 모색하는 동양의 '역설의 미학(aesthetics of paradox)'과 일치한다.[226] 왜냐하면 아름다움에 대한 감수성, 즉 양(陽)은 반대되는 요소인 추함, 즉 음(陰)의 첨가로 강화될 수 있기 때문이다. 이러한 원리는 단맛이 약간의 쓴맛의 첨가로 더욱 달게 되는 원리와 같은 것이다. 따라서 그로테스크의 한 특징은 '역설의 미학'이라고 볼 수 있다.

비논리적 구성을 취하는 그로테스크 양식은 관객의 상상력을 자극해 관객 스스로가 극의 의미를 파악하도록 유도한다. 이에 대해 마이어홀드는 다음과 같이 언급하고 있다.

> 우리가 보는 삶의 밑바탕에는 헤아릴 수 없는 심연이 있다. 초자연적인 것을 추구함에 있어
> 그로테스크는 상충하는 요소들을 종합해 믿기 어려운 그림을 창조하고, 관객으로 하여금
> 불가사의한 수수께끼를 풀도록 초청한다.[227]

비논리적으로 짜여진 그로테스크 연극은 의도적으로 '믿기 어려운 그림'을 만든다. 왜냐하면 삶의 진실은 겉모습 아래 숨겨져 있어, 정상적인 논리로 파악되는 것이 아니기 때문이다. 이러한 그로테스크 연극은 관객 스스로가 '불가사의한 수수께끼'를 풀 수 있도록 그들의 상상력을 고무시킨다. 따라서 1907년에 마이어홀드는 그의 연극이 "작가, 연출가, 그리고 배우 외에 제4의 창조자, 즉 관객의 존재를 전제로 한다"고 선언하였다. 이러한 신념에 바탕해 마이어홀드는 "관객이 상상력을 창조적으로 동원해 무대 액션에 의해 암시된 사항들을 메울 수 있도록 연극을 만들어야 한다"고 주장하였다.[228]

관객의 상상력을 강조하는 마이어홀드 연극은 이야기가 비약적으로 발전하는 '비약적 구성'을 지향한다. 따라서 마이어홀드는 그로테스크 연극이 액션의 흐름을 대

조되는 방향으로 순식간에 바꾸어 관객이 방금 도달한 곳에서 전혀 예상치 못한 곳으로 옮겨가도록 한다고 말하였다.[229] 다시 말해 그로테스크 연극은 급격한 변화를 통해 관객의 감정이나 의식을 비약적으로 전환시키는 것을 목표로 한다.

1906년 이후 형성된 그로테스크 개념은 앞으로 전개될 마이어홀드 연극의 청사진을 제시하였다. 그로테스크의 다양한 측면들, 예를 들어 상충되는 것들의 결합, 심한 부조화, 대위법적 조화, 제4의 창조자로서의 관객, 비약적 구성 등은 향후 마이어홀드 연극의 기본이 된다. 에이젠슈테인의 몽타주 이론은 바로 이러한 그로테스크 미학의 관점에서 이해될 수 있다. 충돌, 대위법, 연상작용을 근간으로 하는 몽타주는 다분히 마이어홀드 연극의 특성을 반영하고 있다. 다음에 논의할 마이어홀드 연극의 미학은 이러한 생각을 보다 공고히 할 것이다.

2. 제4의 창조자로서의 관객

처음부터 마이어홀드는 모스크바 예술극장(Moscow Art Theatre)의 자연주의를 예술적으로 무미건조하다고 생각하였다. 왜냐하면 삶의 정확한 재현은 관객이 상상할 여지를 남겨놓지 않기 때문이다. 따라서 마이어홀드는 1906년에 "상상을 고무시키는 것은 미학적 행위의 필수 조건이다"라고 선언하였다.[230] 마이어홀드가 꿈꾸던 연극은 삶의 정확한 재현보다는 암시적인 무대로서, 관객의 창조적인 상상력에 상당히 의존하는 것이었다. 이러한 생각에 기초해 마이어홀드는 관객을 제4의 창조자의 위치에 두는 다양한 연출 원리들을 모색한다.

마이어홀드 연극에서 '제유법(synecdoche)'의 원리는 관객의 상상력을 자극하는 중요한 방법 중의 하나이다. 마이어홀드는 앨턴버그(Peter Alternberg)의 말을 인용해 연극에서 '제유법'의 필요성을 다음과 같이 주장하고 있다.

> 간결하지만 많은 것을 말하는 것이 비결이다. 예술가의 임무는 아주 분별있는 경제성으로 최대의 풍부함을 거두는 것이다. 일본인들은 꽃이 핀 나뭇가지 하나로 봄 전체의 분위기를 일으킨다. 우리는 봄 전체를 묘사하건만, 꽃이 핀 나뭇가지 하나의 효과에 미치지 못하고 있다.[231]

예술은 본질적으로 동양화처럼 간결한 표현을 통해 복잡한 연상을 일으켜야 한다는 것이 마이어홀드의 견해였다. 워랄(Nick Worrall)에 의하면, 마이어홀드가 애용하는 연극적 제유법의 하나는 '무대 도구를 이용한 연기(veshestvennoiye oform-leniye)'이다.[232] 이러한 개념 아래서의 무대는 장소를 전체적으로 재현할 필요가 없고, 재현적이거나 제시적인 몇 가지 대도구나 가구만을 필요로 한다. 이때 관객은 가구나 대도구를 다루는 배우의 연기에 의해 장소의 이미지를 마음속에 떠올릴 수 있다. 이렇듯 '무대 도구를 이용한 연기'는 관객이 수동적인 수용 태도에서 벗어나 창조적으로 상상하게 한다.

연극적 제유법에 대한 생각은 마이어홀드로 하여금 중요한 무대 액션만을 선택해 표현하도록 만든다. 연출가는 중요하지 않은 사항들을 무시하고 가장 특징적인 극적 요소만을 가려낼 수 있는 안목이 있어야 한다고 마이어홀드는 생각한 것이다.[233] 따라서 마이어홀드는 '사실 같음'을 위해 모든 것을 보여주는 자연주의 계열의 연출을 다음과 같이 비판하였다.

> [자연주의를 추종하는 연출가들은] 부수적이고 삽입구적인 장면들에 우선을 둔다.… 그러나 삽입구적인 장면들의 뜻은 사실 작품 전체의 의미를 설명하지 못한다. 하나의 결정적인 순간을 탁월하게 연출하면, 다른 것들은 안개 속으로 사라져 버려도 그 막의 중요한 점은 관객의 마음속에 강하게 각인될 것이다.[234]

하찮은 장면에도 세심한 신경을 쓰는 자연주의 계열의 연출은 작품의 전반적 이미지를 강하게 부각시킬 수 없다는 것이 마이어홀드의 생각이다. 이렇듯 마이어홀드는 "무대가 삶의 정수만을 반영하며", 그다지 중요하지 않은 삶의 측면은 배제되어야 한다고 믿었다.[235] 그렇다면 마이어홀드의 연출 방식은 액션과 액션을 매끄럽게 이어주는 '부수적인 액션'을 무시하고, 곧바로 중요한 순간에서 중요한 순간으로 전환되는 것을 중시한다고 볼 수 있다. 여기서 부분들 사이의 빈틈은 관객의 상상력을 발동시키고, 관객의 상상력은 생략된 사항들을 메울 수 있다는 것이다.

에이젠슈테인도 마이어홀드처럼 창조적인 상상력을 고취시키는 예술을 모색하게 된다. '영화적 제유법'은 그 방법 중의 하나였다. 스승인 마이어홀드처럼 에이젠슈테인은 예술의 힘이 '전체의 표현'이 아닌 '연상작용을 일으키는 하나의 자극으로 작용하는 부분적인 형상물'에 있다고 믿고 있다.[236] 가장 단순한 영화적 제유법은 클로즈업 숏이다. 에이젠슈테인은 그 예로 〈전함 포템킨〉의 오데사 계단 시퀀스를 들고 있다. 오데사 계단 시퀀스는 클로즈업으로 된 일련의 부분적인 묘사를 통해 기병들이 시민을 학살하는 전체적인 이미지를 불러일으킨다.[237] 한편 관객의 상상력을 자극하기 위해 에이젠슈테인은 마이어홀드처럼 액션과 액션 사이를 물 흐르듯 연결하지 않았다. 생략과 비약을 근본으로 하는 충돌 몽타주는 바로 이러한 사고를 반영하는 것이다.

3. 몽타주 연극

관객의 상상력을 고무하는 마이어홀드 연극은 '몽타주 연극(montage theatre)'의 형태를 취하기도 한다. 즉 마이어홀드는 극을 수많은 단편적인 에피소드로 분할하고 편집하였던 것이다.(이러한 미학은 나중에 에이젠슈테인에 의해 '어트랙션 몽타주'라는 이름으로 발표된다) 이에 대해 마이어홀드는 다음과 같이 말하고 있다.

극을 막으로 따분하게 나누는 것은 더 이상 받아들일 수 없는 정적인 연극으로 흐른다. 오늘날 우리는 셰익스피어나 전통적인 스페인 연극처럼 극을 에피소드나 장면으로 분할해야 한다.[238]

이러한 생각 아래 마이어홀드는 1910년에 발표한 세 개의 장면으로 구성된 〈콜럼비네의 스카프(Columbine's Scarf)〉를 열네 개의 에피소드로 '단편화(fragment- ation)'하였다. 더욱이 마이어홀드는 극을 단편화하는 것에 만족하지 않고, 순서를 바꾸고 새로운 것을 첨가해 새로운 각색이 되도록 하였다. 이러한 작업의 절정은 1924년에 오스트로프스키(Ostrovskii)의 〈숲(Forest)〉을 제작할 때 이루어진다. 이에 대해 브라운(Edward Braun)은 다음과 같이 말하고 있다.

마이어홀드는 극이 본래 지니고 있던 시간적 순서를 대개 무시하고, 오스트로프스키의 극본을 몽타주의 원리에 따라 재구성하였다.… 그는 5막으로 된 원본을 서른세 개의 에피소드로 분할해 새로운 순서로 섞고, 분위기와 템포의 대조 효과를 위해 팬터마임 막간극을 삽입하였다.[239]

더욱이 〈숲〉은 에피소드들이 서로 '충돌(conflict)'하도록 구성된 것으로 보아,[240] 인과론적 흐름보다는 대위법 효과를 우선했음을 알 수 있다. 이러한 연출은 영화감독의 편집작업에 비유될 수 있다. 마이어홀드는 극본을 마치 필름을 편집하듯 자유자재로 다루었으며, 이 점 때문에 그는 작품에 자기 스타일을 부여하는 '제작의 작가(aftor spektaklya)'로 불리기도 한다.[241] 이렇듯 단편화, 재구성, 새로운 소재의 삽입 등으로 압축되는 마이어홀드 연극의 '영화적 구성'은 앞으로 살펴볼 어트랙션 몽타주의 한 단면이다.

마이어홀드 연극에서 '부분 조명(area lighting)'은 에피소드적 구성을 다루기 위해 도입되었다. 1906년에 발표한 〈인간의 삶(Life of a Man)〉까지 거슬러 올라가는 부분 조명은 장소와 액션의 전환을 용이하게 하여 다양한 에피소드들을 다룰 수 있었다.[242] 그러나 몽타주 구성을 취하는 연극은 궁극적으로 새로운 무대술을 필요로 하였다. 마이어홀드가 의존한 새로운 무대술의 하나는 '구성파 세트(Constructivist

12. 〈아량이 넓은 오쟁이 진 남편〉의 구성과 세트.

settings)'였다.(도판 12) 예를 들어 〈아량이 넓은 오쟁이 진 남편 (The Magnanimous Cuckhold)〉의 세트는 계단, '플랫폼', '경사(ramps)', 바퀴 등으로 이루어져 사실적인 재현과는 거리가 멀었다. 이러한 구성물은 "오직 한 가지 목적을 가지고 있는데, 그것은 배우가 최대한 편리하도록 무대공간을 조직하는 것이며, 연기자를 위한 '작업 공간(working space)'을 창조하는 것이었다."[243] 따라서 구성과 세트는 기본적으로 앞으로 살펴볼 '생체역학(biomechanics)' 연기를 위한 도구로서, 연기자들의 신체적 민첩함을 유감없이 보여줄 수 있는 구성물이었다. 아울러 구성과 세트는 장면의 전환없이 액션을 빠르게 진행하므로 에피소드적 구성에도 매우 효율적이었다. 예를 들어 〈아량이 넓은 오쟁이 진 남편〉의 세트는 풍차 하나로 침실, 발코니, 방앗간 등 극이 원하는 이미지를 불러일으켰다.[244] 그리고 이러한 이미지는 배우가 풍차를 어떻게 다루느냐에 따른 것이었다.

에피소드를 빠르게 진행하려는 마이어홀드는 궁극적으로 '극장의 영화화(the cinefication of the theatre)'를 생각하게 된다.

극장을 영화의 세련된 기술들로 무장시키자.… 빠르게 변하는 장면들을 충분히 표현할 수 있는 융통성있는 무대 기계를 만듦으로써 우리는 액션을 본의 아니게 4-5막으로 압축하는 일을 피할 수 있을 것이다.[245]

마이어홀드가 생각하는 극장의 '영화화'는 기본적으로 '동작을 원활히 해주는 구조물(kinetic construction)'을 염두에 둔 것이다.[246] 이상적인 '구조물'의 예를 엘리자베스 시대의 '대중극장(public playhouse)'에서 찾은 그는 다음과 같이 말하였다.

나처럼 에이젠슈테인에게는 셰익스피어의 '글로브(Globe)' 극장 같은 '원형무대(arena)' 나 '연단(platform)' 이 필요하다.… 나에게는 셰익스피어 극의 규모로, 광대한 스펙터클을 지니고 다양하게 변하는 연극을 무대화할 수 있는 원형무대가 필요하다.[247]

따라서 수많은 에피소드를 무대화하기 위해 마이어홀드가 필요로 한 것은 현대의 테크놀로지가 가미된 엘리자베스 시대의 '개방무대(open stage)' 인 것이다. 이렇듯 에피소드적 구성이나 무대술에서 마이어홀드 연극은 셰익스피어 시대의 연극 전통을 이어받았다. 한마디로 두 연극의 공통 요소는 '몽타주 미학' 이라고 할 수 있다.

4. 복합자극의 미학

필자가 정의한 '복합자극(multiple stimuli)' 미학은 서로 다른 예술적 자극을 동시에 합성하는 것을 의미한다. 마이어홀드가 사용한 복합자극 미학은 다양한 양상으로 나타난다. 첫번째 양상은 두 개의 상충된 자극을 제시해, '부조화(disharmony)' 나 '대위법적 조화(contrapuntal harmony)' 의 효과를 거두는 것이다. 마이어홀드는 처음부터 앙상블보다는 부조화를 선호하였다. 예를 들어 1904년 체호프에게 보낸 편지에서 마이어홀드는 부조화 효과를 역설하고 있다. 그해 체호프의 〈벚꽃동산(The Cherry Orchard)〉은 모스크바 예술극장과 마이어홀드가 속한 크어슨 극단(Kherson Company)에서 동시에 제작되었다. 예술극장의 '앙상블(ensemble)' 효과에 실망한 마이어홀드는 체호프에게 다음과 같은 내용의 편지를 썼다.

3막에서, 손님들이 지각없이 춤을 추며 발을 구르는 가운데 (이 발 구름 소리는 꼭 들려야 합니다) 공포는 찾아오건만 아무도 눈치채지 못하고 있습니다. "벚꽃동산이 팔렸다." 손님들은 춤을 계속 출 뿐입니다. "팔렸어요." 그래도 그들은 춤을 춥니다. 이렇게 끝까지 계속됩니다.… 3막의 효과는… 죽음의 색조가 가미된 환희인 것입니다.[248]

마이어홀드는 라네프스카야(Ranevskaya)의 파산과, 지각없이 춤추는 손님들 사이에서 발생하는 심한 부조화를 의미있게 생각해, 〈벚꽃동산〉 3막의 핵심을 조화로운 앙상블이 아닌 대위법적 효과에 있다고 본 것이다.

부조화에 대한 애착은 마이어홀드의 모든 작업에서 발견된다. 예를 들어 마이어홀드는 음악의 대위법적 사용에 대해 "우리는 음악과 동작의 계량적 결합을 피하고, 두 요소의 대위법적 혼합을 목표로 한다"라고 언급하였다.[249] 마이어홀드 연극에서 음악은 율동적 동작과 어긋날 뿐 아니라, 극의 내용과 상충되어 '액션에 대한 아이러니컬한 논평' 을 한다.[250] 아울러 마이어홀드는 기타를 아무렇게나 연주하고, 병으로 소리를 내고, 유리를 깨는 등 음악을 '소음 오케스트라(noise-orchestra)' 의 경지로 몰고

가 귀에 거슬리는 상황을 만들기도 한다.[251]

마이어홀드 연극의 부조화 효과는 말과 '조형적 움직임(plastic movement)'의 분리로 나타나기도 한다. 이에 대해 마이어홀드는 1907년 마테를링크(Maurice Maeterlinck)의 '내적 대사(inner dialogue)' 개념을 빌려 다음과 같이 언급하였다.

> 모든 연극작품에는 두 가지 차원의 대사가 있다. 하나는 외적이면서도 필수적인 대사로, 액션을 수반하고 설명하는 말로 이루어져 있다. 다른 하나는 관객이 독백이 아닌 조형적 움직임의 음악을 통해 엿들어야 할 내적 대사이다.[252]

여기서 마이어홀드는 말로 이루어진 외적 대사와 조형적 움직임에 담긴 내적 언어가 서로 일치할 필요가 없다고 생각하며 다음과 같이 말하였다.

> 말은 귀를 사로잡고, 조형성은 눈을 사로잡는다. 따라서 관객의 상상력은 두 가지 자극, 즉 구두적(口頭的)인 것과 시각적인 것에 노출된다. 옛 연극과 새 연극의 차이는 새 연극에서 말과 조형성은 각각 독자적인 율동에 종속되어, 둘이 꼭 일치할 필요가 없다는 것이다.[253]

말과 동작(조형적 움직임)의 상충되는 자극은 마이어홀드 연극이 추구하는 노골적인 부조화 효과로 이어진다. 이렇듯 마이어홀드는 연극적 요소들을 서로 대립시켜 앙상블보다는 불협화음을 일으키는 공연을 지향하였다.

반대되는 자극들을 결합하는 또 다른 목적은 조화로운 균형을 성취하는 것이다. 마이어홀드가 추구하는 조화로운 균형의 예는 '입가에 미소를 띤 비극(tragedy with a smile on the lips)'에 있다. 여기서 '입가에 미소를 띤 비극'은 슬픔과 웃음의 절묘한 균형으로 비극적 감정을 한층 승화시키는 것을 의미한다.

> 만일 구식 배우들이 관객을 감동시키기를 원한다면, 그는 울부짖고 흐느끼고 탄식하고, 주먹으로 가슴을 펑펑 쳤을 것이다. 새로운 배우는 비극의 절정을 성모 마리아처럼 차갑게 느껴질 겉모습으로 차분하고, 외침이나 한탄도 없이, 슬픔과 기쁨이 섞인 채로 표현해야 한다. 배우는 과장된 전음(顫音)에 의존하지 않고 심오함을 성취할 수 있다.[254]

상충되는 것의 조화로운 균형은 공연을 하는 배우의 기분에 적용되기도 한다. 마이어홀드는 배우 달스키(Mamont Dalsky)의 예를 들며 다음과 같이 말하였다.

> 배우의 개인적 기분과 묘사해야 하는 인물의 감정 사이에는 어떤 일치도 있어서는 안 된다. 일치는 예술을 죽인다. [달스키는] 항상 공연하러 올 때의 기분과 반대되는 상태에서 햄릿을 연기하였다. 만일 그가 활기와 생기를 느낀다면, 그는 햄릿을 졸리게, 부드럽게, 주춤거리며 연기하였다. 만일 그의 기분이 사색적이고 시적이라면, 그는 힘과 불타는 열정으로 햄릿을 연기하였다.[255]

주어진 기분 상태를 역으로 이용하는 마이어홀드의 연기론은 일본의 노오(能) 연극의 원리를 연상시킨다. 노오 연극 이론의 대가이자 연기자인 제아미(世阿彌)는 연기자가 공연하는 날의 분위기와 반대되는 정서를 창조할 것을 권유하였다.[256] 예를 들어 공연하는 날의 날씨가 음침하다면, 연기자는 밝은 목소리를 사용해서 음양의 조화를 이루어야 한다는 것이다. 주어진 조건상태를 역으로 이용하는 제아미와 마이어홀드의 연기 이론은 '역설의 미학'으로 설명할 수 있다. 즉 두 사람은 모두 상충되는 것의 조화로운 상호작용을 통해 균형있는 감정을 창조하려고 하였던 것이다. 그렇다면 마이어홀드 연극은 반대되는 요소들을 결합해 노골적인 부조화나 대위법적 조화의 효과를 거두고 있으며, 이 때 두 개 이상의 자극들이 동시에 작용한다는 점에서 '복합자극'의 성격을 띠고 있다.

복합자극의 또 다른 면모는 '다매체 공연(multi-media production)'이다. 다양한 예술 수단을 동원할 것을 주장하는 마이어홀드는 다음과 같이 말하였다.

> 우리는 다른 예술들이 제공하는 모든 요소들을 사용하고 혼합해, 관객에게 합주(合奏)의 효과를 주어야 한다.… 모든 기술적 발전의 혜택을 받기 위해서 연극은 영화를 무시할 수 없으며, 무대 배우의 액션은 스크린에 비치는 그의 촬영된 이미지와 병치될 수 있다.[257]

마이어홀드 연극은 다양한 예술수단을 이용한다는 면에서 '공감각적 연극(synesthetic theatre)'이라 부를 수 있으며, 영화나 슬라이드를 사용한다는 점에서 다매체 공연을 지향한다고 말할 수 있다. 예를 들어 1924년의 작품 〈유럽을 달라!(Give Us Europe!)〉에서 마이어홀드는 세 개의 스크린에 에피소드의 제목과 장소, 극중인물에 대한 논평, 레닌(Lenin), 트로츠키(Trotsky), 지노비에프(Zinoviev)의 말을 영사하였다.[258]

관객에게 복합자극을 주려는 충동은 마이어홀드로 하여금 '큐비즘(cubism)'을 연상시키는 무대그림을 만들도록 유도하였다. 현재 남아 있는 마이어홀드 연극의 공연 사진이 이를 증명하고 있는데, 이들은 대개 단일한 초점보다 다양한 초점을 갖추고 있다. 무대그림에 대한 접근에 대해 마이어홀드는 다음과 같이 언급하였다.

> 제작에 관한 나의 접근법은 큐비스트적이다. 나는 상자 무대(box-stage)를 그림의 프레임으로, 그 속에 있는 배우들을 대조되는 요소들로 보았다.(큐비즘에서 모든 사물들은 다른 사물과 대조되는 요소이다) 나는 액션을 세 개, 혹은 네 개의 수평면에 계획하고… 공간을 환각적 효과보다는 큐비스트의 입장에서 다룬다.[259]

다양한 자극들을 동시에 준다는 것은 관객을 제4의 창조자로 보기에 가능하다. 즉 복합자극은 관객이 복잡하게 작용하는 다양한 예술적 자극들을 창조적으로 수용할 것을 전제로 한다.

복합자극은 에이젠슈테인의 몽타주 이론에서도 매우 중요한 원리로 작용한다. 에이젠슈테인은 몽타주를 모든 감각기관에 호소하는 공감각의 차원으로 확대했으며, 그것의 주된 효과를 노골적인 부조화와 대위법적 조화에 두었다. 이와 같은 예술적 사고는 다변화된 관점을 모색하는 큐비즘과 그 흐름을 같이하는 것이다.

5. 배우의 연기

지금까지 논의한 마이어홀드의 연극 원리는 그의 연기론에 집약되어 있다. 마이어홀드는 연기론을 주로 세 가지 개념을 중심으로 전개하였는데, 그것은 '가면', '생체역학(biomechanics)', 그리고 '전(前)연기(pre-acting)'이다. 마이어홀드가 제일 먼저 다룬 개념은 '가면'이다. 1912년에 쓴 글에서 마이어홀드는 다음과 같이 언급하였다.

> 극중인물의 다양한 면모를 어떻게 관객에게 보여주나? 그것은 가면의 도움이다. 제스처와 동작의 기술에 숙달한 배우(여기에 그의 힘이 있다!)는 그의 가면들을 조작하는 것이 완벽해 관객은 보고 있는 극중인물이 어리석은 광대가 되든 악마가 되든 의심하지 않는다. 무표정한 얼굴 밑에 감추어져 있는 이러한 카멜레온 같은 희극배우의 능력은 연극을 매력있는 명암법처럼 풍부하게 한다.[260]

여기서 마이어홀드가 원하는 것은 가면의 사용이 아니고, 가면이 의미하는 연기 양식이었다.[261] 실제로 마이어홀드는 가면을 사용한 적이 한번도 없었다. 마이어홀드 연극에서 가면의 개념은 그 반대 개념인 '분장(make-up)'과의 관계에서 살펴야 한다. 한마디로 분장이 맡은 역을 심리적으로 사는 것을 의미한다면, 가면은 맡은 역을 신체적으로 표현하는 것을 의미한다. 따라서 마이어홀드는 가면이라는 개념 아래 연기의 핵심을 '신체적 민첩함(physical dexterity)'에 두고 있다.[262] 이렇듯 '가면'의 연기는 마이어홀드에게 '제스처와 동작의 예술(the art of gesture and movement)'을 의미하였다. 신체적 표현을 중시하는 마이어홀드 연극은 대사보다 액션을 강조하는 양상을 띤다. 마이어홀드에게 있어 대사는 액션의 '상음(overtone)'에 지나지 않으며,

13. 생체역학적 연기를 위한 훈련.

동작이 대사를 장식하는 것이 아니라, 대사가 동작을 장식하는 것이다.[263]

1922년경에 마이어홀드의 연기론은 '생체역학'이라는 개념 아래 두번째 단계로 접어든다.(도판 13) 생체역학적 연기는 가면의 연기처럼 역을 신체적으로 구축하는 것을 그 핵심으로 한다.

오직 극소수 특출하게 훌륭한 배우만이 본능적으로 올바른 방법을 찾았는데, 다름 아닌 그것은 역을 안에서 시작해 밖으로 쌓는 방법이 아니라 그 반대의 방법이다.… 심리적인 기반 위에 세운 연극은 모래 위에 지은 집처럼 반드시 무너지기 마련이다. 한편 신체적 요소들에 의존하는 연극은 최소한 명료함을 보장한다.[264]

마이어홀드에게 있어 연기는 무엇보다도 구체적인 신체적 표현이었다. 그리고 이러한 신체적 표현은 즉각적으로 해독할 수 있는 상형문자의 성질을 지녀야 하는 것이다.[265] 신체적 표현을 강조하는 마이어홀드의 생각은 새로운 것이 아니었다. 그것은 이미 1912년의 제스처와 동작을 강조하는 '가면'의 개념에도 있었다. 생체역학에서 새로운 점은 감정을 동작의 반사적 반응으로 보는 반사학의 원리이다. 예를 들어 마이어홀드는 생체역학의 원리를 "사람은 곰을 봤을 때 우선 도망가기 시작하고, 그리고 나서 도망가기 때문에 두려움을 느낀다"와 같은 제임스의 말을 인용해 설명하였다.[266] 이와 같은 반사학의 원리에 기초하여 마이어홀드는 감정에 이르는 길은 심리적 경험이 아니라 신체적 움직임으로부터 시작된다고 주장하며 역을 '밖에서 안으로' 구축할 것을 제안하였다.

역을 '밖에서 안으로' 구축하는 것은 심리적 해석보다는 구체적인 신체적 액션을 요구하므로 심리적 일관성을 결여할 수 있다. 따라서 모스크바 예술극장의 '드라마투르기(dramaturgy)'였던 마르코프(Pavel Markov)는 마이어홀드가 "성격의 핵심이 점진적으로 드러나는 효과를 기꺼이 버리려고 한다"고 지적하였다.[267] 심리적 일관성을 무시하는 마이어홀드는 그 대안으로 '가면'의 연기를 내세웠다. 마이어홀드의 배우들은 연출의 요구에 따라 '가면', 즉 신체적 모습을 변화시켜야 하였다. 예를 들어 〈아량이 넓은 오쟁이 진 남편〉에 출연한 가린(Garin)이라는 배우는 크레스타코프(Khlestakov)의 역을 다양한 가면들로 표현하였는데, 그것들은 '멋쟁이의 가면', '거짓말쟁이의 가면', '식충의 가면', '기회주의자의 가면' 등이었다.[268] 유사하게 마이어홀드는 몰리에르(Moliére)의 동 쥐앙(Don Juan) 역을 다음과 같은 다양한 '가면'으로 표현하였다.

> 몰리에르에게 있어 동 쥐앙은 여러 가면을 착용한 사람에 지나지 않는다. 극의 한순간 우리는 그의 얼굴에 나타난 가면을 보는데, 이는 난봉기질, 무신앙, 냉소주의, 태양왕 궁전에서 노는 활량의 허식을 모두 구현하고 있다. 그 다음 우리는 작가의 태도를 반영하는 비난자의 가면을 보게 되며, 그리고 나서 작가를 숙막히게 만들었던 악몽 같은 가면과, 궁중 공연에서, 그것도 그를 배신한 아내 앞에서 착용하도록 강요된 고통스러운 가면을 볼 수 있다.[269]

역을 신체적으로 쌓는 마이어홀드의 연기는 근본적으로 이질적인 이미지들 혹은 가면들로 이루어져 있으며, 하나의 이미지에서 다른 이미지로의 전환은 논리적 비약을 담고 있다. 다양한 이미지들 사이의 논리적 비연속성은 느슨한 구성을 선호하는 마이어홀드의 생각에 의해 뒷받침되기도 한다. 마이어홀드는 이에 대해 다음과 같이 언급하고 있다. "배우는 철 구조물을 다루는 다리 건설자처럼 역을 치밀히 연결시킬 필요가 없다. 배우는 즉흥연기를 위한 여지를 남겨야 한다."[270]

생체역학의 다른 측면은 배우의 이중성을 강조하는 것이다. 마이어홀드는 다음과 같이 배우의 이중성을 언급하였다.

모든 창조적인 작업은 의식적인 과정이어야 한다.… 배우는 조직자이며 동시에 조직되어지
는 것, 즉 예술가이며 동시에 재료인 것이다. 연기의 핵심은 다음과 같이 표현될 수 있다.
$N = A1 + A2$(N=배우 ; $A1$=착상하고 그 실행에 필요한 지시를 내리는 예술가 ; $A2 = A1$의
착상을 실행하는 실행자)[271]

마이어홀드에게 있어서 배우는 두 가지의 기능을 함께 갖춘 존재였다. 배우는 예술
가로서 아이디어를 생각하고 그 실행에 필요한 지시를 내릴 뿐.아니라, 하나의 재료
로서 예술가의 착상을 실행해야 한다. 이러한 공식은 마이어홀드에게 지대한 영향을
미친 코클랭(Coquelin)의 다음과 같은 말을 통해서도 풀이될 수 있다. "배우라는 존
재는 이중적이어야 한다. 그의 한 부분은 공연자, 연주자이며, 다른 부분은 연주할 악
기이다."[272] 연주자이면서도 동시에 악기가 되어야 하는 배우는 궁극적으로 특별한
이중성격을 창조하게 된다. 알퍼스(Boris Alpers)는 마이어홀드 연극이 보여주는 '분
열된 연기'를 다음과 같이 묘사하고 있다.

극의 각 순간마다 배우는 극중인물과 공연자로 나뉘어져… 그는 공연자로서 극중인물에 대
해 논평한다.… 배우는 극중인물이 아니라 주어진 인물에 대한 그의 태도를 연기한다.[273]

마이어홀드 연극에서 배우의 이중적 성격은 '자기 반영(mirroring of the self)'이
라는 개념으로 설명되기도 한다. 즉 배우는 항상 스스로를 정신적으로 비추어 볼 수
있는 능력을 지녀야 한다는 것이다.[274] 다시 말해 공연자는 맡은 역에 몰입하기보다
감정적으로 이완되어 자기가 하는 연기를 의식할 수 있어야 한다는 것이다. 정서적
몰입을 하지 않는 '자기 반영'의 연기는 맡은 역에 대해 아이러니컬한 태도를 취하
게도 한다.[275] 이것이 바로 브레히트(Bertolt Brecht)가 후에 말하는 '이중 표시
(double showing)'이다.[276] 그리고 배우의 이중성은 관객에게 두 가지 자극을 동시에
제공하므로 복합자극의 미학을 보이고 있기도 하다.

복합자극을 주는 연기는 '전(前)연기'의 개념으로 발전한다. 마이어홀드는 '전(前)
연기'라는 용어를 1925년에 제작된 〈부버스(Bubus)〉라는 작품을 계기로 소개하였다.
'전(前)연기'란 간단히 정의해서 "대본에 있는 대사를 앞선 제스처의 체계"를 의미
한다.[277] 마이어홀드는 '전(前)연기'의 목적에 대해 다음과 같이 언급하였다.

전(前)연기는 관객이 미리 장면의 상황을 충분히 이해하게 해, 밑에 깔려 있는 메시지를 파
악하는 데 어려움이 없도록 관객의 지각을 준비시키는 것이다.… [배우는] 관객에게 그가
말하는 대사와 그가 연기하는 상황에 대한 그의 태도를 전달할 필요가 있다.… [배우는] 상

황 자체보다 그 뒤에 숨어 있는 것을 연기하는 것이다.[278]

그렇다면 전(前)연기의 목적은 한 주제에 대한 두 개의 표현(자극)을 관객에게 주는 것이다. 배우는 대사를 하기에 앞서 '마임(mime)', 혹은 '전(前)액션(pre-action)'을 하는 것이다. 이때 그는 대사의 숨은 의미나 상황에 대한 그의 태도를 관객에게 미리 보이는 것이다. 결과적으로 관객은 두 개의 자극, 즉 마임이 주는 메시지와 대사가 주는 메시지를 대하게 되는 것이다. 이러한 두 개의 메시지는 마이어홀드의 관점에서 볼 때 서로 일치할 필요가 없으며, 따라서 대위법적 효과를 발생시킬 수 있다.

전(前)연기는 마이어홀드가 1907년에 언급한 '대사와 조형적 움직임의 분리'가 연장된 개념이다. 그 당시 마이어홀드는 서로 상충하는 두 개의 자극, 즉 구두적인 것과 시각적인 것을 관객에게 제공하려고 하였다. 그러나 두 개념 사이에는 차이도 있다. '대사와 조형적 움직임의 분리'는 두 개의 자극이 동시에 발생하나, 전(前)연기는 두 개의 자극이 순서대로 일어난다.

지금까지 살펴본 마이어홀드의 연기론은 에이젠슈테인의 영화 연기론의 토대가 된다. 에이젠슈테인은 마이어홀드처럼 연기의 중심을 즉각적으로 해석될 수 있는 신체적 표현에 두었을 뿐만 아니라, 인물의 액션이나 성격을 비연속적인 이미지 속에서 구축하려 하였다. '전형'과 '단절 연기(cut acting)'라는 이름 아래 전개되는 에이젠슈테인의 연기론은 바로 이러한 생각을 담고 있다.

6. 마이어홀드의 교훈

지금까지 살펴본 마이어홀드의 연극론은 몇 개의 핵심적 사고를 중심으로 전개되었다. 간단히 정리하자면, 마이어홀드 연극은 다양한 이질적인 요소들을 아무런 논리 없이 결합하는 것에서 출발하였다. 그 결과 마이어홀드 연극은 앞으로 살펴볼 어트랙션 몽타주의 성격을 띠게 되었으며, 상충되는 자극들을 관객에게 제시하는 양상을 보였다. 마이어홀드 연극 전반에 나타나는 부조화와 대위법적 조화는 바로 상이한 자극들이 일으킨 효과였다. 이렇게 복합적인 인상을 초래하는 마이어홀드 연극은 궁극적으로 관객이 지적·정서적으로 창조적 상태에 있는 것을 전제로 하였다.

다채로운 액션과 이미지들이 혼합된 마이어홀드 연극은 '모더니즘(modernism)'의 관점에서 이해해야 한다. 마이어홀드 연극은 특히 시각적으로는 큐비즘, 청각적으로는 재즈에 접근하고 있음을 볼 수 있다. 큐비즘과 재즈로 대표되는 현대미학은 단일하고도 고정된 관점을 거부하고 '가변적인 관점(mobile perspective)'을 채택해, 현상을 다양한 각도에서 조명하는 것을 특징으로 하고 있다. 따라서 큐비즘은 전통

 14. 마이어홀드는 1915년에
오스카 와일드의 소설『도리언 그레이의
초상』을 영화로 만들었는데, 무성영화를
회화적인 예술로 승화시킨 최초의 영화라는
평가를 받고 있다. 이 영화에서 마이어홀드는
와튼 경(Lord Henry Wotton) 역을 맡아
직접 출연하기도 했다.(사진 오른쪽의 인물)

적인 원근법을 버리고 다각도에서
살핀 모습을 캔버스에 담으려 했
으며, 재즈 음악은 제각각 연주되
는 음들이 전면에 등장하여 불협
화음마저 연출하고 있는 것이다. 이러한 미학은 '관점의 부재'로 특징지울 수 있으
며, 이때 해체된 예술적 요소 혹은 관점들은 서로 충돌하고 대조된다.

다변화된 관점을 드러내는 마이어홀드 연극은 세상을 더 이상 단일한 원리로 파
악할 수 없다는 의식을 담고 있다. 대신 마이어홀드 연극은 복잡한 현대사회를 여러
각도에서 접근하려고 했으며, 이때 다양한 관점들은 서로 충돌하면서 세상이 모순되
었다는 인식을 드러내기도 한다. 마이어홀드 연극의 특징인 '단편화(fragmentation)'

는 바로 이러한 의식의 표현이다. 리얼리티는 해체되었으며, 조각난 리얼리티는 각각의 관점을 담고 있다. 바로 여기서 마이어홀드 연극은 아리스토텔레스로 대표되는 전통적인 연극 미학과 결별한다. 아리스토텔레스는 다양한 극적 요소들이 단일한 주제나 액션 아래 응집되는 '유기적 통일성'을 이상적으로 보았다. 유기적 통일성은 르네상스 시대의 '단일한 원근법(single perspective)'처럼, 사물과 현상을 고정된 단일한 관점에서 파악하려는 의식을 담고 있다. 다시 말해 유기적 통일성은 삶의 의미가 단일한 관점에서 파악되고 해석될 수 있다는 생각을 반영한다. 따라서 전통적인 연극이 통일된 의미와 관점으로 치밀하게 구성되었다면, 마이어홀드 연극은 다양한 의미와 관점으로 이루어진 몽타주의 형태를 취하고 있다.

위와 같은 관점에서 볼 때 마이어홀드 연극은 스타니슬라프스키의 연극과도 대조된다. 스타니슬라프스키는 아리스토텔레스처럼 모든 극적 요소들을 상호 종속적으로 연결해 하나의 전체적 이미지나 주제를 구축하려고 하였다. 이러한 스타니슬라프스키의 연극은 다름 아닌 유기적 통일성을 중시하는 것으로, 삶을 하나의 관점 혹은 '초목적'으로 파악할 수 있다는 태도를 보인다. 그러나 마이어홀드는 각각의 극적 요소들이 독자적인 호소력을 지니게 하여 통일된 주제나 이미지보다는 다양한 관점을 제시하고 있다. 마이어홀드에게 있어서 삶은 근본적으로 불가해한 것이며, 때에 따라서는 '믿기 어려운 것(the incredible)'이다. 그 결과 마이어홀드 연극은 이질적인 것들이 서로 충돌하는 '그로테스크' 양식을 취하게 되었다. 만일 세상이 조화롭지 못한 것이 진실이라면, 그로테스크는 세상을 거짓없이 표현하는 수단이 된다고 마이어홀드는 믿었다.

위와 같은 연극 미학은 마이어홀드가 왜 처형당했는지를 설명해 준다. 소비에트의 예술적 교리인 사회주의 리얼리즘은 사회주의라는 단일한 관점에서 세상을 파악하도록 강요하였다. 사회주의 리얼리즘이 설파하는 예술관은 세상의 모든 것이 사회주의의 이상 아래 조화를 이루어야 한다는 것이다. 이는 신고전주의가 세상을 절대군주제의 관점에서 묘사하는 것과 비교할 수 있다. 이처럼 사회주의 리얼리즘은 봉건적 사회제도가 낳은 전통적인 미학으로의 회귀를 뜻하는 것이었다. 그것은 사회주의 지배이데올로기를 중심으로 한 유기적 통일성을 기하고 있기 때문이다. 마이어홀드의 미학은 사회주의 리얼리즘과 정면으로 부딪쳤다. 고정된 관점을 거부하고, 세상의 모순을 그대로 드러내려는 그의 노력은 모든 인민을 사회주의로 교화시키려는 소비에트 당국과 갈등을 일으킬 수밖에 없었다.

다음에 논의될 에이젠슈테인의 몽타주 이론은 위와 같은 맥락에서 이해되어야 한다. 다변화된 관점이나 감각을 중시하고, 삶의 충실한 재현보다는 '재창조'를 지향하는 에이젠슈테인의 예술철학은 마이어홀드 연극이나 큐비즘 같은 운동과 궤를 같이 한다. 바로 이러한 것이 전통적인 미학의 울타리 속에서 영화를 생각한 푸도프킨과 크게 다른 점이다.

3장

어트랙션 몽타주

1. 어트랙션 몽타주의 정의

1918년 연극에 몸담은 에이젠슈테인은 프롤레트쿨트 극장에서 1921년에 〈멕시코인〉을, 그리고 1923년에 〈현인〉을 연출한다.(도판 15) 이러한 공연의 경험에 토대해 그는 「어트랙션 몽타주(Montage of Attractions)」라는 글을 발표한다.* 연극 경험에 토대한 '어트랙션 몽타주'는 에이젠슈테인의 첫 이론으로, 향후 전개될 그의 몽타주 방법론의 초석이 된다. 어트랙션 몽타주는 에이젠슈테인이 1923년에 처음으로 제기하였지만,[279] 그것은 이미 마이어홀드 연극의 기본원리로 사용되고 있었다. 이에 대해 마이어홀드는 1936년에 다음과 같이 증언하고 있다.

> 에이젠슈테인의 모든 작업은 우리가 스승과 학생으로 같이 작업했던 실험실 [즉 마이어홀드 워크숍]에 그 기원을 둔다.… 그는 '프롤레트쿨트 극장'에서 일하면서 [어트랙션 몽타주]의 기교를 발전시켰지만, 그것은 나의 연극 실험실에서 그가 나와 함께 일할 때 시작된 것이다.[280]

그러나 마이어홀드는 자신을 어트랙션 몽타주의 창시자로 생각하지는 않는다. 오히려 그는 어트랙션 몽타주의 시작을 셰익스피어의 극작술에 두고 있다.[281] 왜냐하면 셰익스피어 극은 긴 막보다 독자적인 호소력을 지닌 짧은 장면들로 구성되어 있어서, 어느 정도 독립적인 어트랙션들이 몽타주된 인상을 주기 때문이다. 이처럼 먼 과거로까지 거슬러 올라갈 수 있는 전통을 갖는 어트랙션 몽타주는 에이젠슈테인에 의해 처음으로 이론화되었다.

＊에이젠슈테인은 연극의 제작 경험에서 얻은 '어트랙션 몽타주' 이론을 1924년 「영화 어트랙션의 몽타주(The Montage of Film Attractions)」라는 글을 통해 영화에 응용하기 시작한다. 이 글에서는 논의가 영화로 옮겨졌지만 그 기본적인 생각은 1923년의 「연극의 어트랙션 몽타주」와 별 차이가 없다.

에이젠슈테인의 정의에 따르면 어트랙션 몽타주는 "특정한 주제 효과를 내기 위해서 임의로 선택된 독립적인 효력들(어트랙션들)의 자유로운 몽타주(조립)이다."[282] 여기서 '어트랙션'은 연극의 '공격적인 측면(aggressive aspect)'으로서, 관객에게 어떤 '정서적 충격(emotional shocks)'을 주거나, 감각적 혹은 심리적 효력을 미치기 위해 철저히 계산된 공연의 기본 구성단위를 말한다.[283] 넓은 의미에서 어트랙션은 하나의 '에피소드(episode)' 혹은 '장면(scene)'이며, 좁은 의미에서는 독백, 노래, 춤 같은 공연의 작은 구성단위를 가리킨다.[284] 그렇다면 넓은 의미의 어트랙션 몽타주는 '에피소드적 구성(episodic construction)'을 의미하는데, 에이젠슈테인은 그 대표적인 예로서 수많은 어트랙션들(에피소드들)로 이루어진 자신의 연극작품 〈현인〉을 들고 있다.[285] 에피소드적 구성으로서 어트랙션 몽타주는 각각의 어트랙션(에피소드)이 독립적인 구성단위이므로 논리적으로 연결된 플롯을 배격한다고 에이젠슈테인은 믿었다.[286] 따라서 어트랙션 몽타주는 에이젠슈테인의 관점에서 볼 때 삶의 '정적인 반영(static reflection)'이나 '현혹적인 모방성(illusory imitativeness)'을 피할 수 있는 것이다.[287] 여기서 우리는 〈현인〉의 대본을 '큐비즘'처럼 개별적인 효과가 있는 어트랙션으로 분해하였다는 에이젠슈테인의 말에 주목할 필요가 있다.[288] 이 언급은

15. 〈현인〉의 공연 모습.

두 가지 중요성을 지니고 있다. 첫째, 어트랙션 몽타주는 마이어홀드 연극처럼 큐비즘의 정신을 담고 있다는 것이다. 예를 들어 에이젠슈테인은 〈위기(Precipice)〉라는 연극을 준비할 때, 한 발명가가 새로운 발명에 흥분해 도시를 뛰돌아 다니는 장면을 큐비즘에 입각해 처리하였다.[289] 즉 발명가는 롤러 스케이트를 타고 다니며, 도시의 빌딩이나 광경이 그려진 무대장치들을 바꾸어 들고 다니면서 도시의 이곳저곳을 돌아다니는 동작을 연출한 것이다. 인물과 환경이 끊임없이 교차하는 이러한 방법은 개별적인 어트랙션들이 자유롭게 조합된 큐비즘에 비유될 수 있다. 둘째, 어트랙션 몽타주는 큐비즘처럼 단일한 관점을 배격하고 다변화된 관점을 채택하려는 시도로 볼 수 있다. 그 결과는 다양한 어트랙션들이 서로 충돌하고 대립하는 것이다.

충돌과 대립의 어트랙션 몽타주는 부분들 사이의 '어떤' 관계를 전적으로 무시하는 것은 아니다. 어트랙션 몽타주는 부분들 사이의 논리적 연결을 이미지 연상으로 대체한다. 따라서 에이젠슈테인은 어트랙션 몽타주가 "몽타주 단편들에 의해 발생하는 연상들을 관객의 머릿속에 병치하고 누적시키는 것으로 이루어져 있다"고 말하고 있다.[290] 다시 말해 어트랙션 몽타주의 방법론은 의도된 주제를 연상할 수 있도록 하는 단편적 조각들 사이의 비교 혹은 '연상적 비교(associational comparison)'라고 할 수 있다.[291] 예를 들어 에이젠슈테인의 영화 〈파업(Strike)〉은 다음과 같은 방법으로 '연상적 비교'를 시도하였다.

1. 소의 머리. 백정의 칼은 조준을 한 다음 위로 치켜들어져 프레임 밖으로 나간다.
2. 클로즈업. 칼을 쥔 손은 아래를 내리쳐 프레임 밑으로 사라진다.
3. 롱 숏. 천오백 명의 군중이 경사진 언덕에서 굴러 넘어진다.(측면 숏)
4. 오십 명이 팔을 벌리며 땅에서 일어난다.
5. 조준을 하는 한 군인의 얼굴.
6. 미디엄 숏. 발사.
7. 황소의 몸이 비틀거리며 쓰러진다.(머리는 프레임 밖에 있다)
8. 클로즈업. 황소의 다리가 경련을 일으킨다. 피투성이의 발굽이 퍼드덕거린다.
9. 클로즈업. 소총의 노리쇠.
10. 황소의 머리는 밧줄로 긴 의자에 매여 있다.
11. 수천 명의 군중이 달려 지나간다.
12. 수풀 뒤에서 일렬종대를 한 군인들이 불쑥 나온다.
13. 클로즈업. 보이지 않는 내려침으로 죽어가는 황소의 머리.(눈이 흐릿해진다)
14. 군인들의 뒤쪽에서 잡은 롱 숏. 총들이 발사된다.
15. 미디엄 숏. 황소의 다리는 '유태인 관습'에 따라 묶인다.(도살된 소를 눕히는 방식이다)
16. 보다 근접한 숏. 군중들이 벼랑에서 떨어진다.

17. 황소의 목이 잘린다. 피가 분출한다.

18. 미디엄 클로즈업. 군중들이 뻗은 손이 프레임 안으로 들어온다.

19. 백정이 피로 물든 밧줄을 들고 카메라를 향해 다가온다.

20. 군중은 울타리로 달려가 그것을 무너뜨리나 매복병들을 만난다.(두세 개의 숏)

21. 프레임 안으로 늘어지는 팔들.

22. 황소의 머리는 몸체로부터 절단된다.

23. 발사.

24. 군중들은 벼랑에서 굴러 떨어져 물 속으로 들어간다.

25. 발사.

26. 클로즈업. 사격으로 떨리는 이빨.

27. 군인들의 발이 움직인다.

28. 피가 물에 흘러 들어가 붉게 물들인다.

29. 클로즈업. 피가 황소의 목에서 분출한다.

30. 피를 그릇으로 양동이에 쏟는 손.

31. 피를 담은 양동이가 있는 플랫폼에서 가공공장으로 디졸브.

32. 죽은 소의 혀를 잘린 목에서 뽑아낸다.(도살장에서 사용하는 한 방법으로, 경련을 일으키는 이빨이 어떤 상처를 입히지 못하도록 하는 것 같다)

33. 군인들의 발이 움직여 사라진다.(보다 원거리로 잡은 숏)

34. 머리가 벗겨진다.

35. 벼랑 밑에 쓰러져 있는 천팔백의 시신들.

36. 머리 껍질이 벗겨진 두 마리의 소머리.

37. 피로 물든 물에 사람의 손.

38. 클로즈업. 화면 전체를 차지하는 죽은 황소의 눈.

마지막 자막.[292]

위의 장면은 두 개의 이질적이고 독립적인 액션, 즉 군중들의 학살과 소의 도살을 결합해 '도살'이라는 '연상적 비교'가 이루어지도록 하였다. 여기서 주목해야 할 점은 개별적인 숏이 '어트랙션'으로 작용해 관객에게 강한 '정서적 충격'을 준다는 것이다. 이렇듯 어트랙션 몽타주는 마이어홀드가 지적했듯이 이야기의 진전에 초점을 두는 전통적인 방식을 탈피해 관객의 마음에 이미지 연상이 일어나도록 자극해 극의 기본 의도를 전달하는 것을 목표로 한다.[293] 이를 위해 어트랙션 몽타주는 강한 정서적 반응을 일으키는 어트랙션들을 자유롭게 조립해 그들 사이의 대조나 유사성에 의한 '연상적 비교'를 일으킨다. 강한 정서적 반응을 추구하는 어트랙션 몽타주는 다음에 살펴볼 익센트리즘(eccentrism)과 반사학(reflexology)에 토대를 두고 있다.

2. 어트랙션 몽타주와 익센트리즘

강력한 인상을 주기 위해 어트랙션 몽타주가 사용하는 전략 중의 하나는 '익센트리즘'이다. '익센트리즘'은 1920년을 전후로 한 소비에트 연극의 실험 작업의 소산으로, 서커스 곡예적인 기예를 적극 활용하는 것을 특징으로 한다.[294] 에이젠슈테인은 두 가지 주된 이유에서 익센트리즘을 자신의 연극 작업에 도입했다고 진술하고 있다. 그것은 익센트리즘이 '감정의 폭발을 극대화하는 새 시도'이면서 동시에 '감정을 구현하는 방법의 전통적 수준을 파괴'하는 힘을 갖고 있기 때문이다.[295] 다시 말해 에이젠슈테인은 어트랙션의 주된 수단으로 익센트리즘을 사용해 정서적 효과를 극대화하고 종래의 재현적 방법을 극복하고자 하였다. 그 결과 연극 공연은 서커스적 표현으로 발전하였다고 에이젠슈테인은 적고 있다.

> 제스처는 체조로 변하였고, 분노는 공중제비로, 환희는 살토모테일(salto-mortale)로 표현되었다.… 이러한 그로테스크 양식은 하나의 표현 형태가 다른 표현 형태로 비약하는 것을 허용한다.[296]

이렇듯 익센트리즘의 주된 의도는 표현의 질적인 변화를 통해 정서적 효과를 극대화하는 것이다. 마이어홀드의 표현을 빌면 익센트리즘은 일종의 '확대경(magnifying glass)'으로서,[297] 예술은 삶의 충실한 '거울(mirror)'이라는 종래의 관념을 넘어서는 것이라 할 수 있다. 따라서 분노는 공중제비로 표현되어 보다 강력한 정서적 반응을 일으킬 수 있는 것이다.(익센트리즘은 나중에 언급할 파토스 구성과 연결된다. 176-188 페이지 참조할 것)

여기서 마이어홀드의 '그로테스크' 이론은 익센트리즘의 요소를 내포하고 있음을 주목할 필요가 있으며, 이것은 곧 에이젠슈테인의 어트랙션 몽타주 이론이 마이어홀드 연극에 기초하고 있음을 증명하는 것이다.(앞선 인용문에서 에이젠슈테인은 익센트리즘에 기반을 둔 연기를 '그로테스크 양식'이라고 설명한 점에 주목하라) 마이어홀드의 그로테스크 양식은 두 가지 중요한 측면이 있는데, 첫째는 형식과 내용의 충돌이며, 둘째는 표현의 비약이다. 이러한 그로테스크 양식은 연극적 표현이 새로운 차원으로 비약하는 것을 목표로 하고 있다. 따라서 마이어홀드는 "그로테스크는 가장 일상적이고도 사실적인 사건을 별날 정도로 강렬하게 변형시키고, 대담할 정도로 인상적이고 감명있게 만드는 수단이다"와 같은 의견을 피력하고 있다.[298] 이러한 목적을 위해 마이어홀드는 연기란 춤의 요소를 내포해 인습적인 표현의 한계를 뛰어넘어야 한다고 제안하였다. 그로테스크 연기는 심리적 사실주의에 기반을 둔 연기보다 훨씬 표현력이 있고 예술적이라는 것이 마이어홀드의 생각이다.[299] 심리적 사실주의와, 익센트리즘에 바탕을 둔 그로테스크 양식의 차이는 '분노'의 감정 표현을 보면 분명해진다. 심리적 사실주의 아래서 배우는 우선 심리적으로 분노를 느끼면 '숨이 가빠지고 몸을 부르르 떠는 것' 같은 사실적 표현으로 그 감정을 외면화할 것이다. 그러나 그로테스크 양식에서 분노를 느끼는 배우는 곡예하듯 눈 깜짝할 사이에 상대 방의 가슴에 뛰어올라 턱을 후려갈기는 장면을 연출할 수 있다. 이렇듯 사실주의를 벗어난 익센트리즘은 표현의 질적인 비약을 통해 매우 강렬한 인상을 창출하는 것을 목표로 한다. 익센트리즘 혹은 그로테스크 양식의 특성은 어트랙션 몽타주뿐만 아니 라, 앞으로 살펴볼 충돌 몽타주나 '파토스 구성(the structure of pathos)'에도 반영되 어 있다.[300]

3. 어트랙션 몽타주와 반사학

어트랙션 몽타주는 표현력을 극대화하기 위한 두번째 전략으로 '반사학'의 원리 를 적극 활용한다. 1945년에 발표한 「나는 어떻게 영화감독이 되었나」에서 에이젠슈 테인은 어트랙션 몽타주 이론과 반사학의 관계를 설명하고 있다. 그의 말에 따르면 1920년대의 사회 분위기는 새로운 경험을 표현할 새로운 수단을 절실히 필요로 하 였다. 그러한 분위기 속에서 에이젠슈테인은 예술의 신비와 비밀을 과학적인 접근으 로 발견하고자 노력하였다. 여기서 그는 토목공학을 공부하면서 배운 지식을 예술에 응용하기 시작한다. 즉 모든 과학적 탐구에는 '측정 단위'가 있어야 하듯, 예술에 대 한 탐구도 '감동의 단위(the unit of impression)'를 찾는 것에서부터 시작해야 한다 는 것이다. 에이젠슈테인이 찾은 예술적 '감동의 단위'는 바로 '어트랙션'이었다. 한 편 산업에서 널리 사용되던 기계 '조립(assembling)'이라는 단어는 에이젠슈테인으 로 하여금 그와 유사한 의미를 지닌 '몽타주'라는 용어를 선택하게 하였다. 그 결과 감동의 단위들이 하나의 전체로 결합되는 '어트랙션 몽타주'라는 용어가 만들어지게 된 것이다. 여기서 에이젠슈테인은 만일 파블로프(Ivan Pavlov)를 좀더 잘 알았다면 '어트랙션 몽타주 이론'을 '예술적 자극의 이론(theory of artistic stimulants)'이라고 불렀을 것이라고 하였다. 이러한 증언에 따르면 어트랙션 몽타주 이론은 파블로프의 반사학 원리로부터 직접 영향을 받지는 않았지만, 그것의 핵심적 원리를 반영하고 있음을 알 수 있다. 이러한 우연의 일치는 아마 반사학의 원리가 소비에트 문화 전반 에 이미 널리 퍼져 있었기 때문일 것이다.

아무튼 에이젠슈테인의 말처럼 어트랙션 몽타주는 반사학의 원리에 토대하고 있 다. 반사학에 따르면 사고와 감정을 포함한 모든 인간 행위는 '반사작용(reflexes)', 즉 '행동과 반응(action and reaction)' 혹은 '자극과 반응(stimulus and response)'

의 도식 아래 설명될 수 있다. 따라서 반사학 이론은 "이론적으로 자극에 대한 반응, 그러니까 원하는 반응을 얻기 위해 필요한 자극을 미리 계산하고 결정하는 것이 가능하다"는 것을 가정한다.[301] 이러한 에이젠슈테인의 생각은 어트랙션 몽타주를 다음과 같이 단정적으로 정의하게 만든다. 즉 어트랙션 몽타주는 원하는 효과를 발생하게 하는 원리에 따라 조직된 '일련의 충격들(자극들)의 요약'이다.[302]

그렇다면 어트랙션 몽타주는 관객을 자극해 원하는 방향으로 인도한다고 볼 수 있다. 에이젠슈테인은 예술적 자극과 관객과의 관계에 대해 "특정한 자극은 특정한 계급의 관객에게만 특정한 반응을 일으킬 수 있다"라고 말하였다.[303] 이러한 주장은 예술가가 관객의 본질을 알기만 한다면 그에 맞는 올바른 자극을 결정할 수 있다는 것을 가정하는 것이다. 따라서 에이젠슈테인은 다음과 같이 말하였다.

> 나의 예술 원리는 직관적인 창조성이 아니라 효과적인 요소들을 이성적으로 조직적으로 구성하는 것이다. 가장 중요한 것은 [예술적] 효과가 미리 계산되고 분석되어야 한다는 것이다.[304]

위와 같은 생각 아래서 에이젠슈테인이 생각하는 몽타주는 미리 계산된 예술적 자극들의 집합을 의미한다. 바로 어트랙션 몽타주는 이러한 구조를 대표하는 것이다. 이렇듯 반사학의 입장에서 볼 때 관객은 한마디로 '반사의 대상(reflex subject)'에 지나지 않는다.[305] 관객은 예술가가 의도한 방향으로 반응할 따름이다. 이렇듯 반사학의 관점을 취한 어트랙션 몽타주는 관객을 상당히 수동적인 존재로 설정하고 있다는 인상을 준다.

그러나 어트랙션 몽타주는 관객에 대한 또 다른 생각을 내포하고 있기도 하다. 앞서 언급했듯이 어트랙션 몽타주는 주제 효과를 위해 '연상적 비교'를 모색하는 것이다. 이 말은 '몽타주 형태(montage form)'가 관객의 적극적 반응인 '이미지 연상'이 없이는 그 자체로서는 불완전하다는 것을 의미한다. 그렇다면 에이젠슈테인은 처음부터 두 가지 상충되는 생각에 사로잡혀 있었다고 볼 수 있다. 반사학의 입장에서 에이젠슈테인은 관객의 반응을 미리 수학적으로 계산해 인도할 수 있다고 생각하였다. 그러나 예술은 에이젠슈테인에게 다른 측면을 제시하였다. 예술이나 몽타주는 의미를 발생시키기 위해서는 관객의 적극적인 반응을 필수로 한다. 에이젠슈테인은 '몽타주 형태'에 대해 몰입하면서 점차 관객의 창조적 참여에 비중을 두면서 그의 이론을 전개한다. 이러한 태도는 앞으로 살펴볼 충돌 몽타주 이론에서 본격적으로 취해진다.

반사학적 입장은 소비에트 예술가의 생각을 한동안 지배하였다. 우리는 그러한 경향을 마이어홀드의 연극에서도 읽을 수 있다. 마이어홀드는 연극이 관객의 감정과 지적 사고를 자극하고 인도해야 한다고 보았다. 따라서 그의 연극은 일련의 '통로들 (passes)'로 구성되어 있는데, 각각의 통로는 특정한 연상을 불러일으키도록 되어 있다.[306] 지금까지 살펴본 바에 따르면 에이젠슈테인의 어트랙션 몽타주 이론은 마이어홀드의 작업과 밀접히 관련되어 있음을 알 수 있다. 역사적 사실과 증언들은 이러한 사실을 분명히 드러내 주고 있다. 루드닛스키(Konstantin Rudnitsky)에 따르면 에이젠슈테인은 1923년에 「어트랙션 몽타주」라는 글을 처음 발표했지만, 마이어홀드는 1918년에 〈신비한 희가극(Mystery-Bouffe)〉이라는 연극을 무대화했을 때 어트랙션 몽타주의 기법을 이미 사용했다고 한다.[307] 또 기록에 의하면 1922년에 에이젠슈테인은 마이어홀드의 학생 신분으로 마이어홀드의 작품 〈콜럼비네의 스카프〉를 '어트랙션 몽타주'라는 부제(副題) 아래 공연하려고 시도하였다고 한다.[308] 또한 에이젠슈테인은 같은 해에 어트랙션 몽타주 기법을 사용한 것으로 알려진 〈타렐킨의 죽음(Tarelkin's Death)〉이라는 작품에서 마이어홀드의 조연출로 일했었다.[309] 다음해인 1923년에 에이젠슈테인은 〈현인〉이라는 작품을 마이어홀드 연출방식에 따라 공연했으며, 이 공연이 끝난 직후 그는 어트랙션 몽타주를 이론화한 글을 발표하였다. 이러한 일련의 사건들은 어트랙션 몽타주 이론이 마이어홀드 연극에 뿌리를 두고 있음을 시사하고 있다.

4장

노골적인 대위법의 몽타주

에이젠슈테인의 몽타주 이론은 마이어홀
드 연극처럼 '복합자극'의 관점에서 전개
되기도 한다. 다양한 예술적 자극들을 결
합하는 에이젠슈테인의 복합자극 미학은
두 가지 측면에서 고려할 수 있다. 그 첫
번째는 '노골적인 대위법(naked counterpoint)'의 몽타주이며, 두번째는 '대위법적
조화(contrapuntal harmony)'의 몽타주라고 할 수 있다.[310] 노골적인 대위법과 대위
법적 조화는 다양한 예술적 요소들이 대위법적으로 대립한다는 공통점이 있다. 그러
나 이러한 대립되는 자극들 사이에서 노골적인 대위법은 불협화음을, 대위법적 조화
는 조화로운 화음을 각각 강조한다. 노골적인 대위법은 에이젠슈테인의 초기이론을
대표하는 것으로, 이번 장에서 논의될 것이다. 그리고 후기이론을 지배하는 대위법적
조화에 대해서는 9장에서 논의하겠다.

1. 비일치의 원리

에이젠슈테인의 이론에서 노골적인 대위법은 '비일치(non-synchronization)'라는
용어로 바꿀 수 있다. '비일치'의 예술적 효과에 대한 에이젠슈테인의 연구는 발성영
화의 도래와 함께 본격화된다. 발성영화가 등장하자 에이젠슈테인은 바람직한 영상
과 음의 결합, 즉 '시청각적 몽타주(audio-visual montage)'의 문제에 당면해 1928
년부터 이에 대해 본격적으로 연구하게 된다. 이때부터 에이젠슈테인이 관심을 둔
분야의 하나는 '복합자극 미학'으로, 이것은 청각적·시각적·율동적·극적 요소 등
다양한 예술적 자극들을 어떻게 조직하고 결합하는가에 관한 것이었다. 앞서 설명했
듯이 에이젠슈테인은 복합자극 미학을 두 단계에 걸쳐 발전시켰다. 초기에 에이젠슈
테인은 다양한 예술적 요소들을 '비일치'의 원리에 입각해 노골적인 대위법을 애호
하였다. 즉 다양한 예술적 요소들 사이의 조화보다는 노골적인 불협화음을 강조하였

다. 그러나 후기에 에이젠슈테인은 다양한 예술적 자극들의 조화로운 대위법을 염두에 둔 '일치(synchronization)'의 원리를 보다 강조하는 방향으로 그의 이론을 정립한다. 이러한 미학적 태도의 변화 저변에는 예술적 구성원리가 사회적 요구에 따라 변해야 한다는 인식이 깔려 있었다. 즉 사회 개혁의 시대에 예술은 현실을 재구성하고 재조직하는 임무를 수행하기 위해서 구성요소들이 서로 충돌하는 노골적 몽타주가 되어야 한다. 이와는 달리 사회 안정기에 예술은 사회의 조화를 반영하기 위해 구성요소들 사이의 조화를 강조한다. 우리는 복합자극 미학에 대한 에이젠슈테인의 상반된 태도를 이러한 맥락 속에서 이해해야 할 것이다. 예를 들어 에이젠슈테인은 다음과 같이 말하였다.

> 공감각 원리에 대한 접근은 예술이 발전하는 상이한 시대에 따라 다르다. 그것은 시대의 특정한 사회 형태에 의존해 그 시대에 맞는 양식과 형태로 결정되어야 한다.[311]

'공감각'도 여러 예술적 요소들을 함께 사용한다는 점에서 필자가 말하는 복합자극 미학과 크게 다를 바 없다. 에이젠슈테인이 사회 개혁기에 적합한 복합자극 미학으로 생각한 것은 노골적인 불협화음을 위해 개별적인 예술 요소들이 서로 충돌하는 '비일치'의 원리였다. 반면 사회 안정기를 위해서 에이젠슈테인은 다양한 예술적 요소들이 조화롭게 혼합되는 '일치'의 원리를 권하고 있다.

에이젠슈테인은 대위법과 명암 대조 효과를 노골적으로 사용하는 마이어홀드의 연극으로부터 비일치의 원리를 처음 배웠다. 이러한 사실에 대해 에이젠슈테인은 다음과 같이 증언하고 있다.

> 가면 희극의 기교와 전통에 의존하는 것은 눈에 띌 정도로 노골적인 대위법을 사용하는 쪽으로 복귀하는 충격이었다. 그것은 극적 대사들과 개별적 극중인물들이 펼치는 액션 줄거리의 거친 상호 작용이 눈에 띄는 것으로, 체호프의 등장인물들이 보이는 뉘앙스의 '어우러진 다음(blending polyphony)'과 대조적이었다.[312]

여기서 말하는 "가면 희극의 기교와 전통에 의존하는 것"은 코메디아 델라르테(commedia dell'arte)의 전통을 부활시키려고 노력했던 마이어홀드의 연극을 지칭하는 것이다.[313] 에이젠슈테인은 마이어홀드로부터 배운 대위법적 효과를 그의 연극 작업과 영화 작품에 적용하였는데, 그것은 어트랙션 몽타주, 그리고 다음에 살펴볼 '일원적 앙상블(monistic ensemble)'과 충돌 몽타주에 두드러지게 반영된다. 1928년에 에이젠슈테인은 영화의 음을 대위법적으로 사용해야 한다며 다음과 같이 말하고 있다.

몽타주의 시각적 단편에 대응한 음의 대위법적 사용만이 몽타주의 발전과 완성을 위한 새로운 가능성을 열 것이다. 음의 첫 실험은 시각적 이미지들과 날카롭게 불일치하는 것을 목표로 해야 한다.[314]

위와 같은 견해는 음악이 대위법적 혹은 '불협화음적(cacophonic)' 효과를 위해 사용되어야 한다는 마이어홀드의 주장과 상당히 일치한다. 한편 노골적인 대위법을 선호한다는 것은 불규칙성(irregularity)에 토대한 '다양성의 미학'을 추구한다는 말과도 같다. 에이젠슈테인은 '불규칙성'이 예술의 매력이라고 말하면서 다음과 같이 르느와르(Renoir)의 말을 인용하고 있다.

모든 묘사의 아름다움은 다양성에 그 매력이 있다. 자연은… 규칙성을 혐오한다.… 규칙, 질서, 완벽함(그러나 항상 거짓된 완벽함)에 대한 욕구는 예술을 파괴한다.… 예술의 취향을 보전시키는 유일한 가능성은 예술가와 대중에게 불규칙성의 중요성을 감동시키는 것이다. 불규칙성은 모든 예술의 기본이다.[315]

19세기 낭만주의자처럼 에이젠슈테인은 정해진 규칙으로부터의 해방을 선언하고, 다양성을 내포한 예술을 찬미하고 있는 것이다. 예를 들어 프랑스의 낭만주의자 위고는 전통적인 조화를 벗어난 선과 악, 아름다움과 추함, 빛과 어둠이 결합되는 '그로테스크'를 추구하였다. 이는 바로 '노골적인 대위법'으로, 현상을 다각도로 조명하는 입장과 무관하지 않다. 이러한 점에서 에이젠슈테인의 예술감각은 낭만주의적 색채를 풍기고 있기도 하다.

2. 일원적 앙상블

1928년은 에이젠슈테인이 '비일치'의 원리를 발전시키는 데 있어 아주 중요한 계기를 맞이한 해였다. 이치가와 사단지(市川左團次)가 이끄는 일본의 가부키(歌舞伎) 공연을 본 것이다.(도판 16) 이 공연을 감명 깊게 보았던 에이젠슈테인은 비일치 원리의 예상하지 못한 힘을 발견한 나머지 「예상치 못한 일(The Unexpected)」이라는 글을 쓰기에 이른다. 이 글에서 에이젠슈테인은 가부키가 시청각적 이미지들을 대위법적으로 결합하는 완벽한 방법을 보여주었다고 찬탄하고 있다. 예를 들어 이치가와가 할복 자살하는 장면에 무대 밖에서는 흐느끼는 소리가 들려왔는데, 그 소리는 배를 가르는 칼의 움직임에 마치 '그림처럼' 일치하였다. 따라서 에이젠슈테인은 그 결과에 대해 다음과 같이 말하고 있다.

[그 인상은] "어떤 곡조도 내 목소리로 담아낼 수 없다면, 나는 손으로라도 보여주겠다!"는 것이다. 그러나 여기서 할복 자살은 목소리로 경험했을 뿐만 아니라 손동작으로도 보았다.

16. 1928년 러시아를 방문한 가부키 단원과 함께 한 에이젠슈테인.

우리는 이렇게 완벽한 몽타주 앞에 서 넋을 잃었다.[316]

가부키에서 발견한 비일치의 원리를 에이젠슈테인은 '일원적 앙상블(monistic ensemble)'이라고 이름하였다.[317] '일원적 앙상블'에 대해 에이젠슈테인은 다음과 같이 설명하고 있다.

음향, 움직임, 공간, 목소리는 서로 **함께 하지 않고**(병행조차도 하지 않고) **서로 동등한 중요성을 지닌 요소들**로서 기능한다.[318][강조는 원서에 따른 것이다]

다시 말해 에이젠슈테인에게 있어 '일원적 앙상블'이란 '다양한 감각기관들에 호소하는' 일종의 공감각인 것이다.[319] 그리고 에이젠슈테인이 생각하기에 '일원적 앙상블'의 주된 구성원리는 다양한 예술적 요소들이 서로 노골적으로 충돌하는 '비일치'였던 것이다. 따라서 에이젠슈테인은 '일원적 앙상블'에서는 다음과 같은 일이 벌어진다고 설명하고 있다.

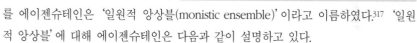

[가부키에는] '반주'라고 할 만한 것이 없다.… 여기서는 연극적 '자극'의 단일하고도 일원적인 감흥이 발생하는 것이다. 일본인은 개별적인 연극 요소를 [다양한 감각기관에 대한] 감정의 다양한 범주 중에서 약분(約分)할 수 없는 단위가 아닌, 연극의 단일한 단위로서 생각하는 것이다.[320]

일원적 앙상블에서 개별적인 예술 요소들은 서로가 종속적이기보다는 대립적이다. 따라서 일원적 앙상블은 다양한 감각에 호소해 '감각적 관점의 부재(absence of the sensation of perspective)'를 초래한다.[321] 에이젠슈테인의 관점에서 볼 때 이러한 일원적 앙상블은 바그너의 오페라나 모스크바 예술극장에서 발견되는 '종합적인 앙상블(synthetic ensemble)', 즉 다양한 예술적 요소들의 조화와 대조된다.[322] 가부키 공연에 심취된 에이젠슈테인은 1923년에 제기한 어트랙션 몽타주를 일원적 앙상블의 관점에서 다시 검토한다. 그가 보기에 어트랙션 몽타주는 개별적인 예술 요소를 독립적인 단위로 취급한다는 면에서 일원적 앙상블의 원리와 일치한다는 것이다.[323] 즉 어트랙션 몽타주는 일원적 앙상블처럼 예술적 요소들 사이의 노골적인 대립에 기초하고 있는 것이다. 이렇듯 노골적인 대위법은 에이젠슈테인의 초기이론에서 지배적인 개념으로 작용한다.

'일원적 앙상블'에서 나타난 다양한 감각적 요소들의 분리는 궁극적으로 '청각적 시각(auditory vision)', 혹은 '시각적 청각(visual hearing)'이라고 불리는 '상호감각적 경험(intersensory experience)'을 발생시킬 수도 있다. 이에 대해 에이젠슈테인은 다음과 같이 설명하고 있다.

가부키 연극에서 번뜩이는 것은 **반주**의 효과 대신, 노골적인 **전이**(轉移, transfer)의 방법을 사용하고 있다는 것이다. 기본적인 정서적 목표를 하나의 재료에서 다른 재료로, 하나의 자극 범주에서 다른 자극 범주로 전이하는 것이다. 가부키 연극을 감상할 때 청력과 시력 신경이 바뀌어져 빛의 파장을 소리로, 공기의 진동을 색채로 지각하는 사람을 다룬 미국 소설을 자연히 떠올리게 된다. 즉 그는 **빛을 듣고 소리를 보는 것**이다.[324][강조는 원서에 따른 것이다]

여기서 에이젠슈테인은 '빛을 듣고 소리를 보듯이' 하나의 감각적 양식에서 다른 감각적 양식으로 전환이 가능한 '상호감각적 경험'을 말하고 있다. 예를 들어 가부키 공연의 한 장면에서 한 배우가 '샤미센(三味線) 음악(音樂)'의 음에 의해 움직이고 있다는 이미지를 불러일으켰다.[325] 이것이 바로 가부키 연극에서의 '시각적 청각'의 예이다.

에이젠슈테인은 일본의 전통적 시에서 같은 원리를 발견하고 몇 편의 일본 시를 예로 들어 설명하였다.[326] 여기서 일본의 전통시(傳統詩)인 하이쿠(俳句)에 대한 오딘 (Steve Odin)의 설명은 상호감각적 경험을 이해하는 데 보다 적합할 수 있다. 오딘은 바쇼(芭蕉)가 쓴 다음과 같은 시를 예로 들고 있다.

> 종소리가 희미하게 사라져 가자
> 꽃내음은 종의 울림을 나르고
> 저녁의 어스름이 깔리네

여기서 사라져 가는 종소리의 울림은 꽃향기로 녹아들고, 그 꽃내음은 다시 저녁의 어스름한 그림자로 녹아들어 가고 있다. 따라서 위의 하이쿠는 "벚꽃이 향내를 울린 다"는 식의 상호감각적 경험을 불러일으키고 있는 것이다.[327] 이것이 바로 에이젠슈 테인이 설명하고자 했던 일본 전통시의 '상호감각적 경험'이다.

일원적 앙상블은 어트랙션 몽타주의 원리를 '공감각'의 영역으로 확대하였다. 왜 냐하면 일원적 앙상블에서 개별적인 예술적 요소들은 독자적인 호소력을 지닌 어트 랙션으로 작용하기 때문이다. 그 결과가 다양한 감각적 경험과 상호감각적 경험을 일으키는 공감각인 것이다. 공감각에 대한 에이젠슈테인의 관심은 나중에 '시청각적 몽타주', '수직적 몽타주(vertical montage)', 혹은 '조형적 음악(plastic music)'으로 발전하게 된다.

5장

충돌 몽타주

1. 충돌 몽타주의 원리

에이젠슈테인이 생각한 이상적인 예술적 구성은 그의 이론 '충돌 몽타주'에 개념화되어 있다는 것은 잘 알려져 있다. 충돌 몽타주에 대한 본격적인 논의는 1929년에 쓴 「영화적 원리와 표의문자(The Cinematographic Principle and the Ideogram)」에서 비롯된다. 여기서 에이젠슈테인은 충돌 몽타주의 첫번째 전제조건이 부분들 사이의 '충돌(collision)' 혹은 '대립(conflict)'이라고 하면서 다음과 같이 말하고 있다. "그러면 무엇에 의해서 몽타주를 특징지을 수 있는가? 충돌에 의해서. 서로 상충되는 두 조각들의 대립에 의해서."[328] 충돌 몽타주의 개념은 여기서 멈추지 않는다. 에이젠슈테인은 두 부분의 충돌이 새로운 개념을 발생시킨다는, 그 유명한 가설을 설정하였다. 그러면 충돌에 의해서 새로운 개념이 어떻게 발생하는가? 한자(漢字)의 원리는 에이젠슈테인에게 만족할 만한 해답을 제공해 주었다. 예를 들어 한자에서는 개를 의미하는 견(犬)과 입을 나타내는 구(口)가 결합해, 짖을 폐(吠)라는 새로운 뜻을 창조한다. 여기서 개와 입이라는 두 개의 상충되는 요소들이 결합해 우리의 일반적인 논리적 사고방식과는 다른, 일종의 원시적 사고과정인 '이미지 연상적 사고(imagist thinking)'[329]에 의해서 '짖다'라는 새로운 개념으로 전환되었다는 것이 에이젠슈테인의 견해이다. 에이젠슈테인은 한자에서 발견한 충돌 몽타주의 원리를 "두 개의 상형문자의 결합은… 그들의 합이 아니라 곱으로 생각해야 한다"라고 말하고 있다.[330] 여기서 개념과 개념의 결합이 단순한 합이 아닌 새로운 차원의 의미로 도약하는 것은 에이젠슈테인의 관점에서 볼 때는 원시적 사고과정인 '이미지 연상적 사고'가 작용하기 때문이다. 이렇듯 충돌 몽타주는 '이미지 연상적 사고'라는 개념 아래 관객의 정신적 행위를 필수적인 전제조건으로 삼고 있다.

원시적 사고과정인 '이미지 연상적 사고'는 일본의 전통시인 하이쿠와 단가(短歌)

에서도 작용하고 있다. 예를 들어 에이젠슈테인은 다음과 같은 바쇼의 하이쿠를 소개하고 있다.

외로운 까마귀
　앙상한 나뭇가지 위에,
　　어느 가을 저녁[331]

　바쇼는 충돌하는 세 개의 표상을 몽타주해 이미지 연상적 사고를 발동시켰다고 할 수 있다. 그 결과는 독자의 마음속에 불러일으킨 어느 가을 저녁의 정서적 풍경일 것이다. 그러나 한자와 시(詩)는 차이점을 내포하고 있기도 하다. 시는 상형문자와 달리 정서적인 분위기 속에 개념들이 끝없이 피어나게 한다.[332] 즉 상형문자가 새롭게 정의된 지적 개념을 연상시킨다면, 시는 새로운 정서적인 느낌을 불러일으킨다. 그러나 기본적인 원리는 항상 똑같다. 두 개 이상의 이미지가 충돌해 새로운 '무엇'을 창조하는 것이며, 이는 늘 수용자의 창조적 수용을 전제로 하는 것이다. 따라서 에이젠슈테인은 "하이쿠의 불완전성을 완벽한 예술로 완성하는 것은 독자"[333]라는 요네노구치의 말을 인용해 자신의 입장을 재확인하고 있다.

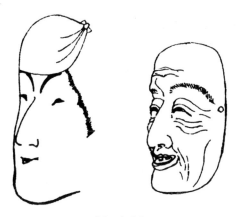

샤라쿠의 판화

　한편 에이젠슈테인은 상형문자의 몽타주 원리를 18세기 화가 샤라쿠(寫樂)의 판화에서도 발견한다. 에이젠슈테인이 보기에 이 판화에서 눈과 눈 사이는 비정상적으로 가깝고, 코는 눈의 크기에 준해 볼 때 보통 코의 거의 두 배에 이르며, 턱은 입과의 관계를 전혀 고려하지 않은 것이다. 이런 식으로 샤라쿠의 판화는 눈썹과 입, 그리고 모든 얼굴 부위들의 상호비례성을 지나칠 정도로 무시하였다. 그러나 크기의 비례나 상호비례성이 무시된 샤라쿠의 판화는 '정신적 표현의 핵심'을 나타내는 미학적 가치를 갖고 있다. 에이젠슈테인이 보기에 이러한 표현이 가능한 것은 '괴이할 정도의 부조화스러운 조각들'을 몽타주해 새로운 인상을 불러일으키고 있기 때문이다.³³⁴ 에이젠슈테인의 일본 문화 탐험은 여기서 그치지 않는다. 그는 일본의 전통극 연기에서도 충돌 몽타주 원리를 발견하였다. 가장 단순한 예로 일본의 전통극에서 액션의 어떤 부분이 무대 뒤에서 서술되는 동안 배우가 마임을 하는 것을 들 수 있다. 에이젠슈테인이 보기에 이것은 상형문자의 원리, 즉 "두 개로 분리된 묘사에 의한 의미" 창조인 것이다.³³⁵

일본 문화에서 터득한 '충돌의 원리'는 평생 에이젠슈테인을 따라다닌다. 따라서 몽타주가 형식주의라는 거센 비난이 일던 1938년에도 에이젠슈테인은 「글과 이미지 (Word and Image)」라는 글에서 "두 개의 개별적인 숏의 병치는 하나의 숏에 다른 숏을 보탠 단순한 합이라기보다 창조에 가까운 것이다"³³⁶라는 자신의 견해를 재확인하고 있다. 이러한 것이 영화에만 특수한 현상이 아니라 너무나도 일반적인 현상임을 주장하기 위해 에이젠슈테인은 비어스(Ambrose Bierce)의 소설 「위로할 길 없는 미망인(The Inconsolable Widow)」에 나오는 한 장면을 예로 들고 있다.

미망인 복장을 한 여인이 무덤가에서 울고 있었다. "진정하십시오, 부인." 동정하는 한 낯선 사나이가 말을 하였다. "하나님의 자비는 무한한 것입니다. 당신 남편말고도 어딘가 당신을 계속 행복하게 해줄 남자가 있을 겁니다." "그랬죠." 여인은 흐느끼며 말했다. "그랬어요, 하지만 이 무덤이 바로 그 사람이 누워 있는 곳이랍니다."³³⁷

여기서 낯선 사나이는 '무덤'과 '미망인의 복장을 한 여인'이라는 두 가지 사실에 바탕해 죽은 남편 때문에 우는 여인으로 착각한 것이다. 그러나 실제로 여인은 정부(情夫)를 잃고 우는 것이었다. 이렇듯 두 개 이상의 개별적인 사실들을 하나로 통합하려는 경향이 몽타주적인 사고방식이며, 그 결과는 새로운 개념이나 특성을 도출할 수 있다는 것이 에이젠슈테인의 한결같은 생각이었다. 따라서 에이젠슈테인은 "무덤과 그 옆에서 슬피 우는 여인을 병치해서 보았을 때 미망인이라는 결론에 도달하지 못하는 사람은 아무도 없을 것이다"라고 주장한다.³³⁸

1944년에 발표한 「디킨스, 그리피스와 오늘날의 영화(Dickens, Griffith and the Film Today)」라는 글은 에이젠슈테인이 말년에도 충돌 몽타주를 고수하고 있음을 단적으로 보여준다. 이 글에서 에이젠슈테인은 소비에트 몽타주와 미국식 몽타주를 비교하며, 소비에트 몽타주의 우수성을 주장하고 있다. 1929년에 에이젠슈테인은 「영화적 원리와 표의문자」에서 충돌 몽타주를 처음으로 이론화했을 때 자신의 이론을 푸도프킨의 연결 몽타주와 비교하면서 설명한 바 있다. 여기서 흥미로운 사실은 소비에트 몽타주와 미국식 몽타주가 각각 충돌 몽타주와 연결 몽타주의 특성을 반영하고 있다는 데 있다. 예를 들어 에이젠슈테인은 미국식 몽타주가 '양적인 누적 (quantitative accumulation)'에 바탕한다면, 소비에트 몽타주는 '질적인 비약 (qualitative leap)'을 도모한다고 주장하였다.[339] 다시 말해 미국식 몽타주는 관련있는 내용들을 하나하나 누적적으로 쌓아 발전시킨다면, 소비에트 몽타주는 서로 관련없는 내용들의 결합 속에서 새로운 의미를 비약적으로 발생시킨다는 것이다. 이러한 의견은 1929년의 주장에서도 크게 달라진 것이 없다. 1929년에 에이젠슈테인은 푸도 프킨의 몽타주를 벽돌을 누적적으로 쌓듯이 이야기를 전개하는 쿨레쇼프의 방식과 동일시하며 비판하였다.[340] 에이젠슈테인이 추구하는 몽타주 방식은 언제나 숏들의 병치를 통해 새로운 의미나 이미지를 만들어내는 것이었다. 따라서 1944년에도 에이 젠슈테인은 몽타주의 기본원리가 '내적 모순(inner contradictions)'의 상호작용 속에서 새로운 '통합(unity)'을 이루어내는 것에 있다고 말하고 있다.[341] 그 예로 에이젠 슈테인은 그의 영화 〈10월(October)〉에서 멘셰비크(Menshevik)가 연설하는 숏과 하프가 연주되는 숏을 병치한 것을 들어 설명하고 있다. 여기서 서로 관련이 없는 두 내용은 결합되어 "멘셰비크는 기회주의적인 달콤한 연설을 한다"는 이미지를 창조한 것이다.[342]

위와 같이 에이젠슈테인은 충돌 몽타주에 대한 일관된 신념을 보이고 있다. 그가 생각하는 몽타주의 기본전제는 항상 '단편(fragment)'과 단편 사이의 충돌이나 대립으로, 그것이 새로운 의미나 이미지를 발생시킨다는 것이다. 충돌 몽타주에 대한 지금까지의 논의는 대체로 위에서 논의한 범주, 즉 단편과 단편의 충돌 속에서 새로운 의미가 발생한다는 차원에 머물러 있었다. 그러나 에이젠슈테인이 의미하는 충돌 몽타주는 보다 포괄적이다. 충돌의 원리는 다음에 살펴볼 '시각적 충돌(optical conflict)', '내용과 형식의 충돌' 등에도 적용된다.

2. 시각적 충돌

에이젠슈테인은 1929년에 쓴 두 편의 논문 「영화적 원리와 표의문자」와 「영화형식에 대한 변증법적 접근(A Dialectic Approach to Film Form)」에서 다양한 시각적 충돌의 예를 제시하고 있는데, 이것은 숏과 숏 사이의 시각적 충돌 그리고 프레임 안에서 일어나는 시각적 충돌을 포함하고 있다. 시각적 충돌을 유형별로 살펴보면, 도표적 충돌(graphic conflict), 수평면 사이의 충돌(conflict of planes), 부피의 충돌 (conflict of volumes), 공간적 충돌(spatial conflict), 조명의 충돌(light conflict), 사물과 시점 사이의 충돌(conflict between matter and viewpoint), 대상물과 그것의 크기

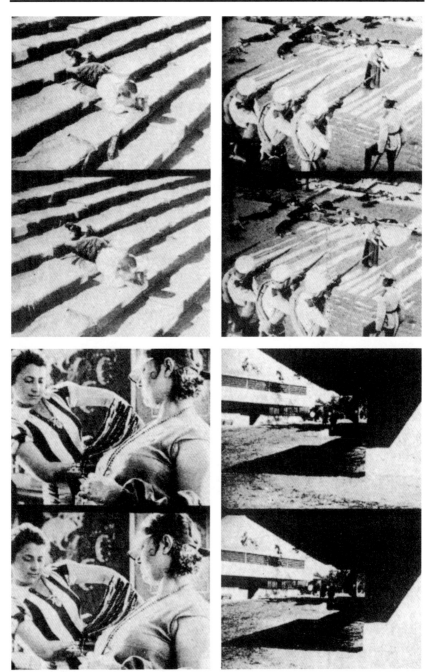

17. 도표적 충돌(왼쪽 위), 수평면 사이의 충돌(오른쪽 위),
부피의 충돌(왼쪽 아래), 공간적 충돌.(오른쪽 아래)

사이의 충돌(conflicts between an object and its dimension) 등이 있다.[343] 이렇듯 에이젠슈테인은 충돌 몽타주를 시각적인 차원에서도 논의하면서 이를 '시각적 대위법(optical counterpoint)'이라고 부르기도 하였다. 예를 들어 정적인 선과 역동적인 선은 서로 대조되어 도표적 충돌을 일으키며, 높은 수평면에 위치한 인물과 낮은 수평면에 위치한 인물은 수평면 사이의 충돌을 일으키고, 조명이 대상물을 강렬히 비추면 소방 호스의 센 물이 콘크리트 벽에 부딪쳐 파격적인 충돌을 일으키는 것과 같은 인상을 초래할 것이다. 유사하게 클로즈업과 롱 숏, 도표의 방향이 상이한 숏들, 밝은 숏과 어두운 숏, 부피로 분석된 숏과 면적으로 분석된 숏 등은 모두 시각적 충돌을 일으키는 것이다.(도판 17)

시각적 충돌은 이른바 '인위적으로 창조된 동작 이미지(an artificially produced image of motion)'를 창조할 수 있다. '인위적으로 창조된 동작 이미지'는 논리적 구성과 비논리적 구성으로 구분할 수 있다. 논리적 방식의 예로 에이젠슈테인은 그의 영화 〈전함 포템킨〉의 '오데사 계단 시퀀스'의 한 장면을 들어 설명하고 있다. 여기서 첫 숏은 코안경을 쓴 여자의 얼굴을 보여주고, 그 다음 숏은 코안경이 부서지고 눈에서 피가 흐르는 여자의 얼굴을 잡은 것이다.(도판 18) 이렇듯 중간단계를 거치지 않은 충돌을 통해 여인이 눈에 총을 맞은 인상을 즉각적으로 보여주었다고 에이

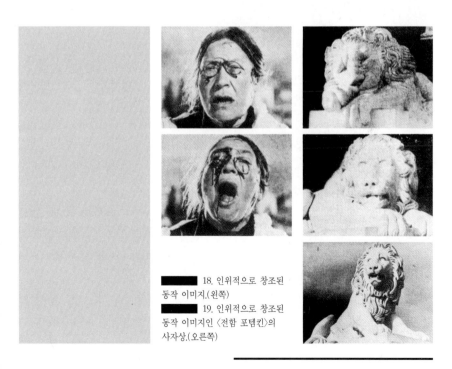

■ 18. 인위적으로 창조된 동작 이미지.(왼쪽)
■ 19. 인위적으로 창조된 동작 이미지인 〈전함 포템킨〉의 사자상.(오른쪽)

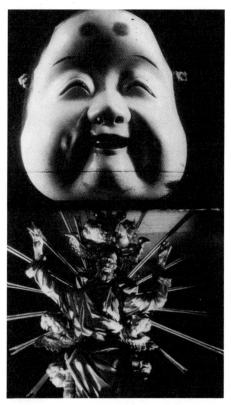

20. 〈10월〉의 신들의 시퀀스.

젠슈테인은 설명하고 있다.[344] 비논리적인 구성의 예는 같은 영화의 '대리석 사자상들'에서도 찾아볼 수 있다. 양민 학살에 분노해 수병들이 압제자들을 향해 함포사격을 할 때 잠자는 사자, 깨어나는 사자, 일어나는 사자가 연속적으로 보였다.(도판 19) 세 개의 사자상은 실제로는 움직임이 없는 조각에 불과했지만, 숏의 시간을 정확히 계산해 편집한 결과, 마치 잠자던 사자가 분노해 일어서는 모습을 연출한 것이다.[345] 에이젠슈테인은 비논리적 구성의 또 다른 예로서 〈10월〉의 '신들의 시퀀스'를 들고 있다.(도판 20) 여기서 계란형의 우상(偶像)의 얼굴과 별 모양의 찬란한 후광이 빛나는 예수상을 편집한 결과, 그 시각적 충돌이 폭탄이나 유산탄의 즉각적인 폭발 같은 인상을 불러일으킨 것이다.[346] 이렇듯 시각적 충돌은 움직임의 이미지를 창조하는 힘까지 가지고 있다고 에이젠슈테인은 설명하고 있다.

　에이젠슈테인은 시각적 충돌 중에서 '사물과 시점 사이의 충돌'이 가장 흥미롭다고 지적하였다.(도판 21) '사물과 시점 사이의 충돌'이란 '대상물과 숏의 프레임 사

정태적
↓
| 갈등 | = 카메라
↑
동태적

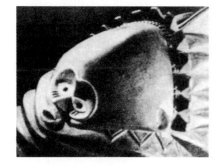

21. 사물과 시점 사이의 충돌.

이의 충돌(the conflict between the frame of the shot and the object)'을 지칭하는 것
으로, 대상물이 카메라의 구성, 즉 카메라 앵글에 의해 그 모습이 달라질 때 발생하
는 충돌을 의미한다.[347] 이를 설명하기 위해 에이젠슈테인은 서구의 회화법과 일본의
회화법을 비교한다. 서구의 전통적 회화법은 주어진 사각형의 화판에 그릴 대상물들
을 채워 넣는 것이 상례이다. 이것은 카메라 렌즈에 잡히는 사건을 공간적으로 구성
하는 '죽은 방법(expiring method)'이라고 할 수 있다. 그러나 일본의 화법은 전혀
다른 방향에서 접근한다. 예를 들어 벚꽃나무의 가지가 있다고 가정해 보자. 일본 화
가들은 "이러한 전체의 모습을 정방형, 원형, 직사각형 같은 구도 단위로 잘라낸다.
즉 한 숏의 프레임을 만드는 것이다."[348] 한마디로 일본 그림은 '카메라로 선택'하고
'카메라로 구성'하는 방식을 취하는 것이다.(도판 22) 에이젠슈테인은 영화의 프레
임이 바로 일본의 그림처럼 실물의 특징적 요소만을 단편적으로 포착해야 한다고 믿
었다. 여기서 카메라로 선택해 구성된 숏은 대상물과 프레임 사이의 충돌을 일으킨

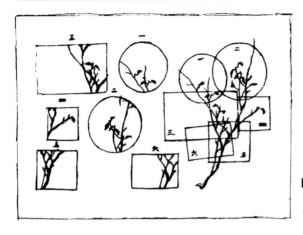

22. 사물을 정방형,
원형, 직사각형 등의 구도 단위로
잘라내는 일본 그림의 원리.

다. 이 말이 내포하고 있는 뜻은 「영화 형식에 대한 변증법적 접근」의 서두에 쓴 말
을 참고하면 보다 선명해진다. 여기서 에이젠슈테인은 "예술은 그 속성상 항상 충돌
적이다"라고 말하였다.[349] 즉 예술의 본질은 '자연적 존재와 창조적 경향의 충돌', 혹
은 '존재의 수동적 원리'와 '창조의 능동적 원리'의 충돌로 이루어진다는 것이다. 이
말은 예술이 내용과 형식의 충돌에 기초해 존재한다는 것으로 해석될 수 있다. 예술
가가 다루는 내용은 '자연적 존재'로서 예술적 손질이 필요한 '수동적 성향'을 지녔
다면, 형식은 '자연적 존재'에 인위적 손질을 부여하는 '창조적 속성'이 있다는 것이
다. 따라서 '자연적 존재'인 어떤 정적인 사물은 '창조의 능동적 원리'인 역동적인
카메라 앵글에 의해 표현력있는 그림으로 변할 수 있다. 이것이 바로 에이젠슈테인
이 의미하는 '사물과 시점 사이의 충돌'로서, 내용과 형식의 충돌을 내포하고 있는
것이다. '대상물과 그것의 크기 사이의 충돌'도 이러한 관점에서 이해될 수 있다. 왜
냐하면 렌즈의 광학적 왜곡에 의해서 '자연적 존재'인 사물은 그 모습이 창조적으로
변한다고 볼 수 있기 때문이다.

3. 내용과 형식의 충돌

에이젠슈테인이 내용과 형식의 충돌을 추구한다는 것은 궁극적으로 그가 '형식주
의자(formalist)'임을 암시하는 것이다. 에이젠슈테인은 1932년 11월에 「형식을 위해
(In the Interests of Form)」라는 글을 통해 형식의 중요성을 역설한다. 이를 위해 에
이젠슈테인은 그리스어의 '사상(idea)'이 내포하는 있는 세 가지 의미를 소개한다.
그것은 첫째, '외양(appearance)', 둘째, '설명 방법(method of exposition)'이나 '말
의 형식 및 유형(form and type of speech)', 셋째, '사상'이다.[350] 이러한 세 측면은

'사상'과 불가분의 관계를 맺고 있는 것으로, 바로 '사회주의 영화'가 추구해야 할 원리라고 에이젠슈테인은 주장한다. 즉 사회주의 영화가 표현하고자 하는 사상이나 '이데올로기'는 그것을 잘 설명할 수 있는 형식이나 방법에 의존해야 한다는 것이다. 따라서 에이젠슈테인은 "형식이 곧 이데올로기이다"라고 반복적으로 선언하며 형식주의의 색채를 지닌 자신의 몽타주 이론을 적극 옹호한다. 에이젠슈테인은 형식의 중요성을 강조하기 위해 심지어 "우리[나와 맑스]는 이러한 사상들을 표현하는 방식인 형식적 측면을 게을리하였다.… 형식은 항상 내용을 위해 무시된다는 것은 낡은 생각이다"와 같은 엥겔스(Friedrich Engels)의 말을 인용하기도 한다.[351] 이렇듯 에이젠슈테인은 형식주의의 'KKK(Ku-Klux-Klan)'가 소비에트의 예술적 창조성을 말살하는 현 상태를 개탄하면서,[352] 이데올로기 전파는 올바른 예술적 형식을 택하지 않을 수 없다고 주장하고 있다.

에이젠슈테인에게 있어서 올바른 형식은 내용에 종속될 필요가 없다. '사물과 시점 사이의 충돌'에서 보았듯이 형식은 내용과 충돌될 수 있는 것이다. 에이젠슈테인은 후에 중국의 예술에서 형식과 내용 사이의 충돌을 발견하고 자신의 입장을 이론적으로 정당화한다. 1935년에 에이젠슈테인은 유명한 경극(京劇) 배우 매란방(梅蘭芳)의 공연(도판 23)을 보고 나서 다음과 같이 말하였다.

> 이 공연에서 우리는 중국 연극의 주된 특성들을 발견하게 되었다. 중국 연극은 보편적으로 알고 있는 역사적인 에피소드와 전설뿐 아니라 사회적이고 일상적인 문제들도 다루므로 (특정한 의미에서) 내용적으로 사실적이지만, 그 형식에 있어서는 인물 처리의 세밀한 부분에서부터 아주 사소한 무대 세부사항까지 상당히 양식화되어 있다.[353]

위와 같은 에이젠슈테인의 관찰은 그의 스승 마이어홀드의 연극 원리를 상기시킨다. 마이어홀드의 연극은 사실적인 것을 양식화시켜 표현력있는 상징이 되도록 만들며, 그 결과 양식화된 형식과 그 본래의 사실적 내용 사이에서 '충돌'이 발생하는 것이다. 에이젠슈테인은 1946년에 쓴 자서전에서도 중국 예술이 지닌 매혹적인 특징을 또다시 언급하고 있다. 이번에는 유탕의 말을 인용해 중국의 서예(書藝)에 대해 다음과 같이 언급하고 있다.

> 중국 서예를 감상할 때 글의 의미는 전혀 무시되고, 선과 형식이 그 자체로서, 그리고 그 자체만을 위해 음미되는 것이다. 따라서 이러한 순수한 선의 마술과 구성미의 연마와 감상에서 중국인은 절대적인 자유를 갖고 내용을 염두에 두지 않을 정도로 순수 형식에 대해 완전히 전념한다.[354]

에이젠슈테인이 동양화와 서예를 공부하게 된 것은 1920년까지 거슬러 올라간다.

23. 매란방의
공연 모습.

이러한 공부에서 얻은 예술적 통찰은 앞의 인용문이 암시하듯 형식이 내용으로부터
완전히 자유로워져서 전면에 등장할 수 있다는 것이었다. 이러한 에이젠슈테인의 생
각은 동양화에 대한 그의 식견에서도 재확인된다. 예를 들어 동양화를 논하면서 에
이젠슈테인은 다음과 같이 언급하고 있다.

> 그림의 필치는 정확하게 다음 방식으로 분류되는바, 그것은 양식에 따라서 화가가 요약하
> 고자 하는 주제에 엄격하게 일치하도록 분류된다. 옷의 주름들은 산등성이에 사용된 필치
> 와는 전혀 다른 종류의 필치로 그려지고, 흐르는 물을 그리는 필치는 옷의 윤곽을 잡는 것
> 과는 아주 다른 것이다.[355]

한마디로 형식은 그 자체로서 하나의 메시지가 될 수 있다는 것이 에이젠슈테인의

기본인식이다. 이러한 입장은 양식화된 표현을 급진적으로 추구하는 것이라고 할 수 있다. 아무튼 에이젠슈테인이 줄곧 추구해 온 미학은 오몽(Jacques Aumont)이 지적했듯이 형식을 주어진 내용에 어울리도록 하는 것보다는 관객에게 미치는 영향력 자체를 중시하는 것이다.[356] 형식이란 에이젠슈테인의 관점에서 보면 '이데올로기의 매개체(vector of ideology)' 즉 이데올로기적 메시지로서, 관객에게 직접적인 영향을 미칠 수 있어야 한다는 것이다. 따라서 에이젠슈테인은 "혁명적 형식은 사물과 현상에 대한 새로운 태도와 접근, 즉 새로운 계급 이데올로기를 공고히 하기 위해 확인된 올바른 기술적 방법들의 산물이다"라고 단정적으로 선언하였다.[357]

4. 연상 몽타주

에이젠슈테인이 최고의 수준이라고 생각하는 충돌의 원리는 정서적 내용들 혹은 심리적 연상들에 의해 이루어지는 '연상 몽타주(association montage)'일 것이다. 예를 들어 〈파업〉에서 데모하는 노동자들이 군인에 의해 살해되는 숏과 도살장에서 소가 도살되는 숏을 결합해 '도살'이라는 개념을 연상하게 되었다고 에이젠슈테인은 말하고 있다.[358] 여기서 우리가 주목해야 할 점은 두 숏에 나타난 '동질성을 지닌 제스처(homogeneity of gesture)'가 '도살'이라는 연상을 일으키는 데 적지 않은 역할을 했다는 것이다.[359] 이러한 원리는 푸도프킨의 〈어머니〉에서도 찾아볼 수 있다.[360] 이 작품은 마지막 장면에서 겨울 동안 굳게 얼었던 얼음이 깨지는 숏들과 노동자들이 데모하는 숏들을 교차편집해, "굳은 얼음 같은 압제 체제가 노동자의 궐기에 의해 허물어질 해방의 시기가 왔다"는 연상을 가능하게 한다. 이 장면 역시 〈파업〉의 경우처럼 동질적인 액션들이 '민중 봉기에 의한 해방'이라는 연상을 일으키는 데 결정적인 역할을 한 것이라고 볼 수 있다.(깨어지는 강의 얼음과 노동자의 데모는 작품의 전체적 맥락에서 볼 때 상당히 동질성을 지닌 이미지이다.) 이와 같이 '연상 몽타주'의 핵심은 서로 관련이 없는 내용이나 주제들이 동질성을 지닌 액션으로 인해 연상작용을 일으켜 새로운 개념을 창출하는 데 있다.

몽타주를 통해 상징적이거나 은유적인 의미를 연상시키려는 것이 아마 에이젠슈테인의 일관된 생각이었을 것이다.(도판 24) 이 생각은 1929년 이전에 이미 싹이 트기 시작해 평생 그와 함께 하였다. 예를 들어 1926년에 발표한 「벨라는 가위를 잊어버렸다(Bela Forgets the Scissors)」에서 에이젠슈테인은 몽타주를 통해 있는 그대로의 의미가 아닌 '상징적 의미'나 '은유적 의미'를 전할 것을 주장하고 있다. 이러한 자신의 입장을 옹호하기 위해 에이젠슈테인은 다음과 같은 바벨(Isaak Babel)의 소설 대목을 예로 들었다.

 24. 에이젠슈테인은
〈10월〉에서 위와 같은 몽타주를 통해
"케렌스키가 공작의 항문을
들어간다"라는 은유를 표현하고자
하였다.

총탄은 흐느끼며 울기 시작했으
며, 그 탄식은 견딜 수 없이 커져
갔다. 총탄은 땅에 이리저리 튀며
참지 못하고 전율하였다.[361]

이렇듯 언어적 배열이 시적 이미지를 창조할 수 있다는 데 착안해, 에이젠슈테인
은 몽타주를 통해 영화가 '제2의 문학 시기'로 발전해야 한다고 믿었다.

그러나 에이젠슈테인은 '연상 몽타주'가 공허한 문학적 매너리즘에 빠질 수 있는
위험을 경고하기도 했다. 에이젠슈테인은 실패한 연상 몽타주로 〈10월〉의 한 장면에
서 멘셰비키의 기회주의적인 달콤한 타협안이 하프를 치는 손과 교차편집된 것을 예
로 들었다. 에이젠슈테인은 이러한 편집은 '문학적 상징주의(literary symbolism)'에
지나지 않기에 영화의 주제나 개념을 역동적으로 부각시키지 못했다고 실토한다.[362]

잘못된 연상 몽타주의 또 다른 예는 오제프의 작품 〈산송장〉에서도 찾을 수 있다. 작품의 재판장면은 엄격한 검사의 논고와 교회의 첨탑, 변호사의 변론과 서정적 풍경을 교차편집한 것이다.³⁶³ 그렇다면 '성공한 연상 몽타주'와 '실패한 연상 몽타주'는 어디에 그 원인을 두고 있는 것일까? 한마디로 영화는 문학이 아니며, 따라서 '언어적 비유'에 가까운 문학의 표현은 영화에 어울리지 않는다고 에이젠슈테인은 본 것이다. 예를 들어 실패한 연상 몽타주로 생각되는 〈10월〉을 살펴보자. 만일 이 장면을 문학적으로 표현해서 "멘셰비키의 가식적인 말은 마치 하프를 치는 손처럼 부드럽고 달콤하였다"라고 한다면, 이 표현은 언어적 차원에서는 그럴듯할 수 있다. 그러나 언어의 원리를 그대로 영화에 도입해 가식적인 말을 하는 멘셰비키의 모습과 하프 치는 손을 몽타주한다는 것은 한마디로 유치한 발상이며, 억지스러운 인상만을 불러일으킬 수 있다. 검사의 혹독한 논고와 교회의 첨탑을 병치한 것도 문학의 원리를 영상에 도입하는 무리를 범한 것이고, 그 결과는 억지스러운 표현으로 끝났다. 이 장면도 문학적으로 표현해 보면 그럴듯할 수 있다. "검사는 인정없이 엄격한 논고로 피고를 질책하였는데, 그 모습은 마치 청교도적 덕목을 굳건히 지키려는 교회의 첨탑을 생각나게 했다." 이러한 문학적 표현을 영상에 도입해, 엄격한 검사의 숏과 교회 첨탑의 숏을 몽타주하는 것은 영상적으로 비효과적이다. 에이젠슈테인의 표현을 빌면, 이러한 몽타주는 '양식적 매너리즘(stylistic mannerism)', 혹은 '생명력없는 문학적 상징주의(lifeless literary symbolism)'에 불과하다.³⁶⁴ 이렇듯 에이젠슈테인은 문학의 원리와 영상의 원리가 다름을 분명히 인식하고 있었던 듯하다.

그러나 에이젠슈테인은 오해의 여지가 있는 말을 남기기도 하였다. 에이젠슈테인은 영화가 '언어의 방법론(methodology of language)'을 따라야 한다는 신념을 피력하며 "왜 영화는 언어체계에 의존하지 않는가"라는 질문을 던진다.³⁶⁵ 이러한 언급은 그의 이론에서 큰 모순이 아닐 수 없다. 과연 영상이 언어체계에 의존할 수 있는가? 앞서 언급했듯이 에이젠슈테인은 문학적 표현을 그대로 도입한 몽타주는 어색한 표현을 초래할 수 있다는 점을 경고하였다. 필자의 견해로는 영화가 '언어의 방법론'을 따라야 한다는 에이젠슈테인의 주장은 그가 한자의 원리로부터 완벽한 몽타주의 이상(理想)을 발견했기 때문일 것이다. 한자의 원리처럼 두 개의 상이한 단편들이 결합되어 새로운 개념이나 이미지를 창조할 수 있는 몽타주가 그의 꿈이었기에, 에이젠슈테인은 언어의 방법론에 집착한 것이다. 그러나 엄밀히 이야기해서 영상은 문자언어가 될 수 없다. 에이젠슈테인이 예로 든 '짖다(吠)'의 경우를 생각해 보자. '입(口)'과 '개(犬)'가 충돌해 새로운 개념인 짖을 폐(吠)가 된다는 것은 어디까지나 언어적인 차원에서 가능한 것이다. 예를 들어 이것을 영상으로 옮겨 보자. 첫번째 숏이

25. 케렌스키가
겨울 궁전의 계단을 오르는 시퀀스.
(옆 페이지에 계속)

입을 보여주고, 두번째 숏에서 개를 보여주었다면, 과연 어떤 관객이 '짖다'라는 개념을 연상할 수 있겠는가? 이처럼 언어의 방법론을 영상에 도입하는 것은 잘못된 연상 몽타주를 초래할 뿐이다. 따라서 영화가 언어의 방법론을 따라야 한다는 에이젠슈테인의 주장은 논리적인 모순을 지니고 있다.

에이젠슈테인이 말하는 '충돌 몽타주'의 연상적 힘은 분명히 존재한다. 그러나 그것은 어디까지나 언어의 원리가 아니라 영상의 원리에 바탕해 그 힘을 발휘할 것이다. 예를 들어 상이한 단편들 사이에 연상작용이 일어나려면 이미지적으로 '동질성을 지닌 제스처' 혹은 액션이 필요할 수 있다. 이러한 가설은 '순수히 역동감있는 효과(purely dynamic effects)'를 위한 '연상적 몽타주'에 의해 뒷받침된다. 예를 들어 〈10월〉에서 모터사이클 부대와 소비에트 당대회가 극적으로 결합하는 장면이 있다. 이 장면은 회전하는 바퀴들의 숏들과 새로운 대표자들이 입장하는 숏들을 교차편집함으로써, 사건이 담고 있는 감격적인 내용을 '실제적 역동감(actual dynamic)'에 실어 표현한 것이다.[366] 여기서 힘차게 회전하는 모터사이클의 바퀴와 당대회에 씩씩하게 입장하는 새 대표자들은 동질성을 지닌 움직임을 보이고 있기에 연상작용이 어렵지 않은 것이다.

한편 연상 몽타주는 개별적인 '몽타주 조각'이 특정한 연상을 불러일으키는 비교적 단순한 차원의 편집을 의미하기도 한다. 예를 들어 영화의 살인장면은 전통적 수법에 따르면 다음과 같은 몽타주 조각들로 구성될 것이다.

1. 칼을 집어드는 손
2. 깜짝 놀란 피해자의 눈
3. 테이블을 움켜쥐는 피해자
4. 꽂히는 칼
5. 본능적으로 깜박이는 피해자의 눈
6. 뿜어져 나오는 피
7. 비명을 지르는 입
8. 신발 위로 떨어지는 어떤 물체(피) … [367]

위 장면에서 각 몽타주 조각은 특정한 감정을 불러일으킴으로써 살인사건을 아주 인상적으로 만들었다. 이렇듯 연상 몽타주는 개별적인 숏이 특정한 감정이나 액션을 강렬히 연상시키는 것을 포함하기도 한다. 이때 연상 몽타주는 다양한 감정의 복합체가 될 것이다.

아무튼 에이젠슈테인은 최고 수준의 연상 몽타주는 상징적이고 은유적인 제3의 의미를 발생시킨다고 보았다. 이 점에서 연상 몽타주는 에이젠슈테인이 생각하는 충돌 몽타주의 정수이며, 이는 곧 지적 영화로 연결된다. 에이젠슈테인은 「영화 형식의 변증법적 접근」에서 지적 영화의 면모를 지니고 있는 두 개의 예를 제시하고 있다. 첫번째 예는 〈10월〉에서 케렌스키(Kerenskii)가 권력의 정상을 향해 승승장구한 것을 희극적으로 처리한 것이다. 이 장면에서 케렌스키가 겨울 궁전(Winter Palace)의 웅장한 계단을 오르는 대여섯 개의 숏들이 독재자, 총통, 육해군 장관 등을 나타내는 자막들과 교차편집되었다.(도판 25) 즉 케렌스키의 계급 상승 자막들을 똑같은 보폭으로 똑같은 계단을 올라가는 케렌스키의 모습과 교차편집한 것이다. 그 결과는 케렌스키가 '변변하지 못한 인간'이라는 지적 개념을 불러일으켰다고 에이젠슈테인은 설명한다.[368] 두번째 예는 코닐코프가 "신과 국가를 위해서"라는 명분 아래 페트로그라드(Petrograd)로 진격하는 장면을 여러 가지 신들의 이미지와 병치한 것이다. 여기서 사용된 신들의 이미지는 예수에서부터 에스키모의 우상에 이르는 각양각색의 우상들의 이미지가 주를 이루었다. 그 결과 "신은 신성하다"는 선입관과, 우스꽝스러운 신들의 이미지 사이에서 충돌이 일어나며, 신성함의 본질에 대해 관객들이 스스로 지적인 결론을 내리도록 유도하고 있다.[369]

지금까지 살펴본 충돌 몽타주는 그 의미가 "충돌에 의해 새로운 개념이 나온다"는 것에 국한되지 않았다. 충돌의 원리는 시각적 충돌, 내용과 형식의 대립, 움직임의 환각을 초래하는 현상 등 다양한 효과에 적용되었다.* 그러나 에이젠슈테인이 생각하는 충돌 몽타주의 핵심은 '연상 몽타주'에 있으며, 이것은 7장에서 다룰 지적 영화의 출발점이 된다.

---

* 에이젠슈테인은 '스톱 모션(stop motion)'이나 '슬로 모션(slow motion)'에서 나타나는 사건과 그것의 지속시간 간의 충돌, '단절 연기'에 나타난 충돌, '박자의 충돌(tempo conflict)', '시청각적 대위법(audio-visual counterpoint)' 등에 관해서도 언급하였다. 이렇듯 에이젠슈테인이 생각하는 충돌의 효과는 다양한 분야에서 일어난다. 이에 관해서는 Sergei Eisenstein, *Film Form: Essays in Film Theory*, trans. and ed. Jay Leyda(New York:Harcourt, 1949) p.39, 42-43, 54-55를 참조할 것.

6장

몽타주 방법

1. 형식적 분류

1929년 8월 에이젠슈테인은 「몽타주 방법(Method of Montage)」이라는 글을 통해 그때까지 밝혀진 몽타주를 형식에 따라 분류하고 있다. 이러한 분류는 숏 안에서 지각될 수 있는 것 모두를 면밀히 검토한 결과로서, 세세한 것까지 분석적으로 파고들려는 에이젠슈테인 특유의 과학적 태도를 엿보게 한다.

첫번째 유형은 '계량적 몽타주(metric montage)'이다.[370] '계량적 몽타주'는 숏의 길이를 조정해 음악적인 박자감을 만들어낸다. 예를 들어 숏의 길이가 가속적으로 짧아진다면 긴장감이 발생할 것이다. 그러나 계량적 몽타주는 관객이 꼭 박자를 느끼게 할 필요는 없다. 중요한 것은 영화의 '박동(pulsing)'에 따라 관객의 심신이 움직일 정도로 '감각적 인상(sensual impression)'을 불러일으키는 일이다. 다시 말해 계량적 몽타주는 음악적인 박자를 통해 관객으로 하여금 긴박감이나 여유로움 같은 감각적 경험을 겪도록 하는 것이다. 이렇듯 계량적 몽타주의 절대적 기준은 숏의 길이로서, 숏에 담긴 내용은 고려되지 않는다.

숏의 내용을 고려한 몽타주는 '율동적 몽타주(rhythmic montage)'로 발전한다.[371] 여기서 율동적 몽타주는 숏의 내용에 따라 그 길이가 결정된다. 율동적 몽타주는 숏의 길이를 '계량적 공식(metric formula)'에 따라 수학적으로 계산하지 않고, 숏의 특성과, 계산된 시퀀스 구조를 감안해 결정한다. 에이젠슈테인은 율동적 몽타주에서 긴장감을 발생시키는 두 가지 방법을 소개하는데, 하나는 계획된 계량적 원칙을 범하는 것이고, 다른 하나는 구별되는 속도를 지닌 보다 강렬한 내용을 삽입하는 것이다. 예를 들어 〈전함 포템킨〉의 오데사 시퀀스에서 계단을 내려오는 군인들의 율동적

26. 〈전함 포템킨〉의 오데사 계단 시퀀스.(뒷 페이지에 계속)

발 구름은 '커팅(cutting)'의 박자와 어긋나게 해 계량적 원칙을 위반함으로써 긴장감을 발생시켰다. 이러한 긴장감은 계단 아래로 굴러 떨어지는 유모차의 삽입으로 더욱 고조된다. 유모차의 숏들은 군인들의 숏들처럼 하향적 움직임을 보이지만 위험에 처한 아이로 인해 내용적으로는 더 강렬하다. 따라서 계단을 내려오는 발의 율동이 계단 아래로 굴러 떨어지는 유모차의 율동으로 전이되면서 이 시퀀스의 긴장감은 절정에 이른다고 에이젠슈테인은 설명한다. 만일 계량적 몽타주가 행군 박자 같은 단순한 수학적 계산에 따른 효과라면, 율동적 몽타주는 오데사 시퀀스에서 보듯이 보다 복잡한 율동적 효과를 창조한다. 이러한 점에서 율동적 몽타주는 계량적 몽타주의 발전된 형태라고 할 수 있다.(도판 26)

율동적 몽타주에서 고려해야 할 내용은 그 범위가 너무 광범위하다. 왜냐하면 숏은 수없는 예술적 자극 혹은 기호로 구성되어 있기 때문이다. 세번째 유형인 '음조적 몽타주(tonal montage)'는 바로 이 점에서 출발한다.[372] 음조적 몽타주는 숏의 내용 중에서도 가장 지배적인 요소에 초점을 두는 것이다. 에이젠슈테인에게 있어 지배적인 요소는 숏의 특징적인 '정서적 느낌(emotional sound)' 혹은 '전반적 분위기'를 의미한다. 따라서 만일 숏들이 우울한 분위기를 창출하기 위해서 그것에 맞는 조명을 했다면, 이는 '빛의 색조(light tonality)'에 기초한 것이며, 날카로운 소리의 느낌을 만들기 위해 '예리하게 각이 진 요소들(acutely angled elements)'을 프레임 내에 많이 사용했다면, 이는 '도형적 주조(graphic tonality)'에 기반한 것이다. 이렇듯 음조적 몽타주는 숏들의 '지배적인 정서적 분위기(dominant emotional sound)'에 따라 구성된다. 그 예로 에이젠슈테인은 〈전함 포템킨〉의 안개 시퀀스를 들고 있다. 이 시퀀스에 앞서 한 수병이 장교들의 억압과 착취에 항거해 대항하다가 억울하게 죽었다. 그의 시신이 오데사 항구에 옮겨진 후 밤이 찾아온다. 여기서부터 안개 시퀀스가 시작되는데, 에이젠슈테인은 이것을 다음과 같은 숏들로 구성하였다. 흔들리는 물결, 정박한 배들과 부표(浮標)들의 가벼운 흔들림, 천천히 피어오르는 연무(煙霧), 물위에 살짝 내려앉는 갈매기. 여기서 각각의 숏은 슬픈 분위기에 맞는 움직임 그리고 각양각색의 아련함과 반짝이는 빛을 통해 지배적인 정서를 구축하고 있다. 즉 '안개 시퀀스'는 전반적인 분위기인 '슬픔'을 중심으로 다양한 서정적 장면들을 몽타주한 것이다.(도판 27)

지배적인 분위기를 중심으로 이루어지는 음조적 몽타주는 다음 단계에서 '상음적 몽타주(overtonal montage)'로 발전한다.[373] 여기서는 지배적인 음을 뒷받침하는 다양한 '보조적인' 음, 즉 '상음(上音, overtone)'이 고려된다. 간단히 말해서, 상음적 몽타주에서는 주된 예술적 요소가 다양한 부차적인 예술적 요소들과 함께 작용해 하

27. 〈전함 포템킨〉의 오데사 항구의 안개 시퀀스.

나의 주된 인상 혹은 '통일체(unity)'를 구성한다. 이에 대해 에이젠슈테인은 "개별적인 지배 요소들의 전제주의(專制主義) 대신, 모든 자극들을 하나의 요약이나 복합체로 취급해 민주적인 평등권이 있는 방법을 생각해냈다"라고 말하고 있다.[374] 이러한 생각 아래서 '주된 자극(central stimulus)'은 수많은 '보조 자극(secondary stimuli)'에 의해 수반되며, 이러한 이질적인 자극들은 함께 어우러져 '단단한 통합체(iron unity)'를 형성한다. 그렇다면 상음적 몽타주는 말 그대로 기본음을 중심으로 다양한 상음이 어우러져 통합된 분위기를 만들어내는 것이라고 볼 수 있다. 상음적 몽타주를 쉽게 설명하기 위해 에이젠슈테인은 한 미국 여배우의 이미지를 예로 들고 있는데, 그녀의 성적 매력은 가운의 질감, 그녀를 비추는 조명, 사회계급 등의 여러 복합적 자극이 뒷받침한다는 것이다. 여기서 성적 매력은 주된 예술적 자극에 해당되며, 가운의 질감이나 조명 등은 부수적인 예술적 자극이라고 볼 수 있다. 이러한 원리는 음악의 기본이다. 음악은 기본적인 지배음을 중심으로 상음과 '저음(undertone)'이 함께 하는데, 이러한 음들은 서로 충돌하면서도 기초음을 중심으로 어우러지는 것이다.

상음적 몽타주는 통합적인 분위기나 느낌을 불러일으키는 데 그치지 않고 신체적 지각까지도 수반한다. 최종적인 몽타주 효과에 대해 에이젠슈테인은 "우리는 또한 다양한 형태의 몽타주가 궁극적인 지각에 있어 인간이라는 심리적·생리학적 복합체에 미치는 효과를 규명해야 한다"라고 언급하였다.[375] 에이젠슈테인이 보기에 특히 상음적 몽타주는 이러한 효과를 가장 잘 거둘 수 있는 방안이다. 따라서 그는 상음적 몽타주에 '생리학(physiologism)'의 원리가 충만하다는 점을 강조한다. 심리적 반응과 생리학적 반응을 동시에 일으키는 원리를 설명하기 위해 에이젠슈테인은 음악을 예로 든다. 음악은 기초음과 상음을 같이 들려 줌으로써 분위기뿐만이 아니라 진동까지도 느끼게 한다. 이것은 지각된 인상 혹은 분위기가 신체적 지각으로 전이된 것이라고 볼 수 있다.[376] 따라서 음악의 원리를 이용한 상음 몽타주는 단순히 분위기나 느낌을 일으키는 데 그치지 않고, 그것을 생리적으로 느낄 수 있게 한다. 다시 말해 상음적 몽타주는 정서적·신체적 느낌을 포함한 총체적 경험을 불러일으키는 것이다. 에이젠슈테인은 그 예를 〈낡은 것과 새로운 것(Old and New)〉에서 찾는다. 이 영화의 '종교적 행렬 시퀀스'는 성상들 아래 무릎을 꿇는 사람들, 녹아 흐르는 초들, 종교적 황홀경에 못 이겨 할딱거리는 숨 등의 여러 가지 모습을 몽타주해 '상음적 흐름(overtonal lines)'을 효과적으로 접합시킨 것이다. 그 결과 '종교적 행렬 시퀀스'는 정서적(분위기적) 느낌과 신체적(생리적) 느낌이 어우러진 상태로 지각되는 것이다. 이러한 복합적 지각이 가능한 것은 상음적 몽타주가 '지배적인 음과 상음 사이의 충돌'을 일으키기 때문이다. 여기서 흥미로운 점은 지배음과 상음의 '충돌'이 정서적 반응과 생리적 반응을 함께 초래할 수 있다는 것이다. 이 말은 예술적 요소들 사이의 충돌이 관객에게 강한 '충격'을 주어 신체적 반응까지 일으킬 수 있다는 의미로 해석될 수 있다. 정서적 경험과 신체적 경험을 포함한 총체적인 경험을 불러일으키는 예술 언어를 모색한 점에서 에이젠슈테인은 20세기 전위연극의 선구자 아르토(Antonin Artaud)와 생각을 같이한다고 볼 수 있다.*

---

* 아르토는 이른바 '잔혹연극(Theatre of Cruelty)'의 창시자로, 신체적이고도 감각적인 경험을 통해 "우리의 삶이 잔혹하다"라는 형이상학을 전달하려고 하였다. 따라서 그의 연극 언어는 다분히 감각적이며, 관객의 감수성을 뒤흔들거나 마취시키는 측면이 있다.

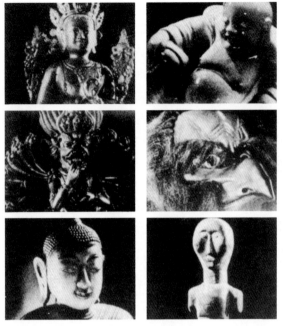

28. 〈10월〉의 신들의 시퀀스.

그렇다면 상음적 몽타주는 지배음을 중심으로 한 다양한 상음들이 서로 충돌하며 어우러져 하나의 통합된 인상을 창조하는 것을 말한다. 앞으로 논의할 '대위법적 조화'의 몽타주는 바로 상음적 몽타주의 발전된 개념이다. 왜냐하면 에이젠슈테인의 후기이론을 장식하는 대위법적 조화는 다양한 음의 대립 속에서 조화를 꾀하기 때문이다.

지금까지 논의한 네 가지 범주의 몽타주들이 서로 충돌할 때 올바른 몽타주가 된다고 에이젠슈테인은 지적하였다. 즉 숏의 길이와 프레임 내의 움직임 사이의 충돌은 계량적 몽타주에서 율동적 몽타주로의 전이를 발생시키고, 숏의 율동적 원리와 분위기적 원리의 충돌은 음조적 몽타주를 일으키며, 지배적 음과 상음 사이의 충돌은 상음적 몽타주를 낳는다.[377] 이렇듯 충돌의 원리는 모든 몽타주 형태에 적용되고 있으며, 이는 다섯번째 유형인 '지적 몽타주(intellectual montage)'에도 예외없이 적용된다.

지적 몽타주는 상음적 몽타주와 달리 생리적 반응이 아닌 지적 반응을 일으키는 몽타주로서, 지적인 정서들의 갈등에 기초한다.[378] 그렇다면 지적 몽타주는 어트랙션 몽타주 같은 초기 영화기법과는 달리, 직접적이고 즉각적인 감정적 반응을 주된 목적으로 하지 않을 뿐만 아니라, 상음 몽타주와 달리 생리학적 반응보다는 지적 반응에 초점을 둔다고 할 수 있다. 에이젠슈테인에 의하면 지적 몽타주도 근본적으로는 계량적 몽타주와 같은 원리이다. 계량적 몽타주에서 관객은 수학적으로 계산된 편집의 박자에 따라 몸을 흔들었다. 지적 몽타주에도 이와 유사한 과정이 있다고 에이젠슈테인은 지적하였다. 다만 지적 몽타주는 보다 차원이 높은 중추 신경을 흔든다는 것이다. 에이젠슈테인은 계량적 차원의 경험을 지적 차원에 응용함으로써 사건이나 현상의 핵심을 찌를 수 있다고 말하며, 그 예를 〈10월〉의 '신(神)들의 시퀀스'에서 찾았다.(도판 28) 여기서 여러 신들을 보여주는 숏들은 "신은 신성하다"라는 선입관을 벗어나 그 원초적 의미인 우상으로 지각하도록 편집된 것이다.(153, 166 페이지를 참조할 것) 이렇게 관객들이 지적으로 의미를 파악하게 하기 위해서는 숏의 계량적 길이가 계산되어야 할 뿐 아니라 지적 개념의 흐름도 계산되어야 한다. 지적 몽타주의 개념은 앞으로 살펴볼 '지적 영화(intellectual cinema)'로 발전한다.

2. 미국식 몽타주와 소비에트 몽타주

에이젠슈테인은 1940년 중반에 발표한 「디킨스, 그리피스, 그리고 오늘날의 영화」에서 소비에트 몽타주 방식과 미국식 몽타주 방식을 비교하고 있다. 여기서 흥미로운 것은 그 논조가 1929년에 충돌 몽타주와 연결 몽타주를 비교할 때와 매우 유사하다는 점이다. 즉 에이젠슈테인은 소비에트 방식을 충돌 몽타주의 입장에서, 그리고 미국식 방식을 연결 몽타주의 관점에서 논의하고 있다.

에이젠슈테인은 미국식 몽타주를 '평행 편집(parallel editing)'으로 특징짓고 있다. 그리피스에 의해 개발된 '평행 편집'은 두 개의 이야기를 기계적으로 '교차 편집'하면서 '외적 통일성(outer unity)'을 성취한다. 여기서 에이젠슈테인은 평행 편집을 이념적인 측면에서 색다르게 해석하고 있다. 평행하게 달리는 두 개의 이야기는 마치 부자와 가난한 사람이 화해라는 가설을 향해 평행선을 달리는 것에 비유할 수 있다는 것이다. 따라서 평행 편집은 부르주아 사회의 이원론적 세계관을 반영한다고 볼 수 있다. 한편 에이젠슈테인은 소비에트 몽타주를 '내적 모순(inner contradictions)'의 상호작용 속에서 '내적 일치(inner unity)'를 이루는 것으로 특징짓고 있다. 여기서 내적 갈등 속에서 새로운 '통합'을 이루어낸다는 말은 1929년의 충돌 몽타주 이론과 크게 다르지 않다는 것을 알 수 있다. 이렇듯 에이젠슈테인은 아직도 대립이나 충돌을 몽타주의 기본으로 생각하고 있는 것이다. 차이점이 있다면 과거의 이론이 이러한 충돌에서 비롯되는 '비약적 의미'를 강조했다면, 지금은 '새로운 통합'에 비중을 두고 있다는 것뿐이다. 에이젠슈테인은 이러한 소비에트 몽타주가 이념적으로 '일원론적이고 변증법적인 세계관'을 반영한다고 주장하였다.[379] 그렇다면 에이젠슈테인이 말하는 소비에트 몽타주와 미국식 몽타주의 근본적인 차이는 두 개의 이야기가 어떻게 병치되는가에 있다. 미국식 몽타주는 소비에트 몽타주와 달리 두 개의 이야기가 외형적으로만 연결되어 새로운 차원의 의미로 발전하지 못하고 있다.

외형적인 것에 머무는 미국식 몽타주와, 내적인 의미를 중시하는 소비에트 몽타주는 클로즈업의 처리에서도 차이가 드러난다. 소비에트 영화인은 클로즈업을 '크게(large)'라는 의미로 쓴다면, 그리피스와 같은 미국 영화인은 '가까이(near)'라는 의미로 사용한다. 다시 말해 소비에트 영화인은 보이는 것의 질적인 의미나 가치를 강조하고 있다면, 미국인은 본다는 사실의 물리적 조건, 즉 '관점(viewpoint)'에 대해 관심을 두고 있다. 위와 같은 차이는 제2의 차이를 수반한다. 즉 미국인의 클로즈업이 단지 '보여주는 것(to show)' 혹은 '제시하는 것(to present)'에 비중을 둔다면, 소비에트의 클로즈업은 '의미화하는 것(to signify)' 혹은 '의미를 부여하는 것(to give meaning)'의 기능을 하고 있다.[380] 위와 같은 특성들을 종합해 볼 때 미국식 몽타주는 클로즈업의 평행과 교차를 통해 상황의 외형적 발전을 묘사한다면, 소비에트의 몽타주는 이를 통해 상황의 한계를 넘어서는 새로운 융합을 모색한다고 볼 수 있다. 즉 미국식 몽타주가 '양적인 누적'이라면, 소비에트의 몽타주는 '질적인 비약'을 지향하고 있다.[381] 여기서 주목해야 할 점은 앞서 지적했듯이 미국식 몽타주는 푸도프킨이나 쿨레쇼프의 방식을, 그리고 소비에트 몽타주는 에이젠슈테인의 방식을 암시하고 있다는 것이다. 푸도프킨이나 쿨레쇼프의 몽타주 방식이 미국식 몽타주와 닮은 것은 우연이 아니다. 왜냐하면 쿨레쇼프는 미국식 몽타주에 매료되었으며, 푸도프킨은 쿨레쇼프의 방식을 이어 받았기 때문이다.

'질적인 비약'을 모색하는 몽타주는 에이젠슈테인에게 있어서는 궁극적으로 '몽타주 비유법(montage trope)'을 의미한다. 예를 들어 에이젠슈테인은 〈10월〉에서 멘셰비크가 연설하는 숏과 하프의 숏을 병치하였다. 여기서 하프는 '이미지적 상징(imagist symbol)'으로서, 기회주의적인 멘셰비크의 달콤한 연설을 비유적으로 표현한 것이었다. 이렇듯 몽타주는 '생각(ideas)'을 전달하고 말하는 수단으로 인식되어야 한다는 것이 에이젠슈테인의 의견이었다.[382] 반면 미국의 영화에는 이러한 '몽타주 비유법'이 없다. 미국 영화에서 클로즈업은 분위기를 창조하고, 등장인물들의 특징을 묘사하고, 극중인물의 대화를 교차시키고, 가속화된 템포로 쫓는 자와 쫓기는 자의 모습을 잡을 뿐이다. 한마디로 미국 영화는 '표상(representation)'과 '객체(objectivity)'의 수준에 머물고 있어서, 숏의 병치를 통해서 의미와 이미지를 새롭게 창조하려고 하지 않는다.[383] 이러한 이유에서 에이젠슈테인은 그리피스의 〈불관용〉을 비판하고 있다. 이 작품에서 그리피스는 네 개의 에피소드와 '흔들리는 요람'을 몽타주해 비유적인 의미를 만들려 했으나 실패하였다. 왜냐하면 서로 다른 네 개의 에피소드들은 외형적으로만 결합되어 하나의 단일한 이미지로 융합되지 못하였기 때문이다. 따라서 〈불관용〉은 그리피스 자신이 선언한 대로 '비교의 드라마'로서 끝나 통합된 이미지를 창조하는 데는 실패하였다.[384]

위와 같은 인식 아래 에이젠슈테인은 몽타주가 모방의 차원을 넘어선 '독자적인 언어(independent language)'임을 강조하고 있다. 에이젠슈테인은 영화적 비유가 성공한 사례로 〈파업〉과 〈전함 포템킨〉을 여러 차례 거론하고 있다. 〈파업〉은 데모하는 군중이 학살당하는 숏과 도살장의 소가 도살당하는 숏을 결합해 '인간 도살장'이라는 영화적 은유에 성공하였고, 〈전함 포템킨〉은 자세가 다른 세 개의 대리석 사자들을 결합시켜 '분노하는 사자' 혹은 "돌조차도 궐기한다"라는 은유를 창출하였다.[385] 숏과 숏이 결합해 새로운 통합된 이미지, 즉 은유를 탄생시킨 것이다. 이것이 바로 소비에트 몽타주와 미국식 몽타주의 차이점이다. 미국식 몽타주는 '평행 편집'을 이용해 흥미와 긴장, 그리고 가속화된 템포 속에 두 이야기가 나란히 진행되는 것을 보여줄 뿐이다. 예를 들어 미국 영화에서는 떠내려가는 얼음 위의 여주인공과, 그녀를 구하기 위해 부서지는 얼음 덩어리를 건너 뛰어오는 남자 주인공의 교차편집은 하나의 이미지로 통합되지 않는다. 그것은 단지 손에 땀을 쥐게 하는 서스펜스를 자아낼 뿐이다. 반면 푸도프킨의 〈어머니〉에 나오는 유사한 장면은 전혀 다른 효과를 가져온다. 이 영화는 얼음이 녹아 조각이 되어 흘러가는 숏들과, 인민들이 봉기해 거리에 쏟아져 나오는 숏들을 결합해 사회적 압제의 족쇄를 깨고 거리에 나오는 '인간 홍수(human flood)'의 통합된 이미지를 성취한 것이다.[386]

위와 같이 에이젠슈테인은 몽타주의 두 가지 방식, 즉 소비에트 방식과 미국식 방식을 차별화하였다. 간단히 말해서 소비에트 방식이 두 개의 이야기를 몽타주해 그 사건들 이면에 있는 심오한 의미를 드러낸다면, 미국식 방식은 나란히 진행하는 이야기의 외형적인 발전에 초점을 두고 그것을 긴박감있게 표현하는 것에 관심을 두는 것이다. 미국식 몽타주가 '객관적 표상'에 머물고 있다면, 소비에트 몽타주는 상징과 은유로 비약하는 것이다.

소비에트 몽타주와 미국식 몽타주에 대한 에이젠슈테인의 비교는 지금도 상당 부분 유효할 수가 있다. 왜냐하면 미국식 몽타주는 다름 아닌 '할리우드 고전 양식'을 의미하기 때문이다. 여기서 흥미로운 점은 에이젠슈테인이 미국 영화의 대명사인 '평행 몽타주(parallel montage)'의 기원을 디킨스와 멜로드라마에 두고 있다는 것이다. 우선 에이젠슈테인은 두 개의 이야기를 긴박감 넘치게 나란히 진행하는 그리피스의 편집 방식의 선례를 디킨스의 소설에서 발견한다. 그러나 평행 몽타주의 선조는 여기서 그치지 않는다. 디킨스의 작품은 멜로드라마의 전통을 이어받은 것이다. 따라서 디킨스는 자신의 작품을 멜로드라마와 연결시키며 다음과 같이 언급하고 있다.

무대의 관습에 따르면, 모든 훌륭한 잔인한 멜로드라마는 잘 저장된 베이컨이 붉은 색과 흰색 줄무늬의 층을 이루듯 비극적인 장면과 희극적인 장면이 규칙적으로 교차된다.[387]

에이젠슈테인은 디킨스의 언급을 확대해 영화는 에디슨의 영화기계 발명으로 시작된 것이 아니라 과거의 풍부한 문화적 전통을 계승한 것이라고 말한다. 그리피스 이전에는 디킨스가, 디킨스 이전에는 멜로드라마가, 그리고 멜로드라마 이전에는 셰익스피어가 있었다는 것이다.[388] 평행 몽타주의 기원을 멜로드라마에 두는 에이젠슈테인의 시각은 바닥(A. Nicholas Vardac)의 견해와 일치한다. 바닥은 1949년에 출판된 『무대에서 스크린으로(Stage to Screen)』라는 저서에서 포터(Edwin S. Porter)나 그리피스 같은 영화의 선구자에 의해 개발된 평행 편집이 실은 19세기 멜로드라마에서 사용한 '교차 편집'을 응용한 것이라고 밝히고 있다. 멜로드라마는 19세기의 대중예술로서, 흥미진진한 이야기 전개를 위해 두 개 이상의 이야기가 무대 위에 나란히 진행되는 방식을 취하였으며, 이러한 전통이 포터나 그리피스에 의해 영화로 이어진 것이다.[389] 그렇다면 미국식 '평행 편집'은 멜로드라마의 미학에 토대한다고 볼 수 있다. 미국식 몽타주는 숨가쁘게 돌아가는 이야기를 나란히 진행시킴으로써 관객의 흥미를 유발하고 서스펜스를 자아내는 것이다. 아직도 대중의 사랑을 독차지하고 있는 할리우드 영화의 비결은 바로 여기에 있다.

7장

지적 영화

1. 지적 영화의 개념

에이젠슈테인은 1929년에 쓴 「영화적 원리와 표의문자」에서 한자의 원리, 즉 두 개의 글자가 결합해 새로운 개념을 창조해낸 것이 '지적 영화'의 출발점이라고 선언하였다. 그러나 지적 영화에 대한 에이젠슈테인의 생각은 이미 약 이 년 전부터 싹이 트기 시작하였다. 에이젠슈테인은 1927년과 1928년 사이에 〈10월〉을 편집하면서 '지적 영화'에 대한 생각을 갖게 되었다고 자서전에서 회고하고 있다.[390] 그는 '신들의 이미지'에 관한 시퀀스를 편집하면서 영화는 정서적 효과를 일으킬 뿐 아니라 지적 개념을 직접 표현할 수 있다는 생각에 이르게 되었다는 것이다. 따라서 에이젠슈테인은 정서적인 효과를 목표로 하는 '어트랙션 몽타주'가 가능하다면, 지적 효과를 위한 '지적 어트랙션 몽타주(montage of intellectual attractions)'도 가능하다는 가설에 도달한다. 한편 지적 영화에 대한 개념은 조이스(James Joyce)의 소설로부터도 영향을 받는다. 거의 같은 시기에 에이젠슈테인은 조이스의 『율리시즈(*Ulysses*)』를 통해 '내적 언어(inner speech)'의 원리를 이해하게 되었다.[391] 위와 같은 에이젠슈테인의 말을 종합해 보면, 지적 영화 이론은 지적 어트랙션, 충돌 몽타주, 그리고 지적 몽타주라는 개념을 거쳐 그 구체적인 틀이 잡히게 되었고, 아울러 조이스의 '내적 언어' 혹은 '내적 독백(inner monologue)'의 형태와 밀접히 연관되어 발전하였음을 알 수 있다.

지적 영화의 본질은 몇 가지 측면에서 논의될 수 있다. 첫째, 지적 영화의 가장 큰 특색은 스토리를 위주로 하는 내러티브 전통으로부터 해방되어 이미지들을 통해 추상적 개념을 산출하는 '영화적 극작술(cinematic dramaturgy)'에 있다. 에이젠슈테인은 1928년 1월에 쓴 「문학과 영화(Literature and Cinema)」에서 이상적인 영화는 스토리나 '일화(anecdote)'의 기능을 최소화하는 '이야기 약화(de-anecdotalization)'를 통해 주제를 직접 표현할 수 있도록 해야 한다고 제안하였다.[392] 다시 말해 영화는 조이스나 페도첸코(Fedorchenko)의 소설처럼 이야기의 기능을 가급적 배제해, 논리적인 이야기의 흐름보다는 연상작용을 통해 주제를 부각할 수 있어야 한다는 것이다. 따라서 에이젠슈테인은 1935년에도 지적 영화의 당위성을 피력하며, 그것을 다음과 같이 정의하고 있다.

> 이 이론은 추상적 개념을, 개념과 사고의 흐름과 정지를 아무런 중재없이 스크린에 옮기는 일에 몰두한다. 즉, 스토리나 고안된 플롯에 의지하지 않고, 촬영하면서 만들어진 이미지를 구성해 직접적으로 표현한다.[393]

위와 같이 지적 영화는 '이야기 약화'라는 새로운 유형의 '담론(discourse)'을 모색한다. 그러면 이야기가 약화된 지적 영화의 구체적인 예로는 무엇이 있을까? 불행하게도 지적 영화는 완성된 작품으로 남아 있는 것이 없다. 에이젠슈테인은 『자본론(Capital)』을 '영화 논문(cinema-treatise)'이라는 부제(副題) 아래 지적 영화로 만들고자 했으나 그 실현을 보지는 못했다.[394] 대신 우리는 1929년에 발표한 「몽타주 방법」에서 논한 '지적 몽타주'를 통해 지적 영화의 본질을 어느 정도 가늠해 볼 수 있다. 여기서 에이젠슈테인은 〈10월〉의 '신들의 시퀀스'를 지적 몽타주의 예로서 들고 있다.[395] 앞서 언급했듯이 이 시퀀스는 예수에서부터 에스키모의 우상에 이르는 각양각색의 이미지들을 나열함으로써 관객들이 신의 의미를 지적으로 파악하도록 만든 것이다. 즉 이 시퀀스는 하향적으로 내려가는 신들의 이미지를 통해 관객이 "신은 신성하다"라는 선입관에서 벗어나 "신은 우상이다"라는 지적 결론에 도달하도록 편집된 것이다. 에이젠슈테인이 지적 영화의 전(前)단계로 생각한 지적 몽타주는 '신들의 시퀀스'에서 보듯 지적 영화의 두 가지 전제조건을 만족시키고 있다. 즉 '신들의 시퀀스'에는 전통적인 의미의 이야기는 없고 대신 이미지들만이 나열되어 있다. 그리고 이렇게 서로 다른 이미지들은 순수한 연상작용을 통해 주제를 부각시키고 있다. 따라서 에이젠슈테인은 1930년에 쓴 「새로운 러시아 영화의 원리들(The Principles of the New Russian Cinema)」을 통해, 지적 영화는 스토리의 인과론적 진행보다는 이미지의 연상작용에 의해 주제나 추상적 개념을 도출해내도록 유도한다고 주장하고 있다.

> 이미지를 통해 추상적 사고들을 촬영하는 것… 우리는 어떤 일화나 스토리를 통해 아이디어를 설명하지 않고, 이미지나 이미지들의 결합에서 그것을 직접 발견함으로써 이러한 일을 해냈다.[396]

이렇듯 지적 영화는 사건 그 자체보다는 그것이 일으키는 '연상작용'에 가치를 둔

다. 그러기 위해 지적 영화는 "논제(論題)에서 이미지로, 이미지에서 개념으로" 전환
하는 구성방법을 사용한다.[397] 즉 지적 영화는 하나의 논제에서 출발해 일련의 이미
지들을 찾아내고, 그것들의 연상작용에 의해 주제나 개념을 부각할 수 있도록 구성
되는 것이다.

지적 영화가 내세우는 '이야기 약화'가 일화나 이야기를 전적으로 배제하는 것은
아니다. 오몽이 지적했듯이 지적 영화의 핵심은 스토리의 기능을 최소화하고, 개념
자체가 최대한 부각되도록 하는 데 있다.[398] 따라서 지적 영화의 스토리는 오직 시발
점으로만 기능하고, 영화는 일련의 자극들을 설정해, 통제된 연상이 작용하도록 구성
되어야 한다.[399] 그렇다면 지적 영화의 스토리나 일화는 무엇보다도 연상작용의 통로
로서 기능하고, 이를 통해 관객은 어떤 개념을 얻게 된다고 할 수 있다. 여기서 주목
해야 할 것은 지적 영화는 멀게는 어트랙션 몽타주 이론, 가깝게는 '충돌 몽타주'나
'연상 몽타주' 이론에서 발전한 것이라는 점이다. 지적 영화는 어트랙션 몽타주처럼
연상을 일으키는 자극들의 모임체이며, 충돌 몽타주나 연상 몽타주처럼 상이한 단편
들의 결합을 통해 새로운 개념이나 태도가 형성되도록 유도한다. 이처럼 에이젠슈테
인의 몽타주 이론은 다양한 개념들이 서로 유기적으로 관련을 맺고 있다. 우리가 다
음에 논할 '내적 독백'도 실은 이러한 사고의 연장선에 있는 것이다.

지적 영화의 또 다른 특징은 감성과 이성의 이원론을 배격하고, 둘 사이의 조화를
도모하는 데 있다. 에이젠슈테인은 1928년에 쓴 「소비에트 영화(Soviet Cinema)」에
서 "모든 영화는 사고와 감정 모두를 감명시킨다"라고 처음으로 감성과 이성의 조화
를 언급하였다.[400] 에이젠슈테인은 이듬해에 쓴 「전망(Perspective)」에서 이 문제를
보다 구체적으로 연구하고 있다. 여기서 그는 지적 영화가 지적 사고와 감각적 사고
의 종합을 이룰 수 있는 예술이라는 것을 "오직 지적 영화만이 '논리의 언어'와 '이
미지 언어' 사이의 갈등을 종식시킬 것이다"라고 말하고 있다.[401] 다시 말해 지적 영
화는 이성에 토대를 둔 '논리의 언어'와, 감성이나 감각에 호소하는 '이미지 언어'
사이의 장벽을 허문다는 것이다. 그렇다면 지적 사고와 감각적 느낌을 통합한다는
말은 무엇을 의미하는가? 그 해답은 에이젠슈테인이 제시한 아주 암시적인 비유에서
찾을 수 있을 것이다. 예를 들어 우리가 '잉여가치(surplus value)'에 대한 개념을 공
부한다고 가정해 보자. 이때 우리는 책상에 앉아서 글을 읽는 것보다 방 안을 걸어다
니면서 손 박자에 맞추어 그 개념을 암기하면 이해가 훨씬 빠를 수 있을 것이다.[402]
이 비유적인 이야기는 추상적인 진리는 머리로만 이해될 수 없고, 감각적으로 함께
느껴야 효과적이라는 것을 궁극적으로 말하고 있다. 즉 에이젠슈테인은 감각 혹은
감성을 통한 이성적 통찰을 염두에 두고 있다. 따라서 에이젠슈테인은 과학에 감수

성을 복원하였듯이, 이데올로기 내용을 감각화할 수 있는 형식인 지적 영화야말로 앞으로 맞이할 시대의 예술이라고 주장하였다.[403]

그렇다면 지적 영화는 지적인 내용을 감각화해 정서적으로도 호소력이 있게 만든다고 할 수 있다. 에이젠슈테인은 '지적 영화'의 작업 과정을 다음과 같이 말하고 있다.

> 문제는 [사람의 마음을] 감동시키고 그 감동이 일련의 사고를 일으킬 수 있게끔 구성된 일련의 이미지를 산출하는 것이다. 즉 이미지에서 감정으로, 감정에서 논제로.[404]

다시 말해 지적 영화는 지적 내용을 감각적 이미지나 형태로 전환시킨 다음, 관객들이 감각적 이미지를 통해 지적 개념에 도달하도록 하는 것이다. 이것이 바로 에이젠슈테인이 생각하는 "[감각적] 형태와 [지적] 내용의 통합이 빚는 놀랄 만한 긴장"인 것이다. 여기서 우리는 지적 영화의 두 가지 과정을 인식할 수 있다. 만일 창조과정이 지적 내용을 감각화한다면, 수용과정은 역으로 감각적인 이미지를 통해 본래의 지적 개념을 통찰하도록 고안된 것이다. 여기서 주의해야 할 점은 수용과정이 전적으로 감각적이고 정서적이지만은 않다는 것이다. 에이젠슈테인은 1929년 5월에 쓴 「영화의 새로운 언어(The New Language of Cinema)」에서, 초창기 영화기법은 '즉각적인 정서적 폭발'을 추구했지만, 새로운 영화 언어는 '심오한 사유과정(deep reflective process)'을 포함하는 지적 몽타주에 기초해야 한다고 주장하였다.[405] 또한 그 해 8월에 쓴 「몽타주 방법」에서 에이젠슈테인은 지적 몽타주가 생리적 반응에 그치지 않고 보다 차원이 높은 중추신경을 자극하는 지적 반응을 일으킨다고 하였다. 이러한 언급이 시사하는 것은 지적 영화가 관객으로 하여금 이미지를 감각적으로 느낄 뿐 아니라 지적 사유를 할 수 있도록 해야 한다는 것이다. 즉 지적 영화는 관객이 감성과 이성의 조화 속에서 작품을 수용하는 것을 목표로 한다.

2. 내적 독백

위에서 논의한 지적 영화의 미학적 특성들은 1930년 이후에 '내적 독백'이라는 개념 아래 전개된다. 에이젠슈테인의 이론체계 속에서 지적 영화와 내적 독백은 동전의 양면이라고 할 수 있다. 앞서 언급했듯이 지적 영화와 내적 독백은 거의 같은 시기에 그 개념이 발전하기 시작한다. 1932년에 쓴 「처리에 관한 강의(A Course in Treatment)」에서 에이젠슈테인은 내적 독백에 대한 생각이 1926년까지 거슬러 올라간다고 증언하였다.[406] 이렇듯 내적 독백은 지적 영화만큼이나 오래 전에 구상된 것이라 하겠다. 그러나 지적 영화가 1929년을 전후로 본격적으로 거론되었다면, 내적 독백이 구체적으로 논의된 것은 1932년 무렵이었다. 따라서 내적 독백은 에이젠슈테인의 지적대로 지적 영화의 후계자라고 볼 수 있겠다.[407]

내적 독백은 지적 영화의 후계자로서 우선 '사유과정'을 강조하는 것을 통해 그 개념을 잡아 나간다. 1932년의 「처리에 관한 강의」 그리고 1933년의 「팡타그뤼엘은 탄생할 것이다(Pantagruel will be Born)」에서 에이젠슈테인은 영화는 무엇보다도 '정신적 과정'이나 '사유과정'을 잘 표현할 수 있는 예술임을 역설하고 있다. 사유과정, 즉 마음속에 흐르는 사고의 흐름을 재구성하는 내적 독백은 그 이론적 근거를 조이스의 소설 기법인 '의식의 흐름(stream of consciousness)'에 두고 있다.[408] 사유과정에 토대한 몽타주 형식은 1929년의 「전망」에서도 이미 제기되었다.[409] 그 당시 에이젠슈테인은 다음과 같이 형식을 정의내렸다.

> 러시아어로 '형식(form)'은 '오브라즈(obraz)' 혹은 '이미지(image)'라고 한다. 이미지는 '잘라낸 조각(cut)'과 '표면화(disclosure)'라는 개념들이 교차하는 단어이다.[410]

이렇듯 에이젠슈테인은 형식을 '잘라낸 조각'과 '표면화'의 각도에서 이해하려고 하였다. 즉 예술 형식은 어떤 특정한 현상을 선택해, 그것과 사회환경 사이의 관계를 '드러내는 것'이라고 생각하였다. 그렇다면 내용은 무엇인가? '넣는 행위(sderzhivanie)'를 의미하는 '내용(soderzhanie)'은 '조직원리(organisational principle)'인 것이다. 즉 "사고의 조직원리는 사실상 작품의 내용이다"라는 논리가 성립되는 것이다. 그렇다면 에이젠슈테인에게 있어서 몽타주 형식이란 사고의 조직원리에 기초한 내용을 드러내고 물질화하는 것이다.

에이젠슈테인은 내적 독백의 예로 그가 할리우드에서 제작하려고 했던 〈미국의 비극(An American Tragedy)〉을 들고 있다. 이 작품에서 출세지향적인 클라이드(Clyde Griffiths)는 순진한 부하 여직원을 유린하고 임신시킨다. 그러나 그는 부잣집 딸과 결혼하기 위해 여직원을 살해하기로 마음먹고 보트를 같이 탄다. 여기서 에이젠슈테인은 여직원에 대한 연민의 정과 혐오감, 나약한 마음과 야심 사이에서 갈등하는 클라이드의 내면세계를 영상화하고자 했던 것이다.[411] 만일 이 장면에서 내적 갈등이 굳어진 얼굴, 불안한 눈, 떨리는 손, 거친 숨소리 등 클라이드의 외적인 액션만으로 표현되었다면 그 미묘한 사고의 흐름을 포착하지는 못했을 것이다. 여기서 주의해야 할 점은 '몽타주 형식(montage form)'으로서의 사고과정은 그것이 꼭 주제로 부각될 필요가 없다는 것이다. 즉 내적 독백은 전적으로 의식의 흐름만을 표현하지는 않는다. 내적 독백은 사고의 흐름을 시청각적으로 포착할 뿐 아니라, 그러한 내면세계가 외적인 현실들, 즉 굳어진 얼굴, 불안한 눈, 떨리는 손, 거친 숨소리 같은

클라이드의 행동 그리고 보트나 앞에 앉아 있는 여직원의 모습 등과 교차될 수 있다는 것이다.[412]

에이젠슈테인은 발성영화가 아주 놀라운 내적 독백의 효과를 거둘 수 있다고 보았다. 왜냐하면 시각적 이미지와 사운드는 서로 일치하거나 비일치하면서 복잡한 양상으로 사고의 흐름을 표현할 수 있기 때문이다.[413] 예를 들어 시각적 이미지가 사고의 흐름을 반영할 때, 사운드는 객관적인 음을 재현할 수도 있고, 사고의 흐름을 반영할 수도 있다. 반대로 사운드가 사고의 과정을 들려 줄 때, 시각적 이미지는 객관적인 현실을 재현할 수도 있고, 사고의 흐름을 반영할 수도 있다. 이와 같은 인식 아래 에이젠슈테인은 발성영화의 진정한 재료는 내적 독백이라고 말하며 "몽타주 형식은 하나의 구조로서, 사고과정의 법칙을 재구성하는 것이다"라는 결론을 내리고 있다.[414] 이렇듯 내적 독백은 하나의 몽타주 형식으로서, 의식의 흐름을 직접적으로 표현한다. 내적 독백과 지적 영화의 차이는 바로 이 점에 있다. 지적 영화가 관객의 사유과정을 유도하는 데 초점을 둔다면, 내적 독백은 인간의 사유과정을 영화 속에 직접 구현하려는 것이다.

3. 감각적 사고와 몽타주 형식

1935년 에이젠슈테인은 자신의 영화 이론이 형식주의로 비판받는 것을 무릅쓰고 「영화 형식(Film Form)」이라는 글을 통해, 내적 독백과 지적 영화의 당위성을 역설한다. 여기서 흥미로운 사실은 에이젠슈테인이 내적 독백과 지적 영화를 거의 같은 원리로 사용한다는 점이다. 먼저 에이젠슈테인은 내적 독백이 사고의 흐름을 영상화할 뿐만 아니라 현상을 구성하는 데도 유용할 수 있음을 지적한다.[415] 이를 입증하기 위해 에이젠슈테인은 '내적 언어(inner speech)'와 '발성언어(uttered speech)' 개념을 도입하고 있다. 만약 발성언어가 사고의 흐름이나 사건의 전후관계를 논리적으로 구성한다면, 내적 언어는 그것을 '감각적이고 이미지적인 사고과정(sensual and imagist thought process)'을 통해 구성한다는 것이다.[416] 여기서 '감각적이고 이미지적인 사고과정'이란 1929년에 에이젠슈테인이 충돌 몽타주 이론을 전개할 때 사용하였던 개념이다. 이러한 점에서 내적 독백은 충돌 몽타주 이론의 연장이라고 볼 수 있다. 이처럼 에이젠슈테인은 항상 예술작품의 형식과 구조가 내적 언어의 구성법칙, 즉 '감각적이고 이미지적인 사고방식'에 토대해야 한다고 믿었다.[417]

에이젠슈테인은 '감각적인 사고'를 문명의 여명기에 우리 인간이 사용했던 언어 방식과 연결시키고 있다. 그 당시의 '형식 창조(form-creation)'는 '감각적 사고 방법(the laws of sensual thinking)'과 밀접한 관련이 있었던 것이다.[418] 에이젠슈테인은 자신의 주장을 뒷받침하기 위해 '파스 프로 토토(pars pro toto)'라는 예술방식을 소개하고 있다.[419] '파스 프로 토토'는 일부가 전체를 대표한다는 점에서 문학에서의 제유법과 같다고 하겠다. 예를 들어 〈전함 포템킨〉에서 밧줄에 힘없이 매달려 있는 군의(軍醫)의 코안경은, 바닷물 속에 던져진 그 주인의 처지를 대표한다는 점에서 파스 프로 토토에 해당된다. 이러한 제유법 형식은 이미지 감각적 사고를 작동시키며, 전체(군의)를 보았을 때보다 훨씬 감각적으로 강렬한 인상을 불러일으킨다. 이미지 감각적 사고가 만들어내는 형식은 원시사회에서 얼마든지 그 예를 찾을 수 있다. 예를 들어 원시인들이 곰의 이빨로 만들어진 장식품을 선물받는다는 것은 곰 전체가 선물로 주어졌다는 것을 의미할 수도 있고, 곰의 힘을 전해받았다는 것을 상징할 수도 있다. 그리고 폴리네시아인(Polynesia人)들은 마을에 아이가 태어나면, 모든 문을 열고 앞치마나 머리띠 같은 모든 매듭도 푼다. 이러한 제스처는 새로 태어날 아이가 이 세상에 편안히 나오도록 하는 감각적 사고의 표현인 것이다.

감각적 사고에 바탕을 둔 표현방식은 아프리카 부시맨(Bushman)의 언어에도 나타나고 있다.[420] 예를 들어 부시맨들이 다음과 같은 상황을 경험하였다고 가정해 보자.

맨 처음 백인들은 양을 방목하려는 목적으로 부시맨을 우호적으로 대했다. 그리고 나서 백인들이 부시맨을 학대하기 시작하자, 부시맨은 도망쳤다. 그러자 백인은 다른 부시맨을 택하고, 그 부시맨도 똑같은 경험을 하였다.

위와 같은 상황은 '발성언어'처럼 사건이 논리적으로 구성되었다고 할 수 있다. 이러한 상황은 부시맨의 언어로는 다음과 같이 표현된다.

부시맨-저기-간다, 여기서-만난다-백인을, 백인-준다-담배를, 부시맨-가서-피운다, 가서-채운다-담배-쌈지, 백인-준다-고기-부시맨, 부시맨-가서-먹는다-고기, 일어난다-집에 간다, 행복하게 간다, 가서-앉는다, 가축무리-양-백인, 백인-간다-부시맨 때린다, 부시맨-운다-크게-아파한다, 부시맨-간다-도망친다-백인한테서, 백인-쫓아간다-부시맨, 부시맨-그리고 나서-다른 사람, 이 사람-가축무리-양, 부시맨-모두-도망쳤다.

이렇듯 부시맨의 언어는 비문법적이며, 비논리적으로 구성되었다. 부시맨 언어의 특징은 첫째, 개념이 구체적인 이미지로 전환되었으며, 둘째, 사건이 '감각적이고 이미지적인 사고과정'에 따라 구성되었다는 점이다. 다시 말해 부시맨 언어의 첫번째 특징은 개념을 '정서화'한다거나 '감각화'한다는 데 있으며, 두번째 특징은 사건의 구성이 '내적 언어'의 '구문론(syntax)'을 따른다는 데 있다. 여기서 내적 독백은 지적 영화 이론과 일치하는 점이 있다. 내적 독백은 지적 영화처럼 개념을 감각적인 이미지로 전환시키는 것을 전제로 한다. 다만 차이가 있다면, 지적 영화가 감각적인 이미지들을 지적 개념으로 환원하는 관객의 '연상작용'을 강조했다면, 내적 독백은 감각적이고 이미지적인 사고를 반영하는 구성에 초점을 두었다는 점이다. 그러나 이것은 표현의 차이일 뿐이다. 왜냐하면 지적 영화나 내적 독백은 똑같이 비논리적인 구문론을 사용하고 있으며, 조이스의 소설처럼 이미지 연상을 일으키는 '의식의 흐름'을 근간으로 하고 있기 때문이다.

에이젠슈테인은 부시맨의 언어처럼 보다 구체적인 표현을 구사하는 예로 크라마스인(Klamath人)의 언어를 소개한다.[421] 크라마스어에는 '걸음(walking)'이라는 개념이 없고, 대신 '빠른 걸음', '아장아장 걸음', '지친 걸음', '살살 걸음' 등에 해당되는 단어만이 있다. 이것은 매우 구체적인 표현으로, 우리가 희곡 대본에서 "그는 접근한다"라는 지시문을 읽고 연기로 옮길 때 부딪치는 문제이다. 배우는 걸음에 대한 '의식적인 파악'만으로는 올바른 표현을 할 수 없다. 그는 보다 구체적인 특수한 사례들을 생각하고, 그것을 실행에 옮길 수 있어야 한다. 에이젠슈테인은 이러한 예를 통해 영화가 구체적이고 감각적인 표현에 기초해야 한다는 자신의 신념을 반복적으로 강조하고 있다.

'감각적 사고(sensual thinking)'에 바탕을 둔 '내적 언어'에 대한 에이젠슈테인의 애착은 1940년대에도 계속된다. 1941년말에 쓰기 시작해 1943년에 발표한 「디킨스, 그리피스, 그리고 오늘날의 영화」에서 에이젠슈테인은 '내적 언어'의 당위성을 다시 거론한다. 내적 언어보다 다소 표현이 명확한 '정서적 화법(emotional speech)'이라는 새로운 용어를 도입한 에이젠슈테인은 몽타주 구조의 비밀이 '정서적 화법'에 있다고 주장하면서 벤드리예스(Vendryes)의 다음과 같은 말을 인용하고 있다.

> 정서적 언어와 논리적 언어의 주된 차이점은 문장 구성에 있다. 이 차이는 문어와 구어를 비교해 보면 명백해진다.… 문어체는 모든 요소(낱말)들을 결합해 이치에 맞는 전체(문장)를 만들려고 하지만, 구어체에서는 이러한 낱말들이 분리되고 어지럽혀지는 것이다. 구어체는 더 이상 현재의 문법에 따른 논리적 질서가 없다. 구어는 독자적인 논리를 갖고 있으나, 그 논리는 기본적으로 정서적인 것이다.[422]

따라서 "네가 보고 있는 저 바닷가에 앉아 있는 사람은 내가 기차역에서 만난 사람이다"라는 문어체가 논리적인 일관성을 지닌 문장이라면, "너 저 사람 보고 있지, 저기 말야, 저기 바닷가에 앉아 있는 사람! 나 그 사람 어제 보았다. 어제 저 사람 기차역에 있었거던" 하는 구어체는 문장의 개념이 없어지고 말들이 단편으로 분할된 것이다. 즉 구어체는 정서적 화법으로서, 말하는 사람의 느낌이나, 다른 사람에게 생생하게 전달하고자 하는 의도에 따라 말들이 작은 단편들로 분할된 것이다.[423] 여기서 우리는 에이젠슈테인이 육 년 전에 말했던 발성언어와 내적 언어의 구분이 이제 '논리적 언어'와 '정서적 언어'로 새롭게 정의되었음을 알 수 있다. 에이젠슈테인은 몽타주 구조의 핵심이 '정서적 논리(affective logic)'를 지닌 '정서적 화법'에 있다고 주장하면서, 그 창조적 원천을 조이스의 '내적 독백'이나 지적 영화에서 찾을 것을 제안하였다.[424] 다시 한번 내적 독백과 지적 영화론이 같은 뿌리에서 탄생하였음이 확인되는 대목이다.

에이젠슈테인은 '감각적 사고'에 바탕을 둔 구성이 '논리적으로 지식을 제공하는 효과(logico-informative effect)'보다는 '정서적 · 감각적 효과(emotional sensual effect)'를 일으키는 점을 높이 평가한다.[425] 예를 들어 "우호적으로 맞이하다"라는 사실은 부시맨의 언어에서는 "파이프에 불을 붙이기", "담배 쌈지를 채우기", "요리된 고기" 등의 구체적인 표현으로 형상화된다. 그 결과 부시맨의 언어는 단순한 정보 전달 차원을 초월한 표현력있는 묘사라고 할 수 있다.[426] 이러한 언급은 추상적인 개념을 감각적인 이미지로 전환해야 한다는 에이젠슈테인의 일관된 태도를 보여준다. 그러나 이에 못지 않게 중요한 것은 에이젠슈테인이 '형식주의'를 은연중에 옹호하고 있다는 점이다. 즉 에이젠슈테인은 예술적 형식이 무엇보다도 정서적으로나 감각적으로 호소력이 있어야 한다고 말함으로써, 형식이 내용에 못지 않게 중요하다는 것을 주장하고 있다. 자신의 입장을 뒷받침하기 위해 에이젠슈테인은 다양한 예를 들고 있다. 그 중의 하나는 셰익스피어의 『리어왕(*King Lear*)』에서 리어왕이 두 딸로부터 배신을 당하고 황야로 내쫓긴 장면이다. 여기서 리어왕의 마음속에 일고 있는 '내면적 폭풍우(inner tempest)'는 천둥 번개를 동반한 황야의 폭풍우에 의해 반영될 수 있다는 것이다.[427] 이렇듯 형식은 내용으로부터 동떨어진 것이 아니라, 오히려 그것을 표현력있게 살린다는 점을 암시함으로써 에이젠슈테인은 지적 영화나 내적 독백이 내포하고 있는 '형식주의'를 은근히 옹호하고 있다.

4. 감성과 이성의 조화

내적 독백이나 지적 영화에서 형식과 내용의 관계는 궁극적으로 감성과 이성의 조화를 목표로 한다. 에이젠슈테인은 자신의 이론을 사회주의 이데올로기 속에서 정당화하기 위해 엥겔스의 말을 인용한다. 엥겔스는 인류의 '사고 구성(construction of thinking)'이 세 단계를 거쳐 진화하였다고 보았다. 첫번째는 '산만한 관념복합(diffuse-complex)' 단계이고, 두번째는 '형식적 · 논리적 단계(the formal-logical stage)'이며, 세번째는 앞선 두 단계의 변증법적 통합인 것이다.[428] 에이젠슈테인은 엥겔스가 말한 첫 단계를 '감각적 사고'로, 두번째 단계를 '논리적 사고'로 이해하였다. 따라서 내적 독백이나 지적 영화는 엥겔스가 이야기한 첫번째 단계(감각적 사고)와 두번째 단계(논리적 사고)의 변증법적 통합을 지향하므로 예술적 형식으로서 정당하다는 근거가 마련되는 것이다. 한편 에이젠슈테인은 인류의 '사고 구성'이 직선적으로 발전하지 않고, 전진과 후퇴를 거듭하면서 발전한다는 엥겔스의 말에 주목하였다. 즉 엥겔스는 인류가 어떤 시기에는 가장 지적인 사고에 도달할지라도, 그 다음 시기에는 초창기의 감각적 사고로 돌아갈 수도 있다는 것을 암시한 것이다.[429] 에이젠슈테인은 논리적 사고 방식과 감각적 사고 방식의 유동성을 개인에게서도 발견하였다. 왜냐하면 아주 논리적인 사람도 때에 따라서는 잠재해 있던 '감각적 사고'에 반응할 수 있기 때문이다. 예를 들어 한 남자로부터 버림받은 여자가 분노해 그 남자의 사진을 갈기갈기 찢어버림으로써 배신자를 파괴하고자 한다고 하자. 이것은 '이미지'를 파괴하는 행위와 실제 인물을 파괴하는 행위를 연결하는 주술적인 방식으로, 앞서 언급한 원시인들의 사고 방식과 다름이 없다.

위와 같은 사실에 입각해 에이젠슈테인은 예술이 다름 아닌 초창기 사고 구성으로의 심리적 퇴행일 수 있다고 주장한 다음, 예술작품의 변증법이 아주 흥미로운 '이중적 통합(dual-unity)'에 기초한다고 주장하였다.

> 예술작품의 변증법은 아주 흥미로운 '이중적 통합'에 기반을 두고 있다. 예술작품의 감동은 이중적 과정이 발생한다는 사실에 토대를 두는 바, 그것은 가장 명백한 **'의식(consciousness)'**의 단계에 걸쳐 맹렬히 진행하는 상승, 그리고 동시에 형식 구조에 의해 **'감각적 사고'**의 아주 심원한 층위에 침투하는 과정을 말한다. 이 두 가지 흐름의 양극화된 분리는 진정한 예술작품의 특성인 형식과 내용의 통합에 있어 놀랄 만한 긴장감을 창조한다.[430] [강조는 원서에 따른 것이다]

여기서 뉴컴(James W. Newcomb)이 지적했듯이 예술작품의 내용은 의미상 의식과 관련이 있고, 형식은 감각적 사고와 연관이 있다.[431] 그렇다면 에이젠슈테인에게 있어서 진정한 예술작품이란 그 내용으로 수용자의 의식에 깊은 영향을 미쳐야 할 뿐 아니라, 형식을 통해 감각적으로도 감동을 주어야 한다는 것이다. 이때 예술작품은 논리적 사고와 감각적 사고를 모두 작동시키는 '이중적 통합'을 이루었다고 할 수 있다. 예술은 '이중적 통합'에 기초한다는 전제는 에이젠슈테인의 다음과 같은 논리를 가능하게 한다. 즉 주제를 논리적으로만 전개하는 작품은 무미건조한 교훈에 지나지 않으며, '감각적 사고 형태(the sensual forms of thinking)'를 지나치게 강조하는 작품은 '감각적 혼란', '유치함', '헛소리'에 그칠 수 있다는 것이다. 따라서 에이젠슈테인은 두 가지 경향의 '이중적 통합'만이 '형식과 내용의 긴장 어린 통합(tension-laden unity of form and content)'을 보장할 수 있다고 주장한다.[432] 이렇듯 에이젠슈테인이 생각하는 이상적인 '몽타주 형태'는 항상 감각적 형식을 통해 지적 사고를 촉발하는 것이며, 이를 통해 감성과 이성의 이원론을 극복하고 있다.

8장

파토스 구성

1. 파토스의 개념

충돌 몽타주 이론은 숏과 숏의 결합이 단순한 합이 아
닌 새로운 차원의 의미로 '비약(leap)'하는 것을 전제
로 한다. 충돌 몽타주가 내포하고 있는 비약의 의미는
1939년 이후 '파토스(pathos)' 혹은 '엑스터시(ecs-
tacy)'의 개념 아래 새로운 전기(轉機)를 맞이한다. 에이젠슈테인은 파토스라는 용어
를 1926년 「콘스탄차 : 전함 포템킨은 어디로 가는가(Constanta : Whither the
Battleship Potemkin)」라는 글에서 처음 사용하였다. 그러나 그 개념이 본격적으로
다루어진 것은 1939년에 쓴 「영화의 구조(The Structure of the Film)」와 1945년에서
1947년 사이에 쓴 「파토스」라는 글에서이다. 따라서 에이젠슈테인은 후기에 와서 파
토스 구성에 대한 생각을 정립하였다고 할 수 있다.

1939년에 쓴 글에서 에이젠슈테인은 파토스를 우선 수용자에 대한 효과의 측면에
서 정의한다.

> 파토스는 다음과 같은 사례에서 그 효과를 드러낸다. 관객이 자리에서 벌떡 일어날 수밖에
> 없을 때. 서 있다가 펄썩 주저앉을 수밖에 없을 때. 환호하거나 울음이 터져나올 수밖에 없
> 을 때. 기쁨에 넘쳐 눈이 빛날 때, 혹은 너무 기뻐 눈물이 쏟아질 때… 간단히 말해서 관객
> 을 '자신으로부터 벗어나게' 했을 때.[433]

파토스는 "관객의 감정을 전혀 다른 상태로 전이시키는 효과"라고 말한 다음, 에이젠
슈테인은 그 대체 용어로 '엑스터시'를 소개한다. 엑스터시란 어원적으로 'ex-
stasis'에서 비롯된 것으로, '자신을 벗어나는 것(going out of himself)' 혹은 '정상적
인 상태를 벗어나는 것(departing from his ordinary condition)'을 의미한다.[434] 즉 파
토스란 일종의 엑스터시로서 "다른 것으로의 전환, 질적으로 다른 것으로의 전환, 지
금까지와는 정반대되는 것으로의 전환"을 꼭 수반한다.[435] 이렇듯 파토스 구성은 일

차적으로 관객의 감정을 질적으로 변화시키는 것을 목표로 한다. 이러한 효과를 위해서 파토스 구성은 그 자체가 비약적으로 발전해야 한다는 것을 전제로 한다. 따라서 에이젠슈테인은 1945년에서 1947년 사이에 쓴 「파토스」에서 파토스 구성을 구성적인 측면에서 다시 재정의한다.

> 파토스 구성의 일차적 지표는 끊임없는 엑스터시의 상태, 끊임없이 자신을 벗어나는 상태, 예술작품의 개별적 요소 혹은 표상이 질적으로 끊임없이 비약하는 것이며, 이는 예술작품 전반에 걸쳐 숏, 시퀀스, 혹은 장면의 정서적 내용이 계속 고조되는 강도의 양적 증가에 비례한다.[436]

간단히 정의하면, 파토스 구성이란 내용이나 이미지들이 비약적으로 변화하는 구성을 말한다. 이러한 '비약적 구성'이 관객의 정서와 생각을 질적으로 전환시키는 효과를 가져오는 것이다. 이렇듯 파토스 구성은 두 가지 전제조건을 달고 있다. 첫째는 구성상의 비약 혹은 엑스터시의 상태이며, 둘째는 지각단계에서의 질적인 도약이다.

에이젠슈테인의 이론 내에서 파토스는 궁극적으로 '변증법적 비약(dialectical leap)'과 동일시될 수 있다. 에이젠슈테인은 1929년에 변증법적 비약에 대해 다음과 같이 말하였다. "비약, 양(量)에서 질(質)로의 전환. 반대되는 것으로의 전환. 이 모든 것은 발전의 변증법적 움직임의 요소이다."[437] 이렇듯 1939년 이후에 제기된 파토스 구성은 1929년에 발표한 충돌 몽타주 이론의 기본 발상을 그대로 담고 있다. 에이젠슈테인에게 있어서 구성 혹은 몽타주의 핵심은 언제나 점진적인 발전이 아닌 비약적인 변화였다. 따라서 에이젠슈테인은 40년대 후반 다음과 같이 단정적으로 말하였다. "이른바 [충돌] 몽타주의 원리는 무엇보다도 파토스의 영화술이다."[438]

에이젠슈테인에게 있어 파토스는 자연현상을 지배하는 변증법을 반영할 뿐만 아니라 종교적 엑스터시와 유사하기도 하다.* 종교적 엑스터시는 고무된 경험에 의해 일으켜진 '황홀경적 상태(ecstatic state)'로서, 의식(意識)으로부터 해방된 순수한 감정과 감각의 상태를 일컫는다.[439] 예를 들어 우리가 무한대의 감흥을 일으키는 황혼을 보고 '환희(rapture)'를 느낄 때 엑스터시 상태에 있다고 할 수 있다. 이러한 심적

---

* 에이젠슈테인은 1946년에 쓴 회고록 『부도덕한 추억(*Immoral Memories*)』에서 프랑스를 방문했을 때 가톨릭 서점을 자주 들렀다고 말하고 있다. 그 이유는 파토스에 관련된 문제로서, 그가 종교적 엑스터시에 깊은 관심을 가졌기 때문이었다. 이와 같은 맥락에서 에이젠슈테인은 기적의 치료가 이루어지는 동안 일어나는 집단적 엑스터시를 군중 심리적인 측면에서 매우 관심있게 보았다. 파토스에 대한 문제는 또한 에이젠슈테인으로 하여금 권투장이나 축구장, 투우 경기장에 나타난 관중 행동에 대해서도 깊은 관심을 갖게 하였다. Sergei Eisenstein, *Immoral Memories: An Autobiography by Sergei M. Eisenstein*, trans. Herbert Marshall(Boston : Houghton) pp.102-103을 참조할 것.

상태는 순전히 감정적이고 감각적인 것으로, 아직은 개념적 사고가 형성되지 않은 상태이다. 에이젠슈테인은 영화감독이나 예술가가 파토스 구성을 이루기 위해 일단 이러한 '심적 상태(psychic state)'에 도달해야 한다고 믿었다. 그 다음의 문제는 엑스터시의 경험을 객관적인 이미지로 전환시키는 것이다. 이러한 과정은 종교적 엑스터시가 물질적으로 객관화되어 의인화된 신의 모습으로 전환되는 것과 같다. 마찬가지로 황혼은 신의 신비로운 창조를 생각하는 사람에게는 종교적 환희를 불러일으킬 것이고, 사회 개혁을 꿈꾸는 사람에게는 유토피아 사회와 관련된 환희를 일으킬 것이다. 이렇듯 엑스터시의 상태에서 먼저 오는 것은 '감흥(sensation)'이고, 그 다음이 구체적인 의미이다. 그렇다면 에이젠슈테인이 생각하는 파토스 구성의 창조나 수용은 모두 '감흥'과 '의식'의 두 단계를 거친다고 볼 수 있다. 이러한 것은 감각이나 감정을 통해 지적 통찰을 꾀하는 '지적 영화'와 맥을 같이하는 점이다.

2. 파토스 구성의 실제

에이젠슈테인은 파토스 구성의 대표적인 예를 〈전함 포템킨〉의 '오데사 계단 시퀀스'와 〈낡은 것과 새로운 것〉의 '크림 분리기 시퀀스'에서 찾는다. 1939년의 글에서 집중적으로 다룬 '오데사 계단 시퀀스'는 다음과 같은 파토스 구성을 보이고 있다.(도판 26 참조)

> 클로즈업은 롱 숏으로 도약.
> 군중의 혼란스러운 움직임은 군인들의 율동적인 움직임으로 도약.
> 군중의 움직이는 속도가 굴러 떨어지는 유모차의 속도로 도약.
> 아래로 향하던 움직임은 위로 향하는 움직임으로 도약.
> 소총들의 일제 사격은 전함의 대포 한 방으로 도약.[440]

위의 장면은 갑자기 나타난 군인들이 총격을 가하자 시민들이 놀라 달아나는 모습을 보여주고 있다. 여기서 혼비백산한 시민들의 모습은 '파토스에 사로잡힌 인간 행위'라고 할 수 있으며, 위 시퀀스의 전반적인 구성은 바로 그러한 파토스를 반영하도록 짜여졌다.[441] 따라서 위 장면은 한 차원에서 다른 차원으로의 비약을 담고 있다고 할 수 있는데, 아래로 혼란스럽게 뛰어 내려가는 군중들의 속도는 굴러 떨어지는 유모차의 속도로 도약하고, 아래로 뛰어 내려가는 군중들의 움직임은 한 어머니가 죽은 아들을 안고 계단 위로 올라가는 움직임으로 도약한다. 또 혼란스럽게 뛰는 사람들의 클로즈업은 롱 숏으로 비약하고, 액션의 속도와 율동은 비약적으로 가속화된다.

'오데사 계단 시퀀스'의 파토스 구성은 근본적으로 에이젠슈테인이 1929년에 말한 '시각적 충돌'의 요소가 농후하다.(139-144 페이지 참조) 따라서 파토스 구성과 충돌 몽타주는 동전의 양면이라고 할 수 있다. 다만 충돌 몽타주가 숏과 숏의 충돌을 이야기한다면, 파토스 구성은 비약적으로 변하는 이미지를 강조한다는 차이가 있다.

에이젠슈테인은 '오데사 계단 시퀀스'를 구성적인 측면에서 논한 다음, 파토스 구성을 사회주의 혁명과 연결시키고 있다. 간단히 이야기해서, 비약적으로 진행되는 '오데사 계단 시퀀스'는 영화의 주제인 '혁명적 폭발(revolutionary explosion)'과 관계될 뿐 아니라, 혁명은 사회를 비약적으로 변화시킨다는 생각을 반영하고 있다.[442] 이렇듯 에이젠슈테인은 파토스 구성의 '변증법적 비약'을 혁명정신과 연결시킴으로써 정당화하고 있다.

파토스 구성의 두번째 예인 '크림 분리기 시퀀스'는 1946년에서 1947년 사이에 쓴 「파토스」에서 집중적으로 분석되고 있다.[443] 이 시퀀스는 전통적인 낙농방식에 의존해 온 농부들이 새로운 기계인 크림 분리기의 작동을 회의와 기대가 교차하는 가운데 지켜보다가, 이윽고 우유가 분출되자 환호를 지르고, 이어서 집단농장의 건설이 기하급수적으로 늘어나는 것을 표현하고 있다.(도판 29) '크림 분리기 시퀀스'는 먼저 분리기에서 진한 우유의 첫 방울이 나오기 전까지는 모든 몽타주 방법을 동원해 회의와 기대가 교차되는 긴장감을 묘사하였다. 이 부분은 '3인 숏(three-shot)'이나 '2인 숏(two-shot)' 같은 '그룹 숏(group-shot)'을 이용해, 의심과 확신, 단순한 호기심과 걱정을 감추지 않는 표정을 잡았다. 이러한 그룹 숏은 이윽고 한 사람의 얼굴을 잡는 클로즈업으로 비약하였고, 클로즈업된 얼굴들은 점차 커져 갔다. 이러한 숏들은 크림 분리기의 핸들과 그것을 점점 빨리 돌리는 여주인공 마샤(Martha Lapkina)와 젊은 공산당원 바샤(Vasia)의 얼굴을 교차편집한 다음 다양한 각도로 잡힌 분리기의 회전판과 공급 파이프가 삽입되었다. 점점 템포는 빨라지고, 회전판은 가속화되어 돌아가는 가운데, 이 시퀀스는 크림 분리기의 파이프 주둥이와 교차편집된다. 처음에는 비어 있던 주둥이에서 방울이 부풀기 시작한다.

(변하는 얼굴 표정들이 클로즈업으로 스쳐 간다)
필요한 시간만큼 부풀어진 방울이 뜬다.
(원판이 미친 듯이 회전한다)
곧 방울이 떨어질 것이다.
(회전하는 원판과 교차편집되어 클로즈업된 얼굴들이 스쳐 간다)
방울이 주둥이로부터 떨어지려고 한다.
떨어진다!
빈 양동이 바닥에 튀겨 물보라를 일으킨다.

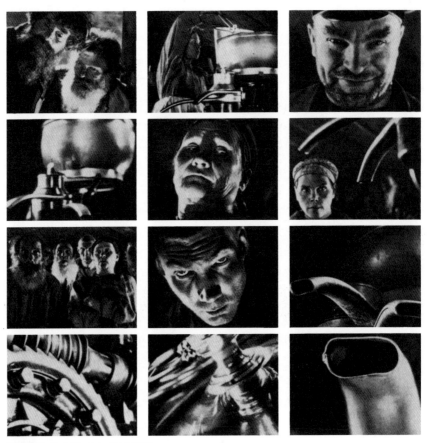

29. 〈낡은 것과 새로운 것〉의
크림 분리기 시퀀스.(옆 페이지에 계속)

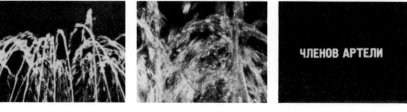

우유가 분출되면서 시퀀스는 파토스 구성의 절정을 이룬다. 먼저 빈 양동이에 튀기는 우유의 물보라는 다음 솟에서 물을 힘껏 뿜는 분수로 도약하였으며, 분수는 다시 불꽃놀이의 이미지로 도약한다. 비약은 여기서 멈추지 않는다. 찬란히 빛나던 불꽃은 검은 배경의 흰 숫자들로 도약한다. 더구나 숫자가 점진적으로 커지지 않고 "5-10-17-20-35" 하는 식으로 비약적으로 증가하는 것을 보여줌으로써, 집단농장에 가입하는 인민들의 숫자가 기하급수적으로 늘어나는 것을 의미하였다. 한편 비약은 색의 차원에서도 일어났다. 흑백 이미지의 '우유의 분수'는 다양한 색채를 지닌 불꽃놀이 이미지로 비약하였다.* 한동안 스크린에 찬란히 빛나던 불꽃의 색채는 다시 무색으로 돌아가지만, 그것은 예전의 무색이 아니다. 이번에는 완전히 검은 배경에 흰 숫자가 빛나게 나타난 것이다. 다시 말해 새로운 솟들은 흑과 백의 중간 지대인 회색을 전혀 담고 있지 않은 것이다. 이것은 전혀 새로운 '질(quality)'로의 비약이라고 할 수 있다.**

위와 같은 구성은 낡은 삶의 방식이 사회주의 농업으로 새롭게 비약하는 것을 표현하므로 이데올로기적 파토스를 고취시킨다고 에이젠슈테인은 말하고 있다. 즉 크림 분리기는 중심적인 이미지로서 작용하며, 우유가 크림으로 변하는 것은 자영농(自營農)이 집단농업으로 질적인 도약을 하는 것을 반영한다는 것이다.444 1939년의 글에서처럼 에이젠슈테인은 인민들의 의식을 새로운 이데올로기의 차원으로 변화시키는 것에 파토스 구성의 정당성을 두고 있다. 그러기 위해서 파토스 구성은 정서적으로도 관객을 '엑스터시' 시키는 방법을 쓰고 있다.

또 파토스 구성은 지적 영화론의 흔적을 보이고 있다. 에이젠슈테인에 의하면, '크림 분리기 시퀀스'는 우유의 분출이라는 '사실'에서 우유를 뿜는 분수와 불꽃의 은유적 '이미지'로 비약하고, 이미지에서 숫자가 의미하는 '개념'으로 비약해, 관객을 감정의 영역에서 개념의 영역으로 인도하였다.445 에이젠슈테인이 설명한 과정을 잘 살펴보자. 관객은 우유에서 분수로, 분수에서 불꽃으로 비약하는 단계에서 일종의 환희를 맛볼 수 있을 것이다. 그리고 이러한 감정적 엑스터시는 커져 가는 숫자들의 단계에서 "개인농장이 집단농장으로 발전한다"는 개념으로 전환되는 것이다. 그렇다면 파토스 구성은 그 최종목표 중의 하나가 지적 개념으로의 도약이라는 점에서 지적 영화론과 같다. 그리고 이러한 과정, 즉 사실에서 이미지로, 이미지에서 개념으로의

---

* 흑백에서 컬러로의 비약은 〈전함 포템킨〉의 선례가 있다. 이 영화에서는 갑자기 색이 칠해진 적기(赤旗)가 나타난다.
** 에이젠슈테인은 '회색-컬러-흑백(gray-color-black and white)'의 배치를 〈폭군 이반〉에서 다시 사용하였다.

흐름은 지적 영화의 구성방법을 반영한 것이라고 할 수 있다. 또 한 가지 지적해야 할 점은 우유의 분출이 분수라는 은유로 비약한 것은 숏들의 병치를 통해 의미와 이미지를 창조하려는 '몽타주 비유법(montage trope)'에 해당된다는 점이다.[446] 즉 크림 분리기에서 떨어지는 우유는 '우유를 뿜는 분수'라는 은유로 비약한 것이다. 여기서 우리가 주목해야 할 점은 '몽타주 비유법'이 충돌 몽타주와 지적 몽타주에도 해당된다는 것이다. 에이젠슈테인이 충돌 몽타주의 예로 든 〈파업〉은 데모하는 군중이 학살당하는 숏과, 도살장의 소가 도살당하는 숏의 결합을 통해 '인간 도살장'이라는 은유를 달성하였다. 지적 몽타주도 유사한 원리에 기초한다. 예를 들어 〈전함 포템킨〉은 자세가 다른 세 개의 대리석 사자를 결합해 '분노하는 사자' 혹은 "돌조차도 궐기한다"라는 은유를 창조한 것이다.[447] 그렇다면 몽타주 비유법은 충돌 몽타주, 지적 영화, 파토스 구성에 모두 공통되는 현상이라고 볼 수 있다. 이렇듯 충돌 몽타주, 지적 영화, 파토스 구성은 하나의 이론체계 안에 속하는 것으로, 각각은 동일한 개념으로부터 분화 발전된 것이라고 볼 수 있다.

그렇다면 에이젠슈테인 이론의 근원적 뿌리는 무엇일까? 그것은 그의 첫 이론인 어트랙션 몽타주에서 찾아야 할 것이다. 에이젠슈테인은 「영화의 구조」의 후기(後記)에서 파토스 개념은 1920년부터 1923년 사이의 연극 작업, 즉 어트랙션 몽타주에 사용한 익센트리즘과 밀접히 관련되어 있다고 증언하였다.[448] 익센트리즘이란 1920년을 전후로 한 소비에트 연극의 실험적 작업의 소산으로, 서커스 곡예적인 기예를 적극 활용하는 것을 특징으로 하고 있다. 에이젠슈테인에 따르면, 익센트리즘은 파토스 구성에서 사용할 두 가지 기본전제를 이미 갖고 있는데, 그것은 첫째 '감정의 극대화'이며, 둘째 '감정을 구현하는 방법의 전통적 차원을 파괴'하는 것이다.[449] 다시 말해 에이젠슈테인은 어트랙션 몽타주에서 감정적 효과를 극대화하고 종래의 재현 방법을 극복하고자 한 것이다. 예를 들어 〈현인〉의 공연에서 에이젠슈테인은 보통 생각하는 긴장의 표현 수준을 훨씬 넘어서도록 하기 위해 줄타기 곡예를 도입하였다. 그 장면은 고루트빈(Golutvin)이라는 인물이 삼촌 굴루모프(Glumov)의 일기를 훔쳐 숙모인 마마예바(Mamayeva)에게 몰래 전달하러 가는 것이었다. 에이젠슈테인은 이 액션이 지닌 긴장감을 극대화하기 위해 고루트빈이 아슬아슬하게 줄타기 곡예를 하며 대사를 하도록 한 것이다. 이러한 연기는 에이젠슈테인의 표현에 따르면 인습적인 연기에서 '실제적이고도 육체적인 긴장'을 유발하는 새로운 차원의 연기로 비약한 것이다.[450] 에이젠슈테인은 그 결과 연극이 서커스로 비약해 질적인 변화를 초래하였다고 말하고 있다.

제스처는 체조로 변하였고, 분노는 공중제비로, 환희는 살토모테일로 표현되었다.… 이러한 **그로테스크** 양식은 하나의 표현형태가 다른 표현형태로 비약하는 것을 허용한다.[451][강조는 원서에 따른 것이다]

이렇듯 어트랙션 몽타주의 익센트리즘은 감정적 톤과 표현력의 질적인 비약을 통해 관객의 지각과 정서를 새로운 차원으로 상승시킨다. 어트랙션 몽타주의 특성인 '표현과 정서의 질적인 비약'은 파토스 구성의 일면일 뿐만 아니라, 충돌 몽타주와 지적 몽타주에도 적용되는 유효한 원리이다. 이처럼 에이젠슈테인의 이론은 초기의 어트랙션 몽타주에서 후기의 파토스 구성에 이르기까지 하나의 일관된 흐름을 보이고 있다.

한편 '크림 분리기 시퀀스'는 배우들의 환희에 찬 연기보다는 구성을 통해 파토스를 이룩하였다고 볼 수 있다.[452] 에이젠슈테인은 크림 분리기에 대한 극중인물들의 환희를 배우들의 연기보다는 구성에 의존한 이유들을 다음과 같이 말하고 있다. 첫째, 주제를 디오니소스적(Dionysos的) 환희보다는 '사상(idea)'의 승리에 초점을 두었기 때문이다. 둘째, 일상적으로 보는 환희나 기쁨의 춤은 집단농장을 건설하는 이성적이고 자제력있는 농부들에게는 어울리지 않는 것이기 때문이다. 셋째, 환희에 찬 행동은 '크림 분리기 시퀀스'가 나오기 전에 이미 그 효력을 소진한 것이기 때문이다. '크림 분리기 시퀀스'의 바로 앞 장면은 부활절 종교행렬이었다. 여기서 농부들은 뜨거운 태양열에 메말라 버린 들판에서 비를 갈구하며 종교적 광희(狂喜)를 마음껏 펼친다. 예를 들어 어떤 사람들은 무릎을 꿇고 하늘을 향해 기적의 비를 내려달라고 헛된 찬송가를 부르고, 어떤 사람들은 성상(聖像)들 밑에 매달려 흙먼지로 뒤범벅되어 있었다. 만일 '크림 분리기 시퀀스'가 조직된 기술에 의존하는 '새로운 세계'를 표현한다면, 부활절 종교행렬은 신비한 힘을 맹목적으로 믿는 '낡은 세계'를 상징한다. 에이젠슈테인은 이 두 세계(시퀀스)가 병치되어 날카롭게 충돌하도록 하였다. 즉 **영화**의 내용이 한 차원에서 다른 차원으로 비약되었다고 볼 수 있는 것이다. 한편 종교행렬이 그 주된 표현수단을 배우들의 연기에 의존하였다면, 크림 분리기는 순수한 영화적 수단에 의존하였다고 볼 수 있다. 그 결과 표현수단에 있어서도 질적인 비약이 일어났다. 즉 영화적 표현이 연기의 차원에서 '순수한 영화술(pure cinematography)'의 차원으로 비약한 것이다.*

---

* 이러한 것은 〈전함 포템킨〉의 중간 부분에서 표현수단이 새로운 것으로 비약하는 것과 비교할 수 있다.

3. 파토스 구성의 예술

에이젠슈테인은 〈낡은 것과 새로운 것〉의 파토스 구성을 분석한 다음, 이러한 원리가 다른 예술 분야에도 적용되는 당위성을 지니고 있음을 주장한다. 이를 위해 에이젠슈테인은 무려 스물두 가지의 사례를 제시하고 있다. 예를 들어 에이젠슈테인은 졸라의 소설에서 자연주의적인 서술이 은유, 직유, 환유와 같은, 다른 차원의 서술로 비약하는 것에 주목하였다. 졸라는 『제르미날(*Germinal*)』에서 광산촌의 월급날 싸구려 술집에서 벌어지는 난장판을 다음과 같이 묘사하고 있다.

> 조끼에서 튀어 나오는 젖가슴
> 찜통처럼 뿜어 나오는 땀
> 엄마의 젖가슴에서 배고픈 아기의 입 속으로 젖은 흘러가고,
> 아이들은 식탁 밑에서 오줌을 싸고,
> 마당에서 어른들은 목구멍에 정신없이 쏟아 부은 맥주를 물줄기처럼 토해낸다.[453]

한마디로 '과잉(overabundance)'의 극치이다. 모든 것이 넘치고 넘쳐 다른 차원으로 비약하는 것이다. 부푼 젖가슴은 조끼를 튀쳐 나오고, 땀은 찜통처럼 뿜어 나오고, 아

■■■■ 30. 〈10월〉에서 마차를 끄는 백마의 시체 촬영 장면.

31. 그레코의 〈부활〉(왼쪽)에 나타난 비약적 구성과, 피라네시의 〈어두운 지하감방(Dark Dungeon)〉
(오른쪽)에 보이는 비약적 구성. 그레코의 그림에서 맨 밑에 있던 예수는 소용돌이치면서 승천하고 있다.
여기서 눈에 띄는 것은 밑 부분에 거꾸로 누워 있는 예수와, 윗부분에 바로 서 있는 예수이다.
밑의 예수는 해진 옷을 걸치고 괴로워하고 있고, 위의 예수는 승리의 깃발을 들고 미소짓고 있다.
이렇듯 이 그림은 극에서 극으로 달리는 발전을 보여주고 있다. 피라네시의 그림은 분위기상 비약적 구성을
보이고 있다. 예를 들어 부드러운 빛은 위에서 내려와 침침한 바닥으로 사라져 가고 있고,
바닥의 어두운 물체들은 점차 밝아져 빛으로 충만한 둥근 천장 위로 치솟는 듯하다.

이들은 식탁에서 오줌을 뿜어내고, 어른들은 맥주를 물줄기처럼 토해낸다. 비약은 청
각적인 차원에서도 이루어진다. 술 취한 사람의 코넷(cornet) 연주가 기관차 같은 소
음을 낸다. 여기서 에이젠슈테인은 영화 음악도 졸라의 소설에 나오는 사운드 처리
처럼 '사실 같음'에 얽매이지 않고 수사적으로 사용되어 파토스 효과를 거둘 수 있
다고 생각하였다. 예를 들어 〈10월〉에서 시내와 노동자들의 구역을 분리하기 위해
다리가 올려지는데, 마차를 끄는 백마의 죽은 시체가 다리에 매달려 있는 장면이 있
다.(도판 30) 이 장면을 위해 선택된 곡은 바그너의 〈발키리의 승마(Ride of the Valk-
yries)〉였다.454 코폴라(Francis Ford Coppola) 감독의 〈지옥의 묵시록(Apocalypse

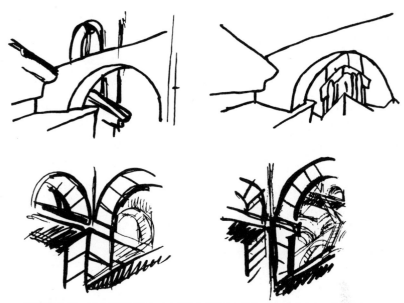

32. 피라네시의 〈어두운 지하감방〉을 분석하기 위해 에이젠슈테인이 그린 스케치는 다리, 기둥, 아치 같은 것으로 막힌 뒤에 위치한 물체의 크기가 상당히 축소되었음을 보여주고 있다. 이것은 '중단(interruption)'과 '비약(leap)'의 원리를 이용해 먼 거리의 환각을 창조하는 것이다.

Now)〉을 연상시키는 바그너 음악의 사용은 아이러니컬한 느낌을 줄 뿐 아니라 관객의 감정을 전혀 예측하지 못한 방향으로 비약시키는 효과가 있다. 에이젠슈테인이 졸라의 소설에서 인상 깊게 느낀 것은 바로 이러한 파토스 구성이었던 것이다.

지금까지 논의된 파토스 구성은 근본적으로 정서적 내용의 강도가 계속 고조되는 양상을 보였다. 에이젠슈테인은 1945년부터 1947년 사이에 쓴 「사물의 구조에 관한 재고찰(Once again on the Structure of Things)」에서 이러한 파토스 구성을 '직접 과정(direct course)'이라고 규정하였다. 그러나 에이젠슈테인이 생각하는 파토스는 이것이 전부는 아니다. '직접 과정'과 정반대되는 '역(逆)의 구성(reverse construction)'도 있다.[455] 엑스터시 혹은 파토스의 상태는 보통 눈물이 쏟아지거나, 고함을 지르는 것으로 표현되었다. 이것이 바로 '직접 과정'의 파토스 구성이다. 그러나 '역의 구성'은 정반대의 흐름을 보인다. 여기서는 흐르는 눈물이 갑자기 멈추고, 고함이 침묵으로 돌연히 변하고, 고양된 시적 대사가 일상적인 대화체로 바뀐다. 에이젠슈테인은 이것 역시 "자신을 벗어난다"는 점에서 파토스의 일반 공식을 따른다고 하였다. 에이젠슈테인은 '역의 구성'의 적절한 예를 1934년 바실예프(Vasilyev) 형제가 만든 〈차파예프(Chapayev)〉에서 찾았다. 이 작품은 극적이지 않은 에피소드를 사용하였고, 평범한 사람에 지나지 않는 영웅을 등장시켰으며, 마땅히 고양된 어조로 표현해야 할 것을 일상적 산문으로 처리하였다. 이렇듯 〈차파예프〉는 '반대 방향으로의 비약'을 통해 아주 극적인 효과를 얻어냈다.

에이젠슈테인은 비약적 구성의 당위성을 주장하기 위해 졸라 외에도 휘트먼(Walt Whitman), 츠바이크(Stefan Zweig), 푸슈킨 등의 문학작품, 연극 배우 레메트르(Frédérick Lemaitre)의 연기, 고대 그리스극, 그레코(El Greco)의 그림, 피라네시(Giovanni Battista Piranesi)의 건축, 중국의 산수화, 고딕 건축물 등을 분석하고 있다.(도판 31, 32) 동서고금을 넘나드는 에이젠슈테인의 문화적 탐험은 파토스 구성이 예술적 표현의 핵심으로 작용하고 있음을 재차 확인시켜 준다. 따라서 에이젠슈테인은 인종, 시대, 분야에 관계없이 파토스 효과는 창조의 기본 원리로 작용하고 있다고 주장한다. 더욱이 에이젠슈테인은 앞서 언급했듯이 파토스 구성을 변증법의 원리와 종교적 엑스터시의 관점에서 정당화하고 있는 것이다.

9장

총체적 이미지의 몽타주

1. 몽타주 이론의 변화

4장의 '비일치의 원리'에서 언급했듯이 에이
젠슈테인의 이론은 1930년대에 새로운 단계
로 접어든다. 이론의 중심적인 축이 노골적
인 대위법에서 '조화로운 대위법'으로 옮겨
가게 되는 것이다. 몽타주에 대한 에이젠슈테인의 개념을 보면, 이러한 변화는 이미
예견된 것이었다. 예를 들어 1929년에 발표한 「전망」이라는 글에서 에이젠슈테인은
세상을 '몽타주적 사고'로 인식할 수밖에 없는 이유를 다음과 같이 말하고 있다. "인
식은 구성이다. 삶에 대한 인식은 삶에 대한 구성, 즉 삶의 재구성과 불가분의 관계
가 있다."[456] 이 말은 세상에 대한 인식의 변화에 따라 '몽타주 형태'가 달라질 수 있
다는 것을 암시하고 있다.

그럼 무엇이 에이젠슈테인의 인식을 변화시켜 새로운 몽타주 형태를 모색하게 했
는가? 1930년대는 사회주의 리얼리즘의 기치 아래 형식주의에 대한 모진 비판이 가
해지던 시대였다. 따라서 에이젠슈테인은 1920년대의 이론적 작업을 계속 추진하면
서도 전략적인 변신을 취할 수밖에 없었다.[457] 즉 에이젠슈테인은 사회주의 리얼리즘
에 부응하면서도 과거의 이론을 계속 유지하고자 한 것이다. 그 결과는 대위법을 몽
타주의 기본으로 지속시키면서도 노골적인 대립보다는 조화로운 대립을 앞세우는
것이었다. 한편 에이젠슈테인은 바그너의 오페라와 체호프의 극에서 조화로운 화음
의 원리를 터득하기도 한다. 1939년에 에이젠슈테인은 바그너의 〈발키리〉라는 작품
을 무대 연출할 기회를 맞게 되는데, 이를 계기로 그는 그 전에 거부했던 '종합적 앙
상블'의 매력에 대해 눈을 뜨게 된다. 에이젠슈테인은 새로운 성찰에 대해 다음과 같
이 말하고 있다.

바그너는 나의 창조적 진로에서 아주 자연스러운 단계임이 증명되었다.… 바그너가 나를

가장 매혹시켰던 것은 '종합적 스펙터클(synthetic spectacle)'에 대한 그의 의견이었다.… 바그너 음악극의 진정한 본질은 연출자로 하여금 음과 시각적인 것의 '내적 조화(internal unity)'를 반드시 창조하도록 한다는 것이다.… [종합적 앙상블에서] 배우, 음악, 조명, 풍경, 색채, 그리고 동작이 하나의 단일한 예리한 감정에 의해, 그리고 하나의 단일한 주제나 사고에 의해 하나의 통합적인 전체로 어우러지는 것이다.[458]

여기서 에이젠슈테인은 복합자극 미학에 대한 그의 생각을 변화시키고 있음을 알 수 있다. 이제 그는 다양한 예술적 요소들이 조화롭게 혼합되고, 예술적 요소들 사이의 대위법적 긴장보다는 '내적 조화'를 주된 구성원리로 하는 종합적 앙상블에 매료된 것이다. 조화로운 합성에 대한 에이젠슈테인의 새로운 인식은 체호프의 극을 이해하면서 더욱 굳어진다. 〈폭군 이반〉의 조화로운 혼합을 〈전함 포템킨〉과 비교하면서 에이젠슈테인은 "〈폭군 이반〉의 몽타주 구성은 흥미롭게도 체호프 연극에서 보인 극중인물들의 심리적 묘사에 나타난 것과 일치한다"라고 말하였다.[459] 여기서 에이젠슈테인이 체호프의 극에서 발견한 극중인물의 심리적 묘사는 '뉘앙스들이 서로 녹아들어 가는 다음(多音, the blending polyphony of the nuances)'이었다.[460] 이렇듯 에이젠슈테인은 〈폭군 이반〉에서 사용한 조화의 원리를 체호프의 독특한 스타일인 다양한 뉘앙스들이 '서로 녹아들어 가는 다음'으로 정의하였다. 위와 같은 사실에 바탕해 볼 때 에이젠슈테인의 태도 변화는 복합적이라는 것을 알 수 있다. 1930년대 에이젠슈테인은 새로운 예술적 성찰에 따라, 그리고 사회주의 리얼리즘 정책에 따라 자신의 이론을 수정할 필요성이 있었다. 이러한 두 가지 요구는 다행히 서로 일치하였다.

에이젠슈테인의 새로운 이론은 그가 이론적 작업에 몰두한 1937년부터 1940년 사이에 정립된다. 1938년에 발표한 「글과 이미지(Word and Image)」[461]에서 에이젠슈테인은 다음과 같은 말로 글을 시작하고 있다. "소비에트 영화에서 몽타주가 모든 것으로 선언된 시기가 있었다. 그리고 나서 몽타주는 아무것도 아니라는 시기가 있었는데, 지금 우리는 그러한 시기의 끝에 와 있다."[462] 사회주의 리얼리즘의 기승 속에서 자신의 처신을 조심해야 했던 에이젠슈테인에게 드디어 몽타주를 다시 공개적으로 논할 시기가 온 것이다. 따라서 그는 "몽타주에 대한 열광과 비난을 거쳐 우리는 몽타주의 문제를 단순하면서도 새롭게 접근해야 한다"라는 말로 서두를 잇는다.[463] 이 말은 몽타주에 대한 그의 관점이 과거와는 달리 보다 세련되고 복잡미묘한 뉘앙스를 풍기리라는 것을 암시하고 있다. 에이젠슈테인이 몽타주를 새롭게 조명해 보려는 또 다른 이유는 그 당시의 영화들이, 과거에 이룩하였던 영상언어인 몽타주의 기본원칙마저 망각한 것을 개탄스럽게 생각하였기 때문이었다. 따라서 에이젠슈테인은 상실된 '몽타주 문화(montage culture)'를 복원하자고 강력히 제안하면서 다음과 같이 그의 옛 견해를 재확인하고 있다. "어떤 두 개의 필름 조각도 나란히 병치된다면 불가피하게 새로운 개념, 새로운 질로 결합된다."[464]

에이젠슈테인은 위와 같은 몽타주적 사고방식을 캐럴(Lewis Carroll)이 창안한 '합성어(portmanteau word)'에서 찾는다. 예를 들어 크리스마스 시즌을 '술의 휴일(alchoholidays)'로 표현했을 때 'alcohol(술)'과 'holidays(휴일)'가 결합된 합성어가 만들어진다는 것이다. 이러한 합성어는 개별적인 두 개의 사실을 인식하게 하고, 동시에 그 종합이 낳은 새로운 효과, 즉 코믹한 뉘앙스를 느끼게 한다.[465] 이렇듯 몽타주적 사고방식은 보편적인 현상인 만큼, 영화 관객이 결합된 두 개의 숏을 보고 추론을 한다는 것은 에이젠슈테인에게는 너무나 명백한 일인 것이다. 따라서 몽타주의 기본원리는 예나 지금이나 변함이 없다. 에이젠슈테인에게 있어서 숏과 숏의 결합은 단순한 합이 아닌 새로운 창조에 가까워서, 개별적인 사실이 지니지 못한 특성을 창조하는 질적인 변화를 일으킨다는 것이다.

그러나 에이젠슈테인의 이야기는 여기서 그치지 않는다. 그는 과거의 몽타주가 범한 실수를 지적한다. 즉 과거의 몽타주는 결합이 가져오는 결과에 주된 초점을 두고, 결합되는 '원료(material)'를 분석하는 일에는 소홀하였다는 것이다.[466] 여기서 우리는 에이젠슈테인의 미묘한 태도 변화를 읽을 수 있다. 그는 개별적인 숏들의 내용이 서로 상관이 없어도 새로운 '제3의 것(a third something)'을 발생시킬 수 있다는 점을 강조한 초기의 실수를 인정한 것이다. 따라서 에이젠슈테인은 단일 프레임들이 담고 있는 내용과 이러한 개별적인 내용들이 상호 결합되어 통합적인 의미를 만들어야 한다는 의견을 내놓는다.[467] 이제 통합적인 의미는 개별적인 숏들의 내용뿐 아니라 그것들의 결합도 결정해, 그 전체적 효과로 제3의 것이 탄생하도록 해야 한다는 것이다.[468] 이러한 맥락 속에서 몽타주가 지닌 의미는 무엇일까? 그것은 각각의 '몽타주 조각(montage piece)'이 더 이상 전반적인 주제와 관련이 없는 것이 아니라, 그 주제의 '특수한 표현(particular representation)'이 되어야 하고, 그 결과는 '총체적인 이미지(genralized image)'를 형성하고 경험할 수 있도록 해야 한다는 것이다.[469] 이것이 첫번째 변화이다. 이제 몽타주는 에이젠슈테인에게는 '총체적인 이미지'를 구축하는 것으로, 개별적인 숏의 내용이나 숏들의 결합은 이 원칙에 따라 결정되어야 한다는 것이다.

위에서 살펴본 「글과 이미지」는 에이젠슈테인 이론에서 하나의 획을 그었다. 초기에 에이젠슈테인은 서로 관련없는 숏들의 병치로 노골적인 대위법 효과를 거두려고 했지만, 이제 그는 총체적인 이미지 혹은 '조화로운 이미지'에 더 관심을 가졌던 것이다. 그러나 여기서 우리가 주의해야 할 점이 있다. 에이젠슈테인에게 있어서 조화는 전통적 의미의 조화가 아니라는 점이다. 그것은 '대위법적 조화'를 의미하는 것으로, 이것은 에이젠슈테인 이론의 두번째 큰 변화이다. 대위법적 조화에 대한 강조는 1945년에 집필하기 시작한 『냉담하지 않은 자연(*Nonindifferent Nature*)』에 두드러지게 나타나고 있다. 여기서 에이젠슈테인은 몽타주 미학의 발전을 세 단계로 나누어 설명하고 있다. 첫번째는 '선사시대적 몽타주(prehistorical montage)'의 단계로서, 단일한 지점에서 촬영하는 영화술을 말한다. 두번째는 개별적인 요소들의 분리가 가속화되어 서로 충돌하는 단계이다. 이러한 경향의 절정은 관련없는 숏들의 결합으로 움직임의 환각을 만들어낸 것에 있다. 예를 들어 〈전함 포템킨〉에서는 세 개의 대리석 사자상들이 결합되어 벌떡 일어나는 사자의 인상을 주었다. 세번째 단계는 시청각적 몽타주이며, 이것은 조화와 다음(多音)을 동시에 추구하는 '조화로운 대위법(harmonious counterpoint)'에 토대하고 있다.470 여기에 핵심이 있다. 에이젠슈테인이 말하는 조화는 다양한 음에 토대한 '조화로운 대위법'인 것이다. 그렇다면 우리는 에이젠슈테인의 근본시각이 크게 달라지지 않았다는 것을 알 수 있다. 몽타주 미학의 기본은 에이젠슈테인에게는 항상 대립 혹은 대위법이었던 것이다. 다만 그가 초창기에는 대립이 빚는 충돌에 비중을 두었다면, 후반기에는 대립 속에서도 조화를 이룰 수 있다는 점을 강조하고 있다.

조화로운 대위법을 새롭게 제기하는 에이젠슈테인이 과거의 노골적인 대위법을 전면 부정하는 것은 아니다.471 에이젠슈테인이 강조하고 싶은 말은 새로운 몽타주가 과거의 방식에 토대한다는 것이다. 따라서 에이젠슈테인은 '노골적인 대위법'*이 사상사(思想史)의 가장 찬란한 단계를 반영하기 때문에 그 가치가 있다고 주장한다. 진보된 의식은 세상을 분석에 의해 분해하고, 다시 하나의 통합체로 재창조함으로써 세상을 종합적으로 완벽하게 지각하게 만든다. 노골적인 대위법은 바로 이러한 의식과 일치한다는 것이 에이젠슈테인의 주장이다.472 에이젠슈테인은 노골적인 대위법이 젊은 기운의 산물임을 인정하였다. 〈전함 포템킨〉은 바로 그 상징으로서, 작품이 만들어질 당시에 세 가지 젊음이 일치하였다고 에이젠슈테인은 말하였다. 즉, 여덟 살 난 소비에트 공화국, 열세 살의 영화예술, 스물일곱 살의 젊은 감독이 합동으로 영화의 구성을 대위법적으로 만들었던 것이다.473 그러나 몽타주 미학은 시대의 요청에 따라 변할 수밖에 없다고 주장하면서 에이젠슈테인은 다음과 같이 언급하였다.

예술사에서 몽타주 방법의 강화가 부침(浮沈)하는 역사를 추적해 보면 다음과 같은 결론을

---

* 에이젠슈테인은 '대위법적 구성'이라고 했지만, 의미상으로는 '노골적인 대위법'을 지칭하고 있다.

내릴 수 있다. 예술이 현실을 반영해야 하는 임무를 가진 사회적 안정기에는 [노골적인] 몽타주 방법과 구성의 우월성이 감소된다. 반면에 현실을 파괴해서 다시 재단하고 구성하는 적극적 개입이 필요한 시대, 삶을 적극적으로 재구성해야 하는 시대에는 예술의 방법으로 [노골적인] 몽타주는 끊임없이 상승하는 강도로 성장한다.[474]

한마디로 에이젠슈테인은 몽타주 미학이 사회적 변화와 발전에 부응해야 한다고 생각한 것이다. 사회 개혁의 시대에서 예술은 현실을 재구성하고 재조직하는 임무를 수행해야 한다. 그러기 위해서는 지배적인 예술 방법론이 '개별적 요소들이 서로 분리되어 충돌'하는 노골적인 몽타주가 되어야 한다고 에이젠슈테인은 믿었다.[475] 어트랙션 몽타주, 일원적 앙상블, 그리고 충돌 몽타주는 바로 이러한 사고를 반영한다고 볼 수 있다. 그러나 사회적 안정기에 예술은 사회적 조화를 반영하기 위해 예술적 요소들 사이의 조화로운 상호작용을 강조해야 한다. 대위법적 조화의 몽타주는 바로 이러한 의식을 대표한다. 여기서 주목해야 할 점은 대위법이 언제나 몽타주의 기본 원리로 작용하고 있다는 것이다. 다만 시대적 요청에 따라 노골적인 충돌에서 조화로운 화음으로 그 초점이 옮겨간 것뿐이다.

위의 글에서 우리는 에이젠슈테인이 예술의 사회주의적 임무를 의식적으로 강조하고 있다는 점을 읽을 수 있다. 이것은 정치적 압박에 대한 순응적인 표현이라고 할 수 있다. 이러한 노력은 그의 글에서 종종 발견된다. 예를 들어 에이젠슈테인은 자신의 이론을 정당화하기 위해 개별적인 인민들의 노력이 집단의 목표에 이바지하는 원리를 말하고 있다. 에이젠슈테인은 볼셰비키 혁명이 일어난 직후인 1917년 부교(浮橋)를 설치하는 집단노동에 동원된다. 여기서 에이젠슈테인은 헤아릴 수 없이 많은 인민들이 각자 다른 임무를 수행하는 가운데서 하나의 공통된 목표인 부교가 건설되는 것을 목격하였다. 대위법적 조화에 대한 영감은 바로 이러한 경험에서 비롯되었다고 한다.[476] 따라서 '대위법적 조화의 몽타주'는 집단과 개인의 조화에 바탕을 둔 소비에트의 권력구조를 놀랍도록 잘 반영하고 있어 예술적으로 정당하다고 에이젠슈테인은 은근히 주장하고 있는 것이다.[477] 에이젠슈테인은 한편 소비에트가 적군(赤軍)의 눈부신 활약으로 그 어느 시기보다도 막강한 국가가 되었으므로, 이러한 시대적 변화에 맞는 양식적 변화가 필요하다는 논리를 펴기도 한다. 따라서 과거의 '명백한 몽타주(obvious montage)'와 '눈에 띄는 대위법(perceptible counterpoint)'은 대위법적 조화의 몽타주로 선회해야 한다는 것이다.[478] 이렇듯 에이젠슈테인은 자신의 이론을 언제나 이념적으로 정당화하려고 했다.

지금까지 살펴보건대 에이젠슈테인의 몽타주 이론은 노골적인 대위법에서 조화로운 대위법으로 발전해 갔다. 이러한 변화는 이념적인 압박도 작용하였지만, 그에 못지 않게 새로운 예술적 통찰이 큰 계기가 되었다. 앞으로 전개될 그의 이론은 과거로 부터의 단절이 아니다. 대위법이나 대립이 여전히 몽타주의 핵심으로 자리잡고 있기 때문이다. 다만 새로운 점은 대립 속의 조화를 보다 강조한다는 것이다. 대위법적인 조화의 몽타주라고 통칭할 수 있는 에이젠슈테인의 후기이론은 특히 다양한 예술적 요소들을 다루는 복합자극 미학과 관련되어 있다. 앞으로 살펴볼 에이젠슈테인의 이론은 이러한 맥락에서 이해되어야 한다.

2. 총체적 이미지의 몽타주

1929년에 제기된 상음적 몽타주는 에이젠슈테인의 이론에서 하나의 계보를 형성한다. 상음적 몽타주는 기본적인 음을 중심으로 다양한 보조적인 음들이 어우러져 하나의 주된 인상 혹은 통일체를 구성하는 것을 일컫는다. 이러한 상음적 몽타주의 성격은 1932년에는 '유기성(organicness)'이라는 개념으로 발전하고, 유기성은 1938년에는 '총체적 이미지(generalized image)'라는 개념으로 그 모습을 달리한다.

'유기성'이라는 개념은 1932년에 쓴 「처리에 대한 강의(A Course in Treatment)」에서 다음과 같이 전개되고 있다.

> 실제에 있어 영화는 개별적인 에피소드들로 잘게 분리되어 있다. 그러나 이러한 에피소드들은 단일한 이데올로기적 · 구성적 · 양식적 통일체의 가지에 모두 매달려 있다.… 영화의 모든 단편들은 유기적으로 고안된 통일체의 유기적 부분이 되었을 때 예술이 되는 것이다.[479]

이제 에이젠슈테인은 몽타주 조각이 독립적이고 자율적인 단위가 아니라 하나의 통일체의 유기적 부분이라고 말하기 시작하는 것이다.

유기성의 개념은 1939년에 쓴 「영화의 구조」에서 보다 구체적으로 논의되고 있다. 여기서 에이젠슈테인은 유기성을 '통일된 법칙(unified canon)'이 전체와 각 부분뿐 아니라, 이러한 구성에 참여하는 모든 분야에 스며드는 것을 의미한다고 규정하였다.[480] 그렇다면 유기성은 우선 특정한 법칙이 다양한 에피소드나 몽타주 조각에 반영되는 것을 전제로 하고 있다. 이것이 바로 '일반적 규칙에 따른 유기성(organicness of a general order)'으로, 작품 전체가 특정한 구성법칙에 종속되는 것이다.[481] 에이젠슈테인은 '일반적 규칙에 따른 유기성'의 예로 〈전함 포템킨〉을 들고 있다. 〈전함 포템킨〉은 사건을 뉴스릴이나 연대기처럼 묘사하였지만, 그 안에는 5막 형식의 드라마가 있다. 각 부분을 제목을 중심으로 요약하면 다음과 같다.

1부 '인간과 구더기' : 액션의 도입부. 전함의 환경. 구더기가 끓는 고기. 선원들 사이에 불만이 번짐.

2부 '뒷갑판에서의 드라마' : "갑판에 집합!" 벌레가 들끓는 수프 거절. 반항하는 선원들에게 방수포(防水布)를 씌움. "형제여!" 발포를 거부. 폭동. 장교들에 대한 복수.

3부 '죽은 자의 호소' : 안개. 바큐린츄크의 시신이 오데사 항구에 옮겨짐. 시신에 대한 애도. 분노. 시위. 적기(赤旗)를 쳐듦.

4부 '오데사 계단' : 해안의 사람들과 전함 사이의 형제애. 식량을 실은 요올보트(yawls-boat). 오데사 계단에 대한 사격. 전함이 장군의 참모부를 포격함.

5부 '함대를 만남' : 기다리는 밤. 함대를 만남. 엔진. "형제여!" 함대는 발포를 거부. 전함은 승리한 것처럼 함대 사이를 통해 지나감.[482]

위의 에피소드들은 서로 다른 액션을 다루고 있지만, 그 속에는 어떤 법칙이 반복되고 있다. 예를 들어 2부의 '뒷갑판에서의 드라마'에서 몇몇 선원들이 사격조의 총구를 향해 "형제여!"라고 외치자, 총구들은 밑으로 내려진다. 전함 전체가 그들에게 합류한 것이다. 5부 '함대를 만남'에서 함대의 대포들이 반란을 일으킨 포템킨 전함을 향해 포신(砲身)을 겨눌 때, 포템킨의 선원들이 그 함대를 향해 "형제여!"라고 외치자, 대포들은 밑으로 내려진다. 함대 전체가 그들에게 합류한 것이다. 이와 같이 형제애의 혁명적 느낌은 작품의 전반적 구조 속에서 반복되고 있다.[483]

형제애와 혁명에 관한 전반적인 주제는 독립적인 5막을 서로 연결시킬 뿐 아니라, 각각의 막은 두 부분으로 나뉘어지는 구조적 공통점을 갖고 있기도 하다. 2막부터 5막까지의 에피소드를 살펴보면 다음과 같다.

2막 방수포를 씌우는 장면 → 폭동
3막 바큐린츄크에 대한 애도 → 분노의 시위
4막 서정적인 형제애 → 사격
5막 함대를 초조하게 기다림 → 승리

위와 같이 모든 막은 두 부분으로 나누어지며, 각 막의 전환점은 특수한 '휴지(休止, caesura)'를 중심으로 일어난다. 3막의 전환점은 움켜쥔 주먹들을 보여주는 몇 개의 숏인데, 이러한 휴지를 기점으로 억울하게 죽은 수병에 대한 애도가 갑자기 분노로 비약한다. 4막의 휴지는 '갑자기(SUDDENLY)'라는 자막이며, 여기서 시민들과 수병들이 형제애를 나누던 장면은 시민들을 학살하는 장면으로 갑자기 바뀐다. 2막의 움직임이 없는 총구와 5막의 멍하니 벌려져 있는 포구(砲口)는 숨막히는 기다림의 순간이다. 이때 "형제여" 하는 외침으로 형제애가 폭발하게 되는 것이다. 여기서 주목해야 할 점은 각 막에서의 전환이 단순히 다른 분위기, 다른 율동으로의 변화가 아니었다는 점이다. 전환은 질적으로 반대되는 것이었다. 즉 단순히 대조되는 것이 아니라 정반대의 대조였다.[484] 이러한 규칙, 즉 파토스 구성은 각 막에서 반복될 뿐 아니라, 작품 전체에도 해당된다. 영화의 중간쯤에서 바큐린츄크의 죽음에 이어진 안 개 낀 항구의 에피소드는 모든 것이 멈춰 버린 듯한 휴지의 상태였다. 영화는 이를 기점으로 새로운 국면으로 비약한다. 이렇듯 〈전함 포템킨〉은 형제애와 혁명에 관한 주제를 유기적으로 발전시켰으며, 이 주제는 영화의 전체적인 구조뿐만 아니라 각 부분의 구조까지 결정지었다.[485] 여기서 주목해야 할 점은 어트랙션 몽타주의 원리가 '유기성'의 개념에 살아 있다는 것이다. 어트랙션 몽타주는 다양한 단편들 사이의 대 조나 유사성을 통해 의도된 주제를 부각시킨다. '연상적 비교'라고 불리는 이 원리는 유기성의 개념에 반영되어 있다. 왜냐하면 에이젠슈테인이 말하는 유기성은 근본적 으로 다양한 에피소드들 사이의 주제적 혹은 구조적 유사성에 토대하기 때문이다. 그 결과가 앞으로 언급할 '다양함 속의 통일성'인 것이다.

에이젠슈테인은 1938년의 「글과 이미지」에서 유기성의 유사 개념인 '총체적 이미 지'를 소개한다. 앞서 '몽타주 이론의 변화'에서 언급했듯이 '총체적인 이미지'는 개 별적인 몽타주 조각들을 결합해 전반적인 주제를 부각시키는 것을 의미한다. 이때 개별적인 숏은 주제의 특수한 표현이 되며, 그들의 결합이 총체적인 이미지를 형성 한다. 따라서 에이젠슈테인은 부분과 전체의 관계에 대해 다음과 같이 언급하였다.

> 표상 A와 표상 B는 주어진 주제에 맞는 모든 특성들 가운데서 선택되어서, 그들의 결합, 즉 대안적인 표상들이 아닌 진정한 표상들의 결합이 주제에 합당한 가장 완벽한 이미지를 관 객의 지각과 감정 속에 불러일으키도록 해야 할 것이다.[486]

여기서 '표상(representation)'과 '이미지(image)'는 앞으로 에이젠슈테인이 전개할 몽타주 이론의 핵심개념이다. 에이젠슈테인은 '표상'과 '이미지'의 관계를 시계의 예 를 들어 설명하고 있다. 우리가 시계를 볼 때 긴 바늘과 작은 바늘이 가리키고 있는 것은 엄밀히 말해 '기하학적 표상(geometrical representation)'이다. 그러나 우리는 그 기하학적인 표상을 보고 그것과 관련된 시간의 이미지를 불러일으킨다.[487] 예를 들어 시계 바늘이 다섯시를 가리키는 '기하학적 표상'은 다음과 같은 이미지들을 불 러일으킬 수 있다고 에이젠슈테인은 말한다.

> 아마 한 잔의 차(茶)를 마시는 모습, 하루의 일과가 종결되는 모습, 지하철 러시 아워가 시 작되는 모습, 아니면 철시하는 상점 혹은 늦은 오후 시간의 특유한 빛… 아무튼 우리는 오 후 다섯시에 일어날 수 있는 일련의 그림들(표상들)을 자동적으로 상기할 것이다. 오후 다 섯시의 이미지는 모든 이러한 개별적 그림들로 이루어져 있다.[488]

이렇듯 다섯시의 이미지는 다양한 '그림들(pictures)' 혹은 '표상들'로 이루어져 있으며, 이때 다섯시를 가리키는 시계바늘은 기하학적인 표상에 머물지 않고 그 시간과 관계되는 그림들 혹은 표상들을 불러일으킨다는 것이다. 여기서 중요한 것은 "하나의 이미지는 표상으로부터 형성된다"는 것이다. 보다 구체적으로 말해, 하나의 이미지는 그것을 특징적으로 대변하는 표상들로 이루어져 있으며, 이때 표상들 '사이를 연결해 주는 고리(the chain of intervening links)'는 없어도 무방한 것이다.[489]

에이젠슈테인은 위와 같은 표상과 이미지의 관계를 뉴욕의 거리 이미지를 들어 설명하기도 하였다.[490] 뉴욕의 거리는 이름으로 되어 있지 않고 '5번가(Fifth Avenue)', '42번가(Forty-Second Street)' 하는 식으로 숫자로 표시되어 있다. 따라서 거리를 이름으로 부르면 얼른 그 거리의 이미지가 떠오르는 것에 익숙해 있던 에이젠슈테인은 뉴욕의 거리를 기억하는 데 큰 어려움을 겪었다. 궁극적으로 그가 뉴욕의 거리들을 기억하게 된 것은 두 단계의 과정을 통해서였다고 회고하고 있다. 예를 들어, 첫번째 단계는 '42번가'의 이미지를 기억하기 위해 그 거리의 특징적 표상들, 특히 다른 거리와 차별되는 특징적인 모습들을 기억하는 것이다. 그러나 이 단계에서는 거리의 진정한 이미지가 아직 형성되지 않았다. 왜냐하면 '42번가'의 다양한 특징적 요소(표상)들이 '하나의 단일한 이미지(a single image)'로 통합되지 않았기 때문이다. 에이젠슈테인이 '42번가'를 진정한 이미지로 기억하게 된 것은 그 거리의 특징적 표상들이 '하나의 단일한 이미지' 혹은 '전반적인 이미지(whole image)'로 통합되었을 때였다. 이때 비로소 거리의 이미지가 생생하게 지각되고 느껴지게 되었다고 에이젠슈테인은 말하였다.

위와 같이 우리의 일상적인 삶에서 이미지를 형성하는 과정, 즉 '특징적인 표상들을 통해 이미지를 형성하는 것'이 바로 예술의 원리라고 에이젠슈테인은 주장한다. 다만 삶과 예술이 다른 점은 예술이 과정에 보다 세심한 주의를 기울인다는 것뿐이다. 따라서 에이젠슈테인은 "예술작품은 관객의 감정과 마음에 이미지들을 배열해 주는 과정이다"라는 잠정적인 결론에 도달한다.[491] 그렇다면 에이젠슈테인이 생각하는 '총체적 이미지'의 몽타주는 주된 주제를 설정한 다음 그것의 특징적 표상들을 선택하는, 일종의 '연역적 구성'*이다. 따라서 몽타주 조각은 "총체적 주제에 맞는 특정한 표상으로 존재하지, 더 이상 그 주제와 무관한 것으로 존재하지 않는다."[492] 이렇듯 총체적 이미지는 '유기성'을 중시하며, 몽타주 조각을 독립적이고 자율적인 단위로 보지 않고 통합적인 이미지의 유기적인 부분으로 본다.

---

* 연역적 구성은 주제를 설정한 다음, 그것에 맞는 세부사항을 고르는 구성방법을 말한다. 이와는 반대되는 방법이 귀납적 구성인데, 특수한 사례를 먼저 선택한 다음, 작품 전체를 구축해 나가는 것을 말한다.

여기서 주의할 점은 에이젠슈테인의 '유기성'은 인과론적인 전후관계를 강조하는 아리스토텔레스의 유기적 통일성과는 다르다는 사실이다. 예를 들어 에이젠슈테인이 '유기성'의 예로 든 오후 다섯시의 표상들 사이에는 인과론적 관계가 전혀 없다. 그것은 한 잔의 차를 마시는 모습, 하루의 일과가 종결되는 모습, 지하철 러시 아워가 시작되는 모습 등의 다양한 표상들로, 이것들은 인과론적으로 일어나는 일이 아니다. 이것들은 특징적 표상들로서 다섯시라는 총체적인 이미지를 구축하는 것이다. 다시 말해 부분(표상)들은 전체(다섯시의 이미지)와 유기적인 관계를 맺고 있다고 할 수 있다. 이것이 바로 에이젠슈테인이 의미하는 '유기성'이다.

위와 같은 사실은 '유기성'이 '확산희곡(擴散戲曲, extensive drama)'의 기교들을 반영한다는 것을 보여준다. '확산희곡'은 인간의 행동을 광범위한 시공간과 다수의 사건을 이용해 묘사하는 희곡으로, 중세극이나 셰익스피어 극의 전통에 기원을 둔다. 에이젠슈테인의 '유기성'은 '확산희곡'의 구성방법처럼 다양한 부분들이 인과론적이고 선형적(線形的)인 흐름으로 이어져 있지 않고, '수직적 비교(vertical comparison)' 관계로 연결되어 있다. '수직적 비교' 관계란 장면과 장면, 에피소드와 에피소드의 연결이 선형적인 '인과관계'보다는 유사성과 대조의 관계로 맺어져 있는 것을 말한다. 예를 들어 앞서 언급한 에이젠슈테인의 영화 〈파업〉은 시위하는 군중이 군인에 의해 진압되는 장면과 소가 도살되는 장면을 병치시켰다. 여기서 두 장면은 선형적인 인과관계가 없다. 다시 말해 소의 도살이 군중 학살을 발생시킨 것이 아니다. 대신 두 액션은 개념적 유사성에 의해 연결되어 '도살'이라는 연상작용을 불러일으킨 것이다. 이렇듯 에이젠슈테인은 초창기부터 '수직적 비교'를 작품에 적극 활용하였을 뿐 아니라, 그의 초기이론인 어트랙션 몽타주나 충돌 몽타주의 기본원리로 생각하기도 하였다. 다만 '유기성'과 초기이론의 주된 차이점은 유기성은 부분들 사이의 응집력을 보다 비중있게 강조하는 반면, 어트랙션 몽타주나 충돌 몽타주는 응집보다는 충돌이나 대조를 강조한다는 것이다. 에이젠슈테인의 표현을 빌리면, 유기성이 조화로운 통합체를 향해 안으로 응집하는 '구심적 움직임(centripetal movement)'에 비유될 수 있다면, 어트랙션 몽타주나 충돌 몽타주의 노골적인 대위법은 통합하려는 추세를 밖으로 분산시키는 '원심적 움직임(centrifugal movement)'에 비교될 수 있다.[493]

위와 같은 사실에서 유기성이 '유기적 통일성'과 다르다는 것을 알 수 있다. 유기성이 추구하는 '통일성'이 있다면, 그것은 확산희곡이 보여주고 있는 '다양함 속의 통일성(unity out of diversity)'일 것이다. 유기성은 '분해/통합(dissemination/integration)' 혹은 '분석/종합(analysis/synthesis)'의 이중적 원리를 담고 있다.[494]

에이젠슈테인의 유기성은 그의 초기 몽타주 이론처럼 무엇보다도 '단편화 과정 (process of fragmentation)'을 전제로 한다. 따라서 유기성이라는 개념 아래서 하나의 이미지는 다양한 단편들, 즉 표상들로 이루어져 있다. 그 결과는 에이젠슈테인의 표현대로 '다양함 속의 통일성'이라 할 수 있다.[495] 따라서 에이젠슈테인의 '유기성' 개념은 아리스토텔레스의 유기적 통일성보다는 '확산희곡'이 구사하는 극적 구성의 전통을 따른 것이라고 할 수 있다.(부록 참조)

3. 역동적인 이미지의 몽타주

에이젠슈테인이 생각하는 총체적인 이미지는 여기서 한 걸음 더 나아가, 역동적인 이미지를 불러일으켜야 한다는 것이다. 즉 특정적인 표상들로 이루어진 총체적인 이미지는 단순한 정보 전달에 그치는 것이 아니라, 관객의 감정과 의식에 깊은 인상을 심어 주고, 감각적으로 느낄 수 있게 해야 한다는 것이다. 이러한 자신의 견해를 구체적으로 설명하기 위해 에이젠슈테인은 모파상(Maupassant)의 「좋은 친구(Bel Ami)」라는 작품에서 뒤르와(Duroy)가 자정에 같이 도망치기로 한 쉬잔느(Suzanne)를 마차에서 기다리는 장면을 소개한다. 밤 열한시부터 거리에 나와 서성이고 시계를 계속 들여다보며 초조해 하던 뒤르와에게 드디어 약속한 자정 시간이 왔다. 이 장면을 모파상은 다음과 같이 묘사하고 있다.

> 자정이 가까워지자 그는 점점 더 초조하였다. 매 순간 마차 창문 밖으로 고개를 내밀어 보았다. 멀리서 시계는 열두시 종을 치기 시작하고, 좀더 가까운 곳의 시계도 종을 울리더니, 두 소리는 같이 울리고, 이윽고 아주 먼 곳에서도 종소리가 울리고 있었다. 마지막 종소리가 사라지자, 그는 생각했다. "모든 것이 끝이야. 실패야. 그녀는 오지 않을거야." 하지만 그는 동이 틀 때까지 기다리기로 하였다. 이런 상황일수록 침착해야 한다고 생각한 것이다. 열두시 십오분을 알리는 종소리, 삼십분을 알리는 종소리, 사십오분의 종소리가 울린 뒤에, 모든 시계들은 자정을 알릴 때처럼 한시를 차례로 쳤다.[496]

위의 묘사에서 에이젠슈테인이 주목한 것은 스토리의 맥락 속에서 자정이 지닌 '정서적 속성(emotional quality)'을 독자의 의식과 감정에 각인시키는 힘이었다. 모파상은 다양한 시계가 다양한 장소에서 종소리를 내도록 함으로써 독자로 하여금 감각적으로 자정을 느끼게 한 것이다.[497] 그리고 이렇게 열두시를 치는 다양한 시계 종소리는 '개별적인 표상들(separate representations)'로서, 함께 어우러져 작품이 요구하는 자정의 이미지를 구축한 것이다. 이 장면을 영화에 비유하면 좀더 쉽게 이해할 수 있다. 먼 곳, 좀더 가까운 곳, 아주 먼 곳에서 울리는 시계 종소리는 각각 영화의 '롱 숏', '미디엄 숏', '원거리 숏(distant shot)'에 해당되며, 이러한 숏들에는 다양한 시계 종소리가 수반된 것이다. 이렇듯 이 장면이 지닌 정서적 효과는 바로 다양한 시청각적 이미지들의 몽타주에 의한 것이라고 할 수 있다. 그리고 그 결과는 "열두시가 되었다"라는 식의 정보 전달이 아니라, '운명의 자정 시간이 지닌 정서적 이미지'를 부각시키는 것이다.[498]

역동감있는 이미지를 모색하는 에이젠슈테인은 이제 모든 문학과 예술의 원리를 몽타주로 생각하게 된다. 그가 보기에 모든 문학과 예술은 특징적인 세부사항들을 선택하고 결합함으로써 정서적으로 인상 깊은 이미지를 창조하는 것이다. 이러한 가설을 뒷받침하기 위해 에이젠슈테인은 회화, 연극, 문학을 망라한 각 분야에서 그 증거를 수집한다. 먼저 회화의 경우를 살펴보자. 에이젠슈테인은 다음과 같은 다 빈치의 실현 안 된 그림 〈노아의 홍수(The Deluge)〉의 계획안을 소개하고 있다.

어둡고 음산한 공기가 휘몰아치는 맞바람에 강타 당하는 것이 보여야 한다. 이때 바람은 우박을 동반한 폭우로 소용돌이치며, 이리저리 부러진 나뭇가지와 수많은 나뭇잎들이 엉켜져 있다.

사방에 고목들이 뿌리째 뽑혀 있으며, 그것들은 거센 폭풍으로 산산조각이 났다.

산봉우리에는 다양한 짐승들이 공포에 질린 나머지 길들여진 표정으로 웅크리고 모여 있으며, 그 옆에 아이들과 함께 떠내려온 남자와 여자 들이 있다.

세상에! 수많은 어머니들이 물에 빠져 죽은 아이들을 부둥켜안고 울부짖는다. 하늘을 향해 팔을 벌리고 있는 그들, 신의 분노를 비난하며 울부짖고 비명 지른다.

다른 사람들은 움켜쥔 주먹과 꼭 쥐어진 손가락들을 입으로 깨물고 뜯어서 피가 흘러, 너무나도 참을 수 없는 아픔 속에 가슴이 무릎에 닿도록 몸을 구부린다.[499]

위와 같이 그림을 그리는 과정에도 몽타주 원리가 똑같이 적용된다. 다 빈치는 '몽타주 선택(montage selection)'과 그 세부사항들의 병치를 통해 대홍수의 광경을 아주 인상적으로 표현하려고 한 것이다.[500] 이러한 점에서 〈노아의 홍수〉 계획안은 그 자체가 완벽한 '촬영대본'이라고 할 수 있다.[501] 이처럼 예술가의 작업은 "이미지를 몇몇 기본적인 부분적 표상들로 전환시켜, 이들의 결합과 병치를 통해 관객, 독자, 혹은 청중의 의식과 감정에 처음에 잡았던 전반적 이미지와 똑같은 것을 일으키는 것이다." 그리고 이러한 방법이 지닌 가치는, 원하는 이미지가 고정되어 있거나 틀에 박혀 있지 않고, 새로 탄생하게 하는 '역동성(dynamism)'에 있는 것이다.[502]

에이젠슈테인은 푸슈킨의 서사시(narrative poem) 「폴타바(Poltava)」에서도 몽타주가 중요한 예술적 표현수단으로 작용하고 있음을 발견한다. 에이젠슈테인이 첫번째로 든 몽타주의 예는 다음과 같은 코츄베이(Kochubei)의 사형집행 장면이다.

> "너무 늦었읍니다." 누군가 그들에게 말하며,
> 들판을 향해 손가락을 가리켰다.[표상 1]
> 그곳에선 운명의 교수대가 철거되고 있었고,
> 검은 사제복을 입은 신부는 기도하고 있었다.[표상 2]
> 그리고 마차 위로 검은 사제복을 입은 두 사람이
> 오크 나무로 만든 관을 들어올리고 있었다.…[표상 3][503]
> [번호는 필자가 붙인 것이다]

위에서 코츄베이의 죽음은 전체 에피소드에서 추출된 세 개의 표상들의 병치로 표현력있게 서술되었다. 에이젠슈테인은 또 다른 장면에서도 똑같은 몽타주 효과를 발견한다.

> 하지만 아무도 몰랐다. 언제, 어떻게
> 그녀가 사라졌는지. 홀로 남은 어부는
> 그날 밤 들었다. **덜컥거리는 말발굽 소리,**
> **사제들의 말소리 그리고 여인의 소곤거림**[504]
> [강조는 원서에 따른 것이다]

에이젠슈테인은 이 장면이 묘사하는 '야반 도주(夜半逃走)'의 이미지는 다음과 같은 세 개의 숏이 몽타주된 것과 같다고 말하였다.

> 1. 말발굽 소리
> 2. 사제들의 말소리
> 3. 여인의 소곤거림

이렇듯 청각적인 표상들이 결합되어 '야반도주'라는 이미지를 정서적으로 풍부하게 표현한 것이다. 다시 말해 푸슈킨은 특정적인 표상들을 몽타주해 독자들이 여자의 도주를 생생하게 느끼고 경험하도록 한 것이다.[505]
에이젠슈테인은 같은 작품에서 피터 대제(Peter 大帝)를 묘사하는 시행들을 소개하며 몽타주의 원리가 어떻게 작용하고 있는지 설명한다.[506] 그러기 위해 에이젠슈테인은 시의 행마다 번호를 매겼다.

> 1. …그리하여 의기 충천한 기세로
> 2. 피터의 목소리가 울려 퍼졌다.

3. "전투 준비, 신은 우리와 함께 한다!" 천막에서 울리는 소리,
4. 추종자들이 에워싼 가운데,
5. 피터는 나왔다. 그의 눈은
6. 번득였다. 그의 표정은 무서웠다.
7. 민첩한 그의 몸놀림. 위대해 보이는 그는,
8. 모든 면에서, 신성한 분노에 싸였다.
9. 그는 걸어갔다. 그리고 군마를 이끌었다.

에이젠슈테인은 위와 같은 시행들을 숏의 번호를 매긴 촬영대본으로 옮겼다.

1. …그리하여 의기 충천한 기세로 피터의 목소리가 울려 퍼졌다. "전투 준비, 신은 우리와 함께 한다!"
2. 천막에서 울리는 소리, 추종자들이 에워싼 가운데,
3. 피터는 나왔다.
4. 그의 눈은 번득였다.
5. 그의 표정은 무서웠다.
6. 민첩한 그의 몸놀림.
7. 위대해 보이는 피터,
8. 모든 면에서, 신성한 분노에 싸였다.
9. 그는 걸어갔다.

우선 피터의 모습이 어떻게 편집되었는지 고찰해 보자. 숏 1, 2, 3은 그의 등장을 세 단계로 나누어 묘사하였다. 즉 (1)피터는 아직 보이지 않으나, 그의 목소리로 소개가 된다. (2)피터는 천막에서 나왔지만 아직 그의 모습은 보이지 않는다. 보이는 것은 그를 에워싼 추종자들뿐이다. (3)드디어 세번째 단계에서 천막에서 나온 피터의 모습을 볼 수 있다. 이러한 편집은 에이젠슈테인이 보기에 기막힌 것이다. 만일 피터가 나오는 모습을 다음과 같이 순서를 바꾸어 묘사했다면 그 효과는 전혀 달랐을 것이다.

피터는 나왔다.…
추종자들이 에워싼 가운데,
…천막에서 [울리는 소리],

그러나 푸슈킨은 이렇게 배열하지 않았다. 피터의 우렁찬 목소리가 먼저 들리고, 그를 에워싼 추종자들을 보게 한 다음, 피터를 등장시킨 것이다.

…천막에서 울리는 소리,

추종자들이 에워싼 가운데,
피터는 나왔다…

이렇듯 말의 배열의 따라 그 표현력은 크게 달라지는데, 이는 다름 아닌 몽타주의 일반적인 원리인 것이다.

나머지 숏(시행)을 계속 몽타주의 관점에서 고찰해 보자. 3번 숏 다음에 오는 4번 숏은 번득이는 눈을, 5번 숏은 얼굴 전체를 보여준다. 그 다음 6번 숏은 그의 민첩한 몸놀림을 보여줌으로써 그의 전신을 담았다. 그 다음에 오는 7번 숏은 위대한 그의 모습을 생생하게 잡았고, 8번 숏은 '모든 면에서 신성한 분노에 싸인' 피터의 모습을 보여줌으로써 7번 숏의 이미지를 강화시켰다. 8번 숏에 와서 비로소 피터가 '조형적 표상(plastic representation)'의 힘을 갖고 묘사되는 것이다. 그리고 9번 숏은 성큼성큼 걷는 이미지를 불러일으킨다. 이렇듯 푸슈킨은 표현력있는 '표상들' 혹은 '이미지들'을 선택하고 결합하는 몽타주 원리에 기반해 표현력이 넘치는 시를 창조하였다는 것이 에이젠슈테인의 생각이다. 이러한 몽타주 방법은 피터의 목소리가 울려 퍼지는 첫 도입부에서도 나타난다. 예를 들어 푸슈킨은 다음과 같이 쓰지 않았다.

"전투 준비, 신은 우리와 함께 한다!" 천막에서 울리는 소리,
피터의 목소리가 울려 퍼졌다.
…그리하여 의기 충천한 기세로

대신에 푸슈킨은 장면을 표현력있게 하기 위해 다음과 같이 말을 배열하였다.

…그리하여 의기 충천한 기세로
피터의 목소리가 울려 퍼졌다.
"전투 준비, 신은 우리와 함께 한다!" 천막에서 울리는 소리,

에이젠슈테인은 만일 이 장면을 영화로 촬영해도 푸슈킨의 배열에 따른 표현을 모색할 수밖에 없다고 말한다. 즉 먼저 '의기 충천'을 나타내고, 그 다음 '우렁찬 목소리', 그리고 나서 피터의 목소리가 또렷이 들리게 해야 한다는 것이다.

지금까지 살펴본 바에 따르면 에이젠슈테인은 다양한 몽타주 조각들이 결합되어 하나의 통합적인 인상, 즉 총체적인 이미지를 불러일으켜야 한다고 생각하였다. 이때 개별적인 몽타주 조각은 전반적인 이미지의 특수한 표현이 되어야 하며, 그것의 총합은 정서적으로나 감각적으로 깊은 인상을 불러일으켜야 한다는 것이다. 즉 에이젠슈테인에게 있어서 몽타주란 이제 총체적 이미지뿐만 아니라 역동적인 이미지를 불러일으키는 것을 말하는 것이다. 이러한 원리는 영화뿐 아니라 문학과 예술 전반에

퍼져 있는 현상이다. 따라서 에이젠슈테인은 영화의 몽타주는 예술 전반에 나타나는 '총체적인 몽타주 원리(montage principle in general)'의 일부분에 지나지 않는다고 다음과 같이 선언한다.

> 영화의 몽타주 원리는 총체적인 몽타주 원리의 부분적인 응용에 지나지 않는다. 우리가 그 총체적 원리를 충분히 이해한다면, 그것은 필름 조각들을 결합하는 것 이상을 의미하고 있다는 것을 알게 될 것이다.[507]

이러한 생각에서 에이젠슈테인은 점점 더 다양한 예술 분야를 탐구하게 되며, 여기서 얻은 통찰을 영화의 몽타주에 연결시키려고 부단히 애를 쓰는 것이다.

여기서 지적하고 넘어가야 할 점은 에이젠슈테인이 관객을 창조적 동반자로 생각한다는 것이다. 어트랙션 몽타주를 발표할 때 그는 관객을 조건반사의 대상으로 취급하면서도 그들의 창조적인 상상력을 중요시하였다. 그와 같은 입장은 후기이론에까지도 지속된다. 예를 들어 에이젠슈테인은 역동적인 이미지가 가능한 것은 상당 부분 관객에게 달려 있다고 하면서 "몽타주의 힘은 그 창조적 과정에 관객의 감정과 마음을 참여시키는 데에 있다"라고 지적한다.[508] 보다 자세히 말하자면, 관객은 작가가 제시한 표상들을 따르면서도, 자신의 개성이나 경험에 따른 독특한 방식으로 이미지를 창조하는 것이다. 그 결과는 작가에 의해 계획되고 창조된 이미지이면서도, 관객 스스로 창조한 이미지인 셈이다.[509] 따라서 앞서 언급한 모파상의 '운명의 자정' 장면을 읽는 사람들은 각자가 자신의 감수성과 경험에 바탕해 자정에 대한 독자적인 이미지를 창조하지만, 이러한 이미지도 큰 시각에서 보면 작가가 의도한 자정의 '전반적인 이미지'에서 크게 벗어나지는 않을 것이다. 이렇듯 몽타주는 관객을 심리적으로나 정서적으로 인도하지만, 그 최종적인 효과는 상당 부분 그것을 수용하는 관객에게 달려 있다. 이것은 몽타주의 절대적 효력과 관객의 능동적 수용을 절충한 의견이라 할 수 있다. 이러한 생각은 역동적인 이미지의 개념에 내포되어 있다. 에이젠슈테인은 정서적으로 감명 깊은 이야기와, 사실들을 논리적으로 기술하는 이야기를 구별해, 전자를 몽타주, 후자를 '비(非)몽타주적 구성(non-montage construction)'이라고 규정하였다. '비몽타주적 구성'은 에이젠슈테인이 보기에 '진술서 같은 설명'에 지나지 않는 것으로, 영화로 치면 '단일한 위치에서 촬영한 표상들'에 해당되는 것이다. 반면 역동적인 이미지의 몽타주는 작품을 정서적으로 감명 깊게 할 뿐 아니라 관객들이 작품을 창조적으로 수용하게 만드는 것이다.[510]

4. 수직적 몽타주

앞서 논의한 것처럼 에이젠슈테인의 이론은 1930년대에 새로운 단계로 발전하였다. 이제 몽타주의 궁극적인 목적은 '단일하고도 통합적인 이미지(the single, unifying image)'를 일으키는 것이다. '총체적인 이미지의 몽타주'라고 칭할 수 있는 에이젠슈테인의 이론은 다음 단계로 '비약'하게 된다. 즉 영화는 '단일하고도 통합적인 이미지'를 한층 더 풍부하게 하기 위해서 그 표현수단을 다양한 예술 분야들로부터 빌려올 수 있다는 것이다.

> 단일하고 통합적인 이미지가 창조적인 영화 작업에서 결정적인 역할을 한다 하더라도, 우리는 논의를 시작함에 있어 이미지를 보다 강화하기 위해서 다양한 [예술적] 영역들로부터 표현수단을 끌어올 수 있다는 것을 지적하고 싶다.[511]

'공감각'의 영역으로까지 뻗어가는 에이젠슈테인의 상상력은 1940년에 쓴 「감각들의 일치(Synchronization of Senses)」에서 유감없이 발휘되고 있다. 이제 에이젠슈테인이 생각하는 몽타주는 좁은 의미의 구성, 즉 숏과 숏의 결합에 머물지 않고, 보다 넓은 의미의 구성, 즉 다양한 예술적 요소들의 효과적인 결합으로 확산된다. 공감각에 대한 에이젠슈테인의 새로운 안목은 1939년 12월말에 연출한 바그너의 음악극 〈발키리〉가 직접적인 계기가 되었다.[512] 이 경험에 토대해 에이젠슈테인은 '예술의 종합(the synthesis of the arts)'에 대해 생각하게 되고, 그 결과가 이듬해 7-8월 사이에 쓴 「감각들의 일치」로 나타난다. 한편 공감각에 대한 에이젠슈테인의 관심은 발성영화로부터 영향을 받기도 하였다. 에이젠슈테인은 발성영화의 시작과 함께 시각적 요소와 청각적 요소를 효과적으로 결합하는 '시청각적 몽타주(audio-visual montage)'에 몰두하게 되었다. 여기서 에이젠슈테인은 무성영화나 발성영화의 몽타주 원리는 똑같다고 주장한다. 왜냐하면 몽타주의 기본원리는 예나 지금이나 인간의 경험에 바탕해야 하기 때문이다. 따라서 공감각이나 시청각적 몽타주는 예전처럼 인간이 현실을 지각하고 이미지를 형성하는 방법에 기반해야 함을 에이젠슈테인은 시사하였다.[513]

그러면 인간의 경험에 기반을 둔 시청각적 몽타주는 구체적으로 어떤 모습을 띨까? 에이젠슈테인은 그 예로 「글과 이미지」에서 논의한 다 빈치의 〈노아의 홍수〉 계획안을 재론하고 있다.(200 페이지 참조) 〈노아의 홍수〉 계획안은 시각적 요소뿐만 아니라 인간의 행동을 그린 극적 요소 그리고 울부짖음과 파열음으로 가득 찬 청각적 요소들이 어우러져, 대홍수에 대한 하나의 '단일하고도 통일적인 이미지'를 만든 것이다.[514] 이처럼 다양한 감각적 요소들이 서로 어우러져 단일한 이미지를 창조한다

는 것을 보충 설명하기 위해 에이젠슈테인은 『공쿠르지(*Goncourt Journals*)』에 실린
레슬링 스케치를 예로 들고 있다.

> 경기장 양 끝이 짙은 어둠에 싸인 가운데, 경찰들의 단추와 칼자루가 번쩍거리고 있다. 반
> 짝이는 레슬링 선수들의 손발이 환한 빛 속으로 돌진한다. 공격적인 눈. 잡으려고 손으로
> 상대방의 살을 찰싹 때린다. 야수의 땀 냄새. 갈색 수염과 어우러지는 창백한 얼굴. 핑크 색
> 으로 부풀어 오르는 멍든 살. 한증막의 석벽처럼 흐르는 등의 땀. 무릎을 질질 끌며 전진한
> 다. 머리를 맞대고 맴돈다.···515

에이젠슈테인의 표현을 빌리면 위의 묘사는 '상이한 숏들(different shots)' 혹은 '몽
타주 요소들(montage elements)'로 구성되어 있다. 그리고 이렇게 다양한 몽타주 조
각들은 각각 다음과 같은 다양한 감각적 느낌을 경험할 수 있게 한다.

1. 촉각(한증막의 석벽처럼 흐르는 등의 땀)
2. 후각(야수의 땀 냄새)
3. 조명을 포함한 시각(짙은 어둠, 환한 빛 속으로 돌진하는 반짝이는 레슬링 선수들의 손
   발, 어둠 속에서 번쩍거리는 경찰들의 단추와 칼자루)
4. 청각(살을 찰싹 때린다)
5. 동작의 감각(무릎으로 돌진, 맴도는 머리)
6. 순수한 감정 혹은 극적 요소(공격적인 눈)516

위와 같이 레슬링의 스케치는 다양한 감각적 느낌을 동원해 '단일하고도 통합적인
이미지'를 구축하고 있다. 이것이 바로 '공감각적 몽타주' 혹은 시청각적 몽타주가
취해야 할 방향이라고 에이젠슈테인은 믿고 있다.

이제 에이젠슈테인은 위와 같은 원리를 설명할 중요한 용어를 소개한다. 그는 시
각적·극적·청각적 요소 같은 다양한 예술적 요소들이 결합되어 단일하고 통합적
인 이미지로 어우러지는 것을 '수직적 몽타주(vertical montage)'라고 통칭하였다.
그는 '수직적 몽타주'를 음악의 오케스트라에 비유해 다음과 같이 설명하고 있다.

> [오케스트라의 악보에는] 여러 개의 보표(譜表)가 있는데, 각자는 한 악기 혹은 같은 그룹
> 의 악기들을 위한 음부(音部)이다. 각 음부는 수평적으로 전진한다. 그러나 수직적 구조도
> 상당히 중요한 역할을 한다. 그것은 주어진 시간 단위에 있는 오케스트라의 모든 요소(音)
> 들을 상호 관련시키는 것이다.517

쉽게 설명하자면 오케스트라는 여러 악기로 편성되어 있으며, 각 악기는 각자의 음
부를 따라 곡을 연주한다. 따라서 오케스트라는 다양한 악기가 내는 상이한 음들로
구성되어 있다. 그러나 여러 악기가 내는 상이한 음들은 주어진 순간 그 '수직적 구

조(vertical structure)'상에서 서로 어우러져 화음(和音)을 연출하는 것이다. 이러한
원리를 에이젠슈테인은 다음과 같이 설명하고 있다. "오케스트라 전반에 걸쳐 수직
선이 수평적으로 전진하고 [여러 음이] 뒤섞이면서, 오케스트라 전체가 만들어내는
복잡한 조화의 음악적 흐름이 앞으로 움직인다."[518] 그러한 '수직적 몽타주'의 원리
를 도표로 그리면 다음과 같다.

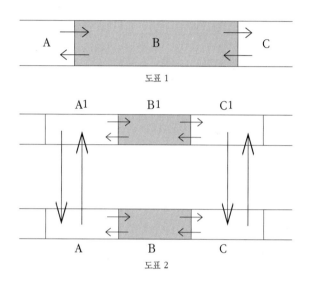

도표 1

도표 2

이렇듯 몽타주 구조의 관점에서 볼 때 '수직적 몽타주'는 그림들의 단순한 수평적
연속을 의미하지 않는다.(도표 1) 그림을 나타내는 수평적 선 위에 새로운 상부구조
가 수직적으로 병치된 것이다.(도표 2) 즉 상부구조가 영화의 청각적 요소를 말한다
면, 하부구조는 영화의 시각적 요소를 의미한다. 따라서 이제 영화의 몽타주는 단순
히 시각적인 면에 머물지 않는다. 청각의 몽타주가 첨가된 것이다. 여기서 명심해야
할 것은 시각적 부분이나 청각적 부분 모두 다음적(多音的) 성격을 지녔다는 점이
다.[519] 따라서 앞으로 전개될 수직적 몽타주는 지금까지 논의된 몽타주보다 훨씬 복
잡하리라는 것을 암시하고 있다.

수직적 몽타주에서 에이젠슈테인이 가장 관심을 쏟는 부분은 시각과 청각을 어떻
게 '일치(synchronization)'시키는가 하는 문제이다. 시각과 청각의 '일치'는 에이젠
슈테인이 보기에 다양한 형태를 띨 수 있다. 첫번째 유형은 '자연적인(natural)' 일치
로서, 개굴개굴 우는 개구리가 이에 해당된다. 즉 시각과 청각이 자연스럽게 일치되
는 경우이다. 두번째 유형은 '계량적(metrical)' 일치로, 그림과 음이 모두 동일한 율

동에 의해 통제된다. 예를 들어 짧은 숏들이 음악의 율동에 꼭 맞게끔 편집되는 경우이다. 세번째 유형은 '율동적인(rhytmic)' 일치로서, 그림과 음의 단순한 계량적 일치를 넘어선다. 즉 그림과 음의 다양한 '엇박자 식의 결합(syncopated combinations)'이 가능한 것이다. 네번째 유형은 '선율적인(melodic)' 일치로, 율동적 움직임뿐만 아니라 선율적 움직임도 담고 있다. 즉 시각과 청각이 율동적인 움직임뿐만 아니라 선율적인 움직임에 따라 조화되는 경우이다. 다섯번째 유형은 '음조적(tonal)' 일치로서, 시각적 요소들이 음의 변화를 반향한다. 즉 음의 변화나 움직임이 시각적 변화나 움직임과 조화를 이루는 것을 말한다. 앞으로 언급될 '색과 음의 몽타주'는 이에 해당된다. 여섯번째의 유형은 '상음적(overtonal)' 일치라고 부를 수 있는데, 이는 음악과 그림을 전체적으로 지각하는 데서 오는 '복잡한 다음(intricate polyphony)'의 성격을 지닌 것으로 이해될 수 있다.[520]

위의 항목 중에서 시각과 청각을 서로 어긋나게 하는 '엇박자 식의 결합'은 '구(句) 걸치기(enjambment)' 혹은 '벽돌 쌓기'로 표현되기도 한다. '구 걸치기'란 운율에 관한 전문용어로서, 시의 한 행 혹은 구문이 지닌 뜻이 다음 행에 걸쳐 이어지는 것을 의미한다. 앞서 살펴본 푸슈킨의 시에 나타난 시각과 청각의 어긋남을 도표로 표시해 보면 다음과 같다.(201-202 페이지 참조)[521]

사운드	I	II	III	IV	V	VI	VII	VIII	IX	X	XI	XII	XIII	XIV
그림		1		2	3	4	5	6	7	8	9	10	11	12	13	14

그림과 사운드의 대위법적 관계.

위와 같이 그림과 사운드는 대위법적 관계를 맺어 시의 운치를 다음적으로 만들었다. 이를 '벽돌 쌓기'에 비유하면 다음과 같은 그림으로 표시할 수 있다.[522] 먼저 다음의 그림은 '비(非)벽돌 쌓기(nonbricklaying)'의 예이다.

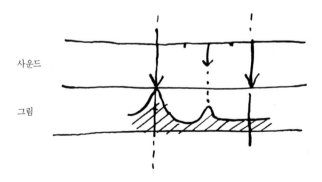

이 그림에서 모든 음절은 강도나 위치에 있어서 그림과 일치한다. 즉 박자에 맞는 그림과 음의 접합, 그림의 주된 강세와 음악의 주된 강세의 일치, 그림의 이차적 강세와 음악의 이차적 강세의 일치 등이 그것이다. 앞 그림에 나타난 시각과 청각의 결합 방식을 다른 그림으로 그린다면 다음과 같다.

이것이 아닌  이것이다.

벽돌 쌓기에서 시각과 청각은 서로 어긋나게 결합된다. 그 원리를 도표로 그리면 다음과 같다.

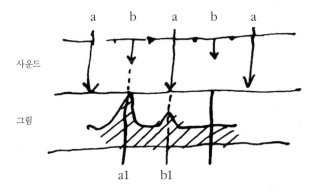

위 그림은 벽돌 쌓기가 여실히 드러나는 경우이다. 음악적 박자와 그림은 일치하지 않는 것이다. 예를 들어 두번째 연결선은 약(弱)과 강(强)이 대립하는 것을 보여준다.(a-b1, b-a1) 보다 복잡하고 효과적인 벽돌 쌓기는 다음의 그림에 나타나 있다.

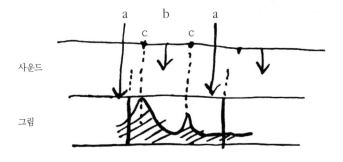

위 그림에서 접합점이 비(非)강조 지대에 떨어지는 것을 볼 수 있다. 다시 말해 그림의 강조점은 음악의 비(非)강조점과 접합되는 것이다. 이를 다시 도표로 단순화시킨다면 아래와 같다.

 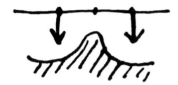

이렇듯 시청각적 몽타주의 기본원칙은 숏과 숏의 전환이 음악의 박자와 일치할 필요가 없다는 데 있다. 이러한 원리는 한 가지 감각이 다음 감각으로 지속되도록 유도하는 이점이 있다.

　에이젠슈테인은 수직적 몽타주에 가까운 원리가 무성영화에서도 작용하고 있었다고 지적하는데, 그것은 다름 아닌 〈낡은 것과 새로운 것〉에서 사용된 '다음적 몽타주(polyphonic montage)'였다고 말한다.[523] 여기서의 '다음적 몽타주'는 1929년에 제기한 상음적 몽타주와 아주 유사한 것으로, 숏과 숏의 연결이 움직임, 조명, 이야기 전개 양상 같은 한 가지 '지시(indication)'에 토대하지 않고, 다양한 요소들이 독자적인 길을 걸으면서도 전반적인 인상에 기여하도록 하는 것을 말한다. 즉 다음적 몽타주는 무성영화에 해당되는 것으로, 수평적 구조에서 다양한 요소들이 결합되어 총체적인 이미지를 일으키는 것이다. 따라서 〈낡은 것과 새로운 것〉의 '행렬 시퀀스'는 여러 개의 '상호의존적인 흐름들'로 구성되어 총체적인 이미지를 형성하였다. 그것들은 다음과 같다.

1. 열기(熱氣)의 흐름, 숏이 변할 때마다 점차 고조된다.
2. 변화하는 클로즈업의 흐름, 조형적 강도가 고조된다.
3. 고조되는 엑스터시의 흐름, 클로즈업을 통해 극적으로 표현된다.
4. 여인들의 목소리 흐름.(노래하는 사람들의 얼굴들)
5. 남자들의 목소리 흐름.(노래하는 사람들의 얼굴들)
6. 지나가는 성상(聖像)들 밑에 무릎을 꿇는 사람들의 흐름(템포가 빨라진다), 이것은 성상을 든 사람들, 십자가, 깃발의 움직임에 역류한다.
7. 땅바닥을 기는 모습들의 흐름, '천국에서 땅바닥 먼지까지'의 이미지가 통합된다. 하늘을 향해 뻗어 있는 반짝이는 십자가와 깃발 들로부터 땅바닥에 엎드려 먼지 속에서 머리를 땅에 부딪치는 사람들까지.[524]

이렇듯 다음적 몽타주에서는 다양한 주제들이 뒤섞여 하나의 통일된 움직임, 즉

'광적인 신앙심의 이미지'를 구축한다. 이때 각각의 몽타주 조각은 개별적인 주제를 지속적으로 발전시키면서도 전체적인 흐름을 구축하는 이중의 기능을 한다. 그 결과 다음적 몽타주는 모든 필름 조각들의 합성된 느낌을 통해 총체적인 효과를 거두고 있다. 그렇다면 수직적 몽타주는 무성영화 시대의 다음적 몽타주가 발전한 것으로, 새로운 것은 청각적 요소가 첨가되었다는 점이다.

수직적 몽타주에서 에이젠슈테인이 제1원칙으로 삼는 것은 청각에 해당되는 상부 구조의 '조각(piece)'과, 시각에 해당되는 하부구조의 조각이 일 대 일로 일치할 필 요가 없다는 것이다.[525] 중요한 문제는 '유형(有形)의 그림 그리고 그것과 다르게 지 각되는 음 사이의 내적 일치'를 발견하는 것이다.[526] 이것은 장화의 그림과 장화가 삐꺽거리는 소리를 결합하는 식의 '외적 일치(external synchronization)'의 수준을 초월한 것으로, '은밀한 내적 일치(a hidden inner synchronization)'를 의미하는 것 이다. 보다 자세히 말해서 '내적 일치'란 청각과 시각의 공통된 언어인 '움직임 (movement)'에 기초해야 하는 것이다.[527] 여기서 에이젠슈테인은 '움직임'이 무엇을 의미하는지를 구체적으로 언급하지 않고 넘어가고 있다. 그러나 글의 전반적인 맥락 에서 볼 때 '움직임'을 정서적 흐름이나 사고의 흐름 혹은 감각적 흐름으로 이해할 수 있을 것이다. 즉 '내적 일치'는 시각과 청각이 어우러져 하나의 정서적 흐름이나 사고의 흐름 혹은 감각적 흐름을 조성하는 것으로 이해할 수 있는 것이다. 이러한 가 설은 내적 일치와 유사 개념인 '내적 배합(inner tonality)' 혹은 '내적 조화(inner harmony)'를 살펴보면 보다 분명해진다.

'내적 배합'과 '내적 조화'는 「감각들의 일치」 다음에 쓴 「색과 의미(Color and Meaning)」라는 색다른 논문에서 다루어진다. 에이젠슈테인은 이 글에서 특별한 색과 특별한 감정과의 관계에 대해 논의하고 있다. 여기서 그는 선, 형태, 색의 내적 배합 과 내적 조화는 '무엇과의 조화(a harmony with something)'를 말하는 것으로, "내 적 감정의 의미에 기여해야 한다"고 언급하였다.[528] 간단히 말해서 내적 배합이란 여 러 예술적 요소들이 어우러져 내적 감정을 외적으로 표현하는 것을 말한다. 그렇다 면 내적 배합은 그다지 새로운 이야기가 아니다. 지금까지 논의한 상음적 몽타주, 총 체적 이미지 등이 모두 이러한 원리를 내포하고 있었기 때문이다. 다만 새로운 것은 다채로운 예술적 요소를 함께 사용하는 공감각의 차원에서 논의가 이루어졌다는 것 이다. 그러면 내적 배합이 무엇을 의미하는지 구체적으로 살펴보자. 에이젠슈테인은 「감각들의 일치」에서 에카르츠하우젠(Karl von Eckartshausen)의 말을 인용해 음악 과 색을 연관시키는 소위 '색과 음의 몽타주(colar-sound montage)'를 논의하고 있 다. 에카르츠하우젠은 시에 담긴 말들이 '색 음악(color music)'에 의해 수반될 수 있다고 주장하며, 다음과 같은 짧은 시가 어떻게 '색 음악'을 불러일으키는지를 설명하고 있다.

말 : 아름다운 아가씨, 슬프게 떠도네.…
음악 : 구슬픈 플루트의 음색.
색 : 핑크와 흰색이 섞인 올리브 색.

말 : …꽃이 만발한 목장을—
음악 : 명랑하게 고조되는 음색.
색 : 자주색과 데이지 노랑이 섞인 초록색.

말 : 노래를 부르네, 즐거운 종달새처럼.
음악 : 부드러운 음, 고조되었다가 금방 부드럽게 가라앉는다.
색 : 주홍색과 연녹색의 줄무늬가 있는 진한 청색.[529]

위의 예는 말, 음악, 색의 다양한 감각들이 조화를 이루어 '내적 감정'을 표현하고 있다. 즉 다양한 감각들의 내적 배합이 이루어진 것이다. 이렇듯 '다양한 감각들의 조화로운 일치'가 에이젠슈테인이 생각하는 수직적 몽타주의 기본원칙인 것이다. 여기서 주목해야 할 점은 '다양한 감각의 종합'이 낭만주의 작품의 기본속성이라는 점이다. 예를 들어 낭만주의자 헤른(Lafcadio Hearn)은 문학적 언어를 통해 독자들이 듣고, 보고, 느끼게 해야 한다고 주장하였다.[530] 에이젠슈테인의 이론에 스며 있는 낭만주의의 색채를 엿볼 수 있는 대목이다.

또 다른 내적 배합의 예를 살펴보자. 고흐는 그가 그린 〈밤의 카페(Night Café)〉에 대해 다음과 같이 설명하고 있다.

나의 그림 〈밤의 카페〉에서 나는 카페가 사람을 망치게 하는, 즉 미치게 하든지 범죄를 저지르게 하는 장소라는 것을 표현하려고 하였다. 따라서 나는 예전처럼 싸구려 술집에 깔려 있는 어둠의 힘을 표현하기 위해 부드러운 '루이 15세 풍의 초록(Louis XV green)'과 구릿빛 녹색을 연녹색과 진한 청록색과 대조되게 하고, 모든 것이 어우러져 악마의 용광로 분위기를 내는 창백한 레몬색이 되도록 하였다.[531]

이렇듯 고흐는 〈밤의 카페〉에서 계산된 내적 배합을 통해 카페가 '악마의 소굴'이라는 것을 표현하였던 것이다. 그렇다면 수직적 몽타주에서 시각과 청각의 내적 일치는 다채로운 '톤(tone)'을 전제로 성립할 수 있다. 그러나 시각과 청각의 다양한 톤은 내적 배합에 의해 조화로운 단일한 정서 혹은 사고를 탄생시켜야 하는 것이다.

논의가 이쯤에 이르면 '총체적 이미지'가 중요하다는 것이 다시 부각된다. 왜냐하면 수직적 몽타주의 내적 일치 혹은 내적 배합은 궁극적으로 조화로운 총체적 이미지를 말하는 것이기 때문이다. 여기서 개별적인 시각 혹은 청각 요소들은 전체적인 맥락에서 기능함을 주목해야 한다. 몽타주 구조에서 개별적인 것은 독자적인 의미를 지니지 못하고 항상 다른 무엇과의 관계 속에서 의미를 발생한다. 예를 들어 색은 고유한 의미가 있는 것이 아니다. 오히려 색은 서로 대조되는 감흥을 일으킬 수 있다. 예를 들어 초록은 새싹이나 나뭇잎을 연상시키는 삶의 상징이면서도, 죽은 사람의 창백한 얼굴과 부식토를 생각나게 하는 죽음과 부패의 상징이기도 하다. 마찬가지로 노란색은 사랑 어린 결합을 의미하면서도 간통을 상징하기도 한다.[532] 특정한 색과 특정한 감정 사이에 절대적 관계가 없다고 믿는 에이젠슈테인은 다음과 같은 디드로 (Denis Diderot)의 말을 인용하였다. "미친 사람은 노랗게 빛나는 지푸라기 하나를 손에 쥐고, 태양광선을 잡았다고 외치고 다녔다."[533] 여기서 미친 사람은 극렬한 형식주의자처럼 선과 색, 즉 태양 광선의 형태와 노란색만을 본 것이다. 그리고 그는 지푸라기라는 구체적 내용을 망각한 채 태양 광선을 잡고 있다고 착각한 것이다. 여기서 에이젠슈테인이 말하고 싶은 것은 색은 독자적인 의미가 없으며, 특정한 색이 특정한 의미만을 지니지는 않는다는 것이다. 만일 그렇게 생각하였다면 그는 지푸라기를 태양 광선으로 생각하는 형식주의자에 지나지 않는 것이다. 그렇지만 감정과 색의 관계를 전면적으로 부정할 수 있는가? 에이젠슈테인은 어떤 관계는 존재하지만, 그것은 전체적인 맥락 속에서 파악되어야 한다고 믿었다. 다시 말해 특정한 작품의 이미지 체계 안에서 색과 그 의미 사이에는 '임의적인 관계(arbitrary relationships)' 가 형성될 수 있다는 것이다.[534] 에이젠슈테인은 자신의 작품들을 그 예로 들었다. 〈낡은 것과 새로운 것〉에서 검은색은 반동적이고 범죄적이며 구태의연한 것과 연계되어 있었고, 흰색은 행복, 삶, 새로운 형태의 운명을 표현하였다. 그러나 〈알렉산드르 네프스키〉에서 독일 기사들의 흰 복장은 잔인성, 압제, 죽음 등의 주제와 연계되어 있었고, 러시아 병사들의 검은색 복장은 영웅심과 애국심을 상징하였다.[535] 이렇듯 색이 지닌 의미는 특정 작품이 만들어낸 '이미지의 총체적 체계(general system of imagery)' 내에서 이해될 수 있다. 이 말을 환언하면 수직적 몽타주 구조 속에서 시각과 청각은 서로의 관계 속에서, 그리고 전반적인 체계 속에서 고찰되어야 한다는 것이다. 그리고 그 목표는 내적 배합에 따라 총체적인 이미지를 불러일으키는 것이다.

에이젠슈테인은 각 시대마다 예술을 지배하는 특수한 경향이 있으며, 이는 '수직적 몽타주'에도 해당될 수 있다고 보았다. 에이젠슈테인이 현대사회에 맞는 몽타주 원리로 생각한 것은 기예레(René Guilleré)가 말한 재즈의 미학일 것이다. 기예레는 "현대미학은 구성요소들의 해체 위에 세워져, 서로 간의 대조를 강조한다"[536]라고 하면서 다음과 같이 재즈를 설명하고 있다.

…재즈의 형태에서 우리는 새로운 미학의 전형적인 표현을 발견한다. 재즈에서는 모든 요소들이 전면으로 등장한다.… 고정된 초점과 점진적인 소실점을 지닌 전통적인 원근법을 버린 것이다.… 예술과 문학에서 창조는 동시에 채택된 여러 관점을 통해 진행된다. 오늘날의 규범은 '복잡한 종합(intricate synthesis)'으로서, 한 사물을 아래에서도 보고 위에서도 본 여러 관점들을 함께 모은다.… 재즈에서 각 연주자는 총체적 앙상블 내에서 자신만을 위해 연주한다.537

위와 같은 기예레의 견해는 에이젠슈테인을 중요한 결론에 도달하게 한다. 에이젠슈테인은 수직적 몽타주를 다변화된 관점을 표현하는 '복잡한 종합'의 입장에서 생각하고, 이것이야말로 현대인의 감각에 맞는 예술이라고 본 것이다. 따라서 에이젠슈테인은 오늘날의 예술을 '관점의 부재(absence of perspective)'로 특징지우며, 그러한 양상을 큐비스트의 그림, 연극의 '동시무대(simultaneous stage settings)'에서도 찾는다.538 (도판 33)

복잡한 종합에서 다양한 예술적 요소들은 무질서하게 흐트러진 것이 아니다. 그것들은 '총체적 앙상블'을 만들어낸다. 기예레로부터 에이젠슈테인이 얻은 두번째 교훈은 여기에 있다. 따라서 에이젠슈테인은 오케스트라에서는 다음과 같은 현상이 발생한다고 말하고 있다.

각 연주자는 독자적이어서, 독립적인 진행을 취함으로써 많은 악기들의 **'무기물적인(inorganic)'** 통합체를 해체하려고 노력하면서도, 공통된 리듬을 지켜야 하는 **절대적 필요성**에 따라 앙상블에 합류한다.539 [강조는 원서에 따른 것이다]

그렇다면 수직적 몽타주에서 각각의 감각적 요소들은 독립적인 진행을 하면서도 총체적 앙상블에 기여할 수 있도록 되어야 한다. 이렇듯 에이젠슈테인에게 있어서 '일치'는 '외적 일치', 즉 다양한 감각적 표현들 사이의 단순한 동음적(同音的) 관계를 의미하는 것이 아니라, '내적 일치', 즉 관객의 마음속에 불러일으켜진 조화로운 이미지를 지칭하는 것이다. 에이젠슈테인의 표현을 빌면 '외적 일치'는 장화의 이미지를 그것이 삐걱거리는 소리와 결합시키는 방법이다. 반면 '내적 일치'는 위와 같은 시각적 요소와 청각적 요소의 정확한 물리적 합일을 의미하지 않는다. 에이젠슈테인에게 있어서 '내적 일치'의 핵심은 불협화음적(dissonance) 결합이든, 협화음적(consonance) 결합이든 간에 관객의 마음에 단일하고도 통합적인 이미지를 불러일으키는 것이 중요하다.

그렇다면 수직적 몽타주는 다양한 예술적 요소들의 대위법적 결합에 바탕하며, 그

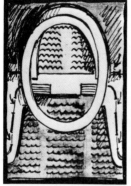
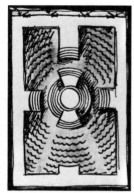

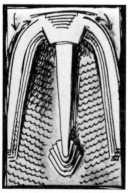

33. 동시무대.
에이젠슈테인이 말하는 동시무대는
오클로프코프(Nikolai Okhlopkov)의
무대술에서 찾아볼 수 있다.
오클로프코프는 무대장치가 관객을
둘러싸게 하였다.(흰 부분이
무대장치이다) 이러한 동시무대에서
액션은 사방에서 동시다발적으로
일어날 수 있다. 오클로프코프는
에이젠슈테인과 함께 마이어홀드
밑에서 연극을 배웠다.
오클로프코프는 영화감독으로
출발했다가 연극연출에 전념하게 된다.

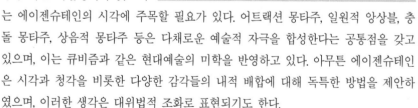

최종적인 결과를 총체적 앙상블에 두고 있는 것이다. 여기서 우리는 예술의 매력을 다양성 혹은 복잡성에서 찾으려는 에이젠슈테인의 시각에 주목할 필요가 있다. 어트랙션 몽타주, 일원적 앙상블, 충돌 몽타주, 상음적 몽타주 등은 다채로운 예술적 자극을 합성한다는 공통점을 갖고 있으며, 이는 큐비즘과 같은 현대예술의 미학을 반영하고 있다. 아무튼 에이젠슈테인은 시각과 청각을 비롯한 다양한 감각들의 내적 배합에 대해 독특한 방법을 제안하였으며, 이러한 생각은 대위법적 조화로 표현되기도 한다.

5. 대위법적 조화의 몽타주

수직적 몽타주에서 살펴보았듯이, 단일하고도 통합적인 이미지를 일으키는 '일치'는 반드시 '협화음'만을 의미하는 것은 아니다. 그것은 '불협화음'에 의해 만들어질 수도 있다. 이 점에 대해 에이젠슈테인은 "일치에 대한 우리의 개념은 협화음을 전제로 하지는 않는다. 이 개념 속에는 닮은 악장과 닮지 않은 악장의 연출이 모두 가능하다"라고 언급하였다.[540] '불협화음 속에서의 통합(unity out of dissonance)'을 주장하기 위해, 에이젠슈테인은 그 이론적 근거를 인간의 감정구조와 음양의 원리에서 찾는다.

1939년 1월 1일에 쓴 「영화의 구조」는 인간의 감정구조가 필연적으로 대위법적 조화의 구성을 취할 수밖에 없다는 것을 설명하고 있다. 이 글에서 에이젠슈테인은 영화적 묘사는 (1)그것이 담고 있는 '사건(fact)'이 무엇인지, 사건에 대한 극중인물의 태도가 무엇인지를 표현할 뿐만 아니라, (2)원하는 관객의 느낌과 반응을 염두에 둔 '묘사된 사건에 대한 감독의 태도'를 표현해야 한다고 주장한다.[541] 이러한 이중적 측면, 즉 묘사하는 사건과, 사건에 대한 감독의 태도는 각각의 '감정구조'를 갖고 있으므로, 궁극적으로 영화는 이러한 '감정구조'에 따른 구성을 취해야 한다는 것이 에이젠슈테인의 기본시각이다.

먼저 사건의 감정구조에 따른 구성을 보자. 만일 주인공이 슬프다면 조명, 숏의 구도, 음악, 몽타주의 율동 등이 슬픔에 어울리도록 사용될 수 있다. 이는 '슬픈 슬픔(sorrowful sorrow)'을 나타내는 것으로, '기쁨이 넘치는 기쁨(joyful joy)'이나 '행진적 행진(a marching march)'과 함께 가장 단순한 유형의 구성으로, '묘사되는 현상'의 감정에 따라 구성이 이루어진 것이다.[542] 그러나 진정한 영화적 구성은 '인간의 감정(human emotions)'과 '인간의 경험(human experience)'에 기초해 '아주 인간적'이어야 한다.[543] 에이젠슈테인은 자신의 주장을 뒷받침하기 위해 〈알렉산드르 네프스키〉의 '얼음의 전투' 도입부에서 독일군이 러시아 군대를 향해 '쐐기 대형'으로 공격해 들어오는 시퀀스를 예로 들어 설명하고 있다. 이 에피소드는 위협적으로 공격해 들어오는 독일군에 대해 러시아군이 가슴을 졸이며 점점 더 공포심을 느끼는 것으로 진행된다. 따라서 이 에피소드는 이러한 감정적 경험을 표현하는 방향으로 구성되었다. 흥분되어 끓는 심장 박동은 뛰어오르는 말발굽들의 율동을 낳았고, 그림은 질주하는 기사들의 뛰어오르는 모습을 잡았으며, 편집은 터질 듯한 심장 박동에 맞추었다. 에이젠슈테인은 이렇게 '인간의 감정구조'에 충실히 기반한 구성은 틀림없이 관객의 감정에 호소할 것이라고 믿었다. 이러한 자신의 견해를 뒷받침하기 위해 에이젠슈테인은 "음악은 나로 하여금 곡을 구성할 때 처했던 작곡가의 정신 상태로 즉각적으로, 직접적으로 옮겨 준다"라는 톨스토이의 말을 인용한다.[544]

위와 같은 생각은 에이젠슈테인을 다음 단계로 도약시킨다. 만일 영화가 사건의 묘사에 그치지 않고 '감독의 태도'를 반영한다면, 그 정서적 구조는 복합적일 수 있다는 것이다. 이럴 때 '슬픈 슬픔'의 감정구조가 아닌 '삶을 긍정하는 죽음(life-affirming death)'의 감정구조를 발생시킬 수 있다는 것이다. 죽음 자체는 슬픈 감정을 일으키는 객관적인 사건이다. 표현이 여기서 머물렀을 때는 '슬픈 슬픔'의 유형이 나온다. 그러나 만일 작가가 죽음을 통해 삶을 확인하는 태도를 취한다면, 죽음은 미묘한 감정적 뉘앙스를 띠게 된다. 즉 '삶을 긍정하는 죽음'이라는 복합적인 감정이 발생하는 것이다. 에이젠슈테인은 이러한 유형의 구성의 예를 톨스토이의 『안나 카레니나(Anna Karenina)』에서 찾았다. 여기서 톨스토이는 '죄악에 찬 연인들의 포옹'을 이미지 연상적으로 살인에 비유하였다.

> 그가 삶을 앗아간 몸을 보았을 때 그는 살인자가 느꼈을 감정을 느꼈다. 그가 삶을 앗아간 몸은 바로 그들의 사랑이었다.… 마치 살인자가 격노해 자신의 몸을 상대방에게 던져 상대방의 몸을 끌고 치듯이, 브론스키는 그녀의 얼굴과 어깨를 키스로 뒤덮었다.[545]

위와 같은 직유에 의한 '이미지 연상적 구조(imagist structure)'는 등장인물의 감정으로부터 유래하는 것이 아니라, 작가가 그 사건을 보는 태도에서 비롯된 것이다. 도덕주의자인 작가 톨스토이는 불륜의 사랑을 살인이라는 최고의 범죄 차원에서 느낀 것이고, 이러한 작가의 태도가 '장면의 구성적 처리'의 결정요인으로 작용한 것이다.[546]

작가의 감정적 태도에 따라, 묘사되는 사건이 복합적인 감정을 불러일으킬 수 있다는 설명은 1937년에 에이젠슈테인이 「소비에트 코미디에 대한 몇 가지 생각(A Few Thoughts about Soviet Comedy)」에서 논한 러시아의 전통적 웃음에 대한 의문을 풀어 준다. 여기서 에이젠슈테인은 고골리, 체호프, 시쉐드린(Shchedrin)으로 이어지는 러시아의 웃음 전통은 '쓴 웃음(bitter laughter)'으로, 이들은 '사회적 폭로'를 담고 있다고 지적하였다. 이러한 웃음은 고골리의 경우에는 '눈물이 찡한 웃음'으로 표현되는데, 이것은 웃음이 웃음으로 끝나는 미국식의 '태평한 웃음'과는 다른 것이다.[547] 따라서 러시아의 전통적인 웃음은 복합적인 감정을 일으키는 것을 특징으로 하는데, 이는 '계급적인 적(class enemy)'을 사회적으로 풍자해 소멸시키려는 작가의 태도에서 기인한다고 볼 수 있다. 이렇듯 에이젠슈테인이 권하는 '전투적 유머(militant humour)'는 묘사되는 사건과, 사건에 대한 작가의 태도를 모두 반영하는 것으로, 투쟁적 힘과 폭소가 복합적인 감정을 일으키는 것이다.[548]

그렇다면 복합적 구성은 작가가 사건 묘사에 그치지 않고, 사건을 바라보는 그의 감정적 태도를 반영하는 것을 전제로 한다. 1945년부터 집필하기 시작한 『냉담하지 않은 자연』이라는 책 제목은 바로 이러한 생각을 반영한다. '냉담하지 않은 자연'은 무엇보다도 우리 안에 있는 것으로, 이는 외적인 자연을 말하는 것이 아니라, '인간의 본성'을 말하는 것이다. 따라서 에이젠슈테인은 작가는 '냉담하지 않은 자연'의 입장에서 세상을 열정적으로, 적극적으로, 창조적으로 재창조해야 한다고 주장한다.[549] 이럴 때 작품은 다음에 언급할 복합적 감정구조를 지닌 '대위법적 조화'의 구성을 취하게 된다.

'불협화음 속에서의 통합'을 주장하기 위해, 에이젠슈테인은 그 이론적 근거를 동양의 문화에서 찾기도 하였다. 그것은 다름 아닌 음양(陰陽)의 원리이다. 특히 중국의 산수화에 담긴 음양의 이치에 매료된 에이젠슈테인은 산수화를 먼저 '시각적 음악(music for the eyes)'의 차원에서 논의한다. 두루마리 형태로 된 중국의 산수화는 그림이 수평적으로 '파노라마(panorama)'를 펼치기 때문에 한눈에 파악할 수 없다. 그것은 일련의 '풍경 숏(landscape shot)'들이 수평적 시퀀스로 진행되는 것과 같다.[550] 이러한 산수화의 특성을 설명하기 위해 에이젠슈테인은 글래스터(Curt Glaster), 피셔(Otto Fisher), 디에츠(Ernst Dietz) 등의 평론을 인용하고 있다. 이들은 한결같이 산수화의 신비를 음악적 원리에서 규명하고 있다. 예를 들어 피셔는 동양의 산수화가 변화하는 정서의 시퀀스로 이루어져 있어서, 음악적 원리에 토대한 시간예술의 경지에 다가선다고 지적하였다. 유사하게 디에츠는 동양의 산수화는 음악처럼 시간의 흐름 속에서 지각하게 되므로, 일종의 음악적 법칙을 지녔다고 주장하였다. 특히 디에츠는 음악에서 가장 중요한 것은 같은 모티프가 다른 음조, 다른 악기, 다른 음색으로 반복되고 변형되는 '반복(repetition)'인데, 바로 이러한 현상이 산수화에 나타나고 있다고 지적하였다.[551] 이러한 견해에 기초해 에이젠슈테인은 동양의 산수화를 특유한 관점에서 해석한다. 먼저 에이젠슈테인은 디에츠가 지적한 산수화에 나타난 '반복'의 현상을 다음과 같은 오선지(五線紙) 위에 그렸다.

여기서 우리는 산이라는 모티프가 서로 다른 색조로 변형되어 반복되는 것을 볼 수 있다. 한편 산수화에는 수직적으로 다양한 '자연적 요소들(natural elements)'이 병치되어 있는데, 에이젠슈테인은 이를 다음과 같은 그림으로 표현하였다.

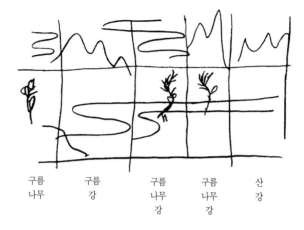

구름	구름	구름	구름	산
나무	강	나무	나무	강
		강	강	

여기서 강이 산수화의 주된 주제를 이루는 가운데, 강과 구름 혹은 산, 물, 안개 등이 수직적으로 병치되어 있는 것을 볼 수 있다. 이렇듯 산수화는 두루마리 형태로, 수평적으로 그림이 길게 진행될 뿐만 아니라, 수직적으로 여러 개의 음(音)이 병치된 현상을 보인다. 이것은 한마디로 '악보 유형의 구성'이라고 할 수 있다.[552] 여기서 주목해야 할 점은 에이젠슈테인이 1940년 「감각들의 일치」에서 도표화한 수직적 몽타주와 산수화의 구조가 유사하다는 것이다. 즉 산수화는 수평적으로 전개되는 수직적 구조를 지녔다는 것이다.

위와 같은 산수화의 구성에서 에이젠슈테인을 매료시킨 것은 음양의 상호작용을 중요시하는 중국인의 세계관이다.* 에이젠슈테인은 1940년에 음양의 원리에 대해 다음과 같이 언급하고 있다. "음과 양, 그것들은 항상 대립되면서도 통합된다. 이것은 영화감독이 연구해야 할 아주 적절한 원리이다."[553] 특히 산수화는 에이젠슈테인이 보기에 음양의 이치를 놀랍도록 잘 반영하고 있다.[554] 중국의 산수화는 수평적으로 전개되는 수직적 구조를 가졌다는 점에서 오케스트라의 악보를 닮았다. 예를 들어 중국의 산수화는 산과 물 그리고 나무와 구름 같은, 두 개의 대립적인 사물들을 수직적으로 병치시킨다. 여기서 산과 나무는 정적이고도 변하지 않는 사물로 음(陰)의 원

---

* 에이젠슈테인은 음양의 원리뿐만 아니라 산수화에 나타난 '짝수와 홀수'의 상호작용에도 관심을 보여, 이를 몽타주의 원리에 도입하였다. 즉 '짝수와 홀수'의 관계는 숏의 길이, 인물의 수, 율동 등을 결정하는 데 매우 중요한 의미를 지닐 수 있다는 것이다. 그 예로 〈전함 포템킨〉에서 전함과 돛단배들이 만나는 장면은 짝수로 형성된 그룹과 홀수로 형성된 그룹이 교차되도록 편집되었다. 특히 인물들이 관심의 초점이 될 때 '짝수와 홀수'는 매우 흥미로운 원리라고 에이젠슈테인은 지적하였다. 이상은 Sergei Eisenstein, *Nonindifferent Nature*, trans. Herbert Marshall(Cambridge : Cambridge UP, 1988) p.239를 참조할 것.

리를 대표한다면, 동적이고도 끊임없이 변하는 물과 구름은 양(陽)을 상징한다. 이렇듯 중국의 산수화는 음양의 대립적 요소들을 수직적으로 병치시키며, 이러한 수직적 구조가 수평적으로 전개되면서 끊임없이 음양의 상호작용을 표상하고 있는 것이다. 이러한 구성은 "세상은 전 우주를 지배하는 두 개의 대립적 요소들[음양]의 상호작용에 기초하고 유지되고 운영된다"는 신념을 반영하는 것으로, 어느 정도 변증법적 사고를 담고 있다고 에이젠슈테인은 해석하였다. 그 결과 흐르는 물은 움직임이 없는 강변과, 안개의 부드러움이나 공기의 투명함은 바위나 산의 굳건함과, 그리고 산등성이의 헐벗은 표면은 울창한 나무나 갈대와 대치되도록 구성되었다.

음양의 대립적 상호작용의 최종결과는 불협화음이 아닌 협화음이라고 볼 수 있다. 에이젠슈테인이 추구하는 '일치', 즉 영화의 시각적 요소와 청각적 요소의 관계는 바로 음양의 관계이다.[555] 그렇다면 에이젠슈테인의 후기이론은 대립 속의 조화를 꾀하는 '대위법적 조화의 몽타주'로 압축될 수 있다. 에이젠슈테인은 서로 다른 감각적 요소들이 대립하면서도 조화로운 상호작용을 하는 공감각이나 수직적 몽타주를 주장할 뿐 아니라, '삶을 긍정하는 죽음'이나 '눈물이 찡한 웃음' 같은 역설적 표현도 제안하고 있는 것이다.

대위법적 조화의 몽타주는 독특한 예술미를 지녔다. 이미 에이젠슈테인은 이를 음양의 이치로 풀이한 바가 있다. 대위법적 조화에 대한 그의 애착은 여기서 끝나지 않는다. 그는 미(美)에 대한 호가스(William Hogarth)의 분석을 빌려 오기도 한다. 호가스는 복잡한 형태는 우리의 눈을 정신없이 쫓게 만들지만, 그것은 하나의 즐거움이며, 이때 비로소 복잡한 형태는 미의 자격을 갖추게 된다고 언급하였다.[556] 에이젠슈테인은 탐정소설에 대한 비평에서 유사한 견해를 발견한다. 수에(Eugène Sue)는 쿠퍼(Fenimore Cooper)의 탐정소설에서 쫓고 쫓기는 장면에 대해 다음과 같이 언급하였다.

> 사냥은 양쪽 면에서 모두 매력적이다. 만일 한편에 사냥꾼의 낭만이 있다면, 다른 쪽에는 사냥꾼으로부터 도망가는 낭만이 있다. 만일 한편에 지그재그 모양으로 남겨진 자국을 추격하는 낭만이 있다면, 다른 편에서는 도망가면서 자국난 지그재그를 지우는 낭만이 있다.[557]

호가스와 수에의 견해에 바탕해 에이젠슈테인은 인간 고유의 '사냥 본능(hunting instinct)'을 고무하는 구성 혹은 예술형식은 매우 흥미롭다고 주장하였다.[558] 이 말은 대위법적 조화의 예술적 정당성을 내세우는 것으로 받아들일 수 있다. 왜냐하면 대위법적 조화의 구성은 복잡한 형식이어서 관객이 지닌 소위 '사냥 본능'을 자극하는 면이 있기 때문이다.

사냥 본능을 자극하는 대위법적 조화는 궁극적으로 '다양함 속의 통일성'이라는 미학적 결과를 낳는다. 에이젠슈테인은 구요(Jean M. Guyau)의 말을 인용해 '다양함 속의 통일성'을 다음과 같이 소개하고 있다.

> 모든 미문체(美文體, figurative style)는 본질적인 면에서 율동적으로 만들어진 양식에 속한다. 왜냐하면 언어적 이미지는 본질상 기본적인 아이디어를 매번 새로운 재료와 다른 형태로 반복하기 때문이다.… 그리고 각각의 반복은 다양함 속의 통일성을 구현하므로 매혹적이다.559

구요가 말하는 '다양함 속의 통일성'은 본래 독일의 예술사가(藝術史家) 뵐플린 (Heinrich Wölfflin)이 제기한 개념이다. 뵐플린은 『예술사의 원리(*Principles of Art History*)』에서 르네상스 예술을 '다양함 속의 통일성(multiple unity)'으로 규정하였다. 여기서 '다양함 속의 통일성'이란 독립적인 부분들 사이의 강약 조절로 통일성을 성취하는 것을 의미한다.560 쉽게 말해서 '다양함 속의 통일성'이란 말 그대로 다채로운 부분들이 독자적인 색채를 지니면서도 함께 어울려 통일성을 이루는 것이다. 이러한 원리를 '둔주곡(遁走曲, fugue)'에서도 발견하는 에이젠슈테인은 〈폭군 이반〉을 그 예로 들고 있다. 이 영화에서 주인공 이반의 분장은 '다양함 속의 통일성'의 원리를 따른 것이다.(도판 34) 이반은 어린 소년에서 차르로 등극하는 청년으로, 완숙한 장수에서 러시아의 통일 때문에 나약하게 우는 사람으로, 독살된 아내 앞에 무릎을 꿇은 흰머리 타래의 홀아비에서 폭군의 긴장된 모습으로, 피 흘리는 병사 때문에 괴로워하는 노인에서 독수리와 같은 날카로운 눈길로 발트 해를 평정하는 승리자로 변화무쌍한 뉘앙스를 풍기고 있다. 이러한 다양한 얼굴 속에서도 통일된 모습을 유지하기 위해서 에이젠슈테인과 분장사 고류노프(V. V. Goryunov)는 '역(逆)의 발전'을 택하기로 하였다. 즉 노인의 이미지를 기준으로 해 유년기, 청년기, 중년기의 모습을 잡아나갔던 것이다.561 그 결과 다양한 이미지 속에서도 통일된 인상을 불러일으켰다. 아울러 '조명에 의한 조형(modeling with light)'도 다양함 속의 통일성을 이룩하는 데 기여하였다. 에이젠슈테인은 장면이 변할 때마다 인물의 변한 모습에 따라 조명을 수정하기보다는 에피소드마다 장면의 정서적 분위기와 주인공의 정서적 상태를 반영하는 쪽으로 조명을 사용하였다.562 그 밖에 〈폭군 이반〉은 공감각의 영역에서도 노골적인 몽타주보다 '어우러진 다음(多音)'을 사용한 점에서 '다양함 속의 통일성' 미학을 대표하는 작품으로 볼 수 있다.563

다양함 속의 통일성은 여러 가지 방법으로 성취될 수 있다. 에이젠슈테인이 〈전함

34. 폭군 이반의
노년기 분장.

포템킨〉과 〈폭군 이반〉을
비교 분석한 것은 그 좋은
예이다. 두 영화 모두에는
죽은 사람에 대해 애도를
표하는 장면이 있다.[564] 〈전함 포템킨〉에서는 수병이 압제에 항거하다가 억울하게 죽
었으며, 〈폭군 이반〉에서는 왕비가 독살당한 것이다. 차이가 있다면 〈전함 포템킨〉의
애도장면은 군중을 형성하는 개개인의 차별적인 행동을 통해 표현되었고, 〈폭군 이
반〉에서는 애도가 한 사람에게 집중되어 표현된 것이다. 그러나 두 경우 모두가 다음
적(多音的) 효과를 창조한다는 면에서는 동질성을 지닌다. 〈전함 포템킨〉에서는 다양
한 사람들의 얼굴 표정을 통해 애도를 표현하였는데, 슬픔이라는 지배적인 분위기에
뉘앙스를 첨가하기 위해 심지어 냉소적인 표정까지 삽입하였다.(도판 35) 〈폭군이
반〉의 경우에 슬픔과 좌절의 다음적 효과는 이반이라는 한 사람의 다양한 감정 표현

에 의해 이루어졌다.(도판 36) 신음소리를 내는 이반의 모습, 속삭이듯 중얼거리는 이반, 고개를 앞뒤로 흔드는 모습, 공포에 질린 표정으로 일어나 들릴 듯 말 듯한 소리로 "내가 옳은가?" 중얼거리는 이반, 무릎을 꿇은 모습, 땅에 엎드린 모습, 관(棺) 주위를 천천히 걷는 모습, 갑자기 분노가 솟아 육중한 초를 넘어뜨리며 "거짓말쟁이! 모스크바의 차르는 아직 쓰러지지 않았다" 하고 외치며 정적을 깨는 이반의 모습 등, 한 사람에 의한 다양한 '목소리'를 담은 것이다. 따라서 이반의 모습은 다양한 각도에서 포착되어, 마치 일련의 개별적이고 독립적인 인물들을 묘사한 느낌마저 발생시킨다. 반면 〈전함 포템킨〉은 애도하는 군중을 클로즈업으로 잡은 다양한 숏을 변화시키면서 슬픔을 중심으로 하는 다음적 효과를 이루었다고 할 수 있다. 이렇듯 〈전함 포템킨〉과 〈폭군 이반〉 사이에 방법의 차이는 있으나 둘 다 다양함 속의 통일성을 이루었다고 말할 수 있다. 위와 같은 분석에 이어 에이젠슈테인은 다음적 효과를 위해서는 단일한 구도원리가 모든 개별적인 숏에 스며 있어야 한다고 말하였다. 아울러 음악과 배경이 통일적으로 메아리치게 하기 위해서는 빛과 그림자의 상호작용이 음의 선율, 율동, 음색 등을 반영해야 한다고 말한다.[565]

대위법을 근간으로 하는 다음적 구성은 위와 같이 다양함 속의 통일성이라는 미학적 효과를 거둔다. 이러한 점에서 '검은 만찬(black dinners)'의 양식은 에이젠슈테인이 보기에는 예술적으로 열등한 것이었다. '검은 만찬'의 양식은 검은 복장의 사람들이 검은 양초를 켠 가운데 검둥이 하인의 시중 아래 검은색 요리만을 먹는 것으로, 이것이야말로 전형적인 '형식주의(formalism)'라고 에이젠슈테인은 비난한다. 즉 '검은 만찬'의 양식은 '슬픈 슬픔'의 표현처럼 외적인 형식에 기반을 둔 인위적인 구성으로, 예술의 핵심인 다양성 혹은 복잡 미묘함이 결여되었다는 것이다.[566]

에이젠슈테인은 어우러진 화음을 내는 대위법적 조화가 공감각적 구성의 특성이라고 말하면서, 과거의 어트랙션 몽타주가 내포하고 있는 공감각적 원리는 계속 유용하다고 주장한다. 왜냐하면 모든 표현수단을 동원하는 어트랙션 몽타주는 이질적인 예술적 요소들을 각각 독립적인 '단위'의 어트랙션으로 취급하기 때문이다. 따라서 어트랙션 몽타주는 다양한 예술적 요소들로 이루어진 독립적인 어트랙션들의 모음이라는 점에서 공감각적 구성의 선례가 된다.[567] 이렇듯 에이젠슈테인에게 있어서 과거의 몽타주는 용도 폐기된 것이 아니라, 항상 새로운 모습으로 재탄생하는 것이다. 따라서 에이젠슈테인은 공감각에 대한 접근이 시대에 따라 그리고 특정한 사회형태에 따라 그 형식이나 양식이 다를 수 있음을 다음과 같이 언급하고 있다.

공감각 원리에 대한 접근은 예술이 발전하는 상이한 시대에 따라 다르다. 그것은 시대의 특

35. 〈전함 포템킨〉에서 바쿨린츄크에 대한 애도 시퀀스.

36. 〈폭군 이반〉에서 아나스타시아에 대한 애도 시퀀스.

정한 사회 형태에 의존해 그 시대에 맞는 양식과 형태로 결정되어야 한다.[568]

이 말은 사회가 재건되는 변혁기에는 노골적인 불협화음 효과를 내는 공감각의 원리가, 사회적 안정기에는 조화로운 화음을 지향하는 공감각이 부각되어야 한다는 것이다. 여기서 불협화음의 공감각은 어트랙션 몽타주나 일원적 앙상블로 대표되며, 조화로운 화음의 공감각은 대위법적 조화에 기반한 공감각인 것이다.

6. 조형적 음악

에이젠슈테인은 일원적 앙상블이 '상호감각적 경험'을 발생시킨다고 하였다.(134페이지 참조) 다양한 감각적 요소들이 동원되는 공감각으로서의 일원적 앙상블은 '청각적 시각' 혹은 '시각적 청각'의 현상을 초래한다는 것이다. 상호감각적 경험에 대한 관심은 에이젠슈테인의 후기이론에서도 지속된다. 후기이론의 집대성인 『냉담하지 않은 자연』에서 에이젠슈테인은 음악적 기능을 하는 '정서적 풍경(emotional landscape)' 혹은 '조형적 음악(plastic music)'을 중요한 영상미학으로 제안한다.

'조형적 음악'은 〈전함 포템킨〉과 같은 무성영화에서 회화적 요소만을 가지고 음악을 창조하는 것을 말한다. 여기서 에이젠슈테인은 음악을 바그너의 관점에서 정의한다. 즉 음악은 다른 수단으로는 표현 불가능한 것을 정서적으로 표현하는 것을 의미한다는 것이다.[569] 무성영화에서 이러한 현상이 가능하게 된 것은 몽타주의 힘이었을 뿐만 아니라, '풍경' 또한 큰 역할을 하였다. 풍경은 이야기를 전개해야 하는 부담이 적기 때문에, 분위기나 정서적 상태, 정신적 경험 등을 가장 잘 전달할 수 있는 수단이었다.[570] 따라서 에이젠슈테인의 이론에서 정서적 풍경과 조형적 음악은 같은 의미를 지닌 개념이다.

에이젠슈테인은 조형적 음악 혹은 정서적 풍경의 원리를 보다 구체적으로 설명하기 위해 다시 중국의 산수화에 의존한다. 앞서 언급하였듯이 에이젠슈테인은 중국의 산수화를 '악보 유형의 구성'으로 규정하였다. 산수화는 수직적으로 병치된 여러 음들이 수평적으로 전진하기에, 마치 오케스트라의 연주를 듣는 듯한 기분을 불러일으킨다. 에이젠슈테인은 산수화의 음악성을 보충 설명하기 위해 쌀머니(A. Salmony)의 견해를 소개한다. 쌀머니는 〈먼 사원에서 울려 퍼지는 저녁 종소리〉라는 산수화가 아련히 들려오는 종소리를 느낄 수 있도록 그려졌다고 지적하였다. 에이젠슈테인은 쌀머니의 말을 이어받아, 산수화의 안개는 반향적(反響的) 효과와 아주 밀접히 연결되어 있으며, 먼 사원의 종소리가 은은히 울려 퍼지는 것은 바로 이러한 원리에 기초한다고 언급하였다.[571] 이러한 인식은 에이젠슈테인으로 하여금 〈전함 포템킨〉의 '안개 시퀀스'에 새로운 예술적 정당성을 부여하게 한다. 에이젠슈테인에 의하면, 안개를 선택한 것은 결코 우연이 아니며, 이는 중국의 산수화처럼 그림이 음을 반향하도록 고안된 것이라고 한다.[572]

그러면 에이젠슈테인이 조형적 음악의 절정이라는 오데사 항구의 '안개 장면'을 구체적으로 살펴보자.[573] 먼저 안개 장면은 '물[水], 공기(空氣), 흙[土]의 상호작용'을 통한 음악적 풍경을 이룩하였다. 따라서 장면은 공기 중에 떠 있는 안개로부터 간신히 보일 듯한 형체로, 잿빛 회색의 수면과 회색 돛으로, 매끄럽고 검은 배의 큰 덩치로, 제방의 딱딱한 흙[土]의 성질을 지닌 물체들로 오가는 것이다.(도판 27 참조) 여기서 각각의 '모티프'는 독자적으로 흐르기도 한다. 안개는 숏에서 숏으로 옮겨갈수록 점점 엷어져 투명해진다. 반면 딱딱한 흙[土]의 성질을 지닌 형체들은 점차 두껍고 무거워 보인다. 처음에 이것은 안개에 가린 흐릿한 검은 물체로부터 시작해, 뼈가 앙상한 돛대와 활대, 혹은 실루엣으로 보이는 크레인이 뒤따른다. 뒤에 활대와 돛대는 안개 속을 삐쳐 나오며 우리 눈앞에서 대형 함재선(艦載船)과 범선(帆船)의 전신이 펼쳐진다. 그리고 이러한 모습들은 물위에 떠 있는 검은 부표와, 대형 선박의 큰 덩치로 이어진다. 물의 모티프는 은빛 수로(水路)에서 부드러운 바다 물결 위에 졸린 듯 떠 있는 하얀 돛으로 흐른다. 또한 물, 공기, 흙의 성질들은 무딘 회색의 공기와 안개의 보드라운 분위기, 반짝이는 수면의 은빛 회색의 부드러움, 검은 덩치의 매끄러운 면 같은 색조와 질감의 결합에 의해 반영되기도 한다. 그리고 이 모든 것들은 계산된 숏의 길이와 물체의 선율적 흔들림에 의해 율동적으로 흐른다. 나는 갈매기는 안개와 하늘의 일부처럼 보이나, 검은 실루엣으로 부초에 살짝 내려앉으면서 단단한 흙의 일부로 보이기도 한다. 그 가운데 날개를 활짝 편 갈매기처럼 요트의 하얀 돛이 물위에서 조는 듯하다. 전체적으로 볼 때 '안개 시퀀스'의 주제는 억울하게 죽은 수병 바쿨린츄크에 대한 애도이며, 대부분의 숏들은 이러한 정서적 분위기를 반영하도록 고안된 것이다. 즉 이 시퀀스는 '정서적 풍경'을 창조하려고 노력한 것으로, 중국 산수화의 원리와 일치한다. 왜냐하면 중국 산수화의 특징은 자연을 충실히 기록하는 것보다 풍경이 담고 있는 '정서적 반향(emotional resonance)'과, 그것의 변화하는 분위기를 포착하는 데 있기 때문이다. 마찬가지로 '안개 시퀀스'도 항구의 지형적 특성보다는 애도하는 정서적 분위기를 표현하는 데 초점을 두었다. 에이젠슈테인은 이러한 점에서 '안개 장면'이 중국 산수화의 전통을 계승하였다고 말한다. 한편 에이젠슈테인에게 있어서 조형적 음악은 파토스의 형태이기도 하다. 왜냐하면 조형적 음악은 그림이 음악이라는 새로운 차원으로 비약한 것이기 때문이다.[574] 에이젠슈테인의 이론체계에서 파토스 구성과 조형적 음악은 이렇게 만난다.

정서적 풍경은 풍경을 통해 인간의 감정을 표현하기도 한다. 에이젠슈테인은 이번에는 중국 시를 예로 들며 자연풍경이 어떻게 인간의 감정을 표현하는지를 설명한다. 중국의 시는 벚꽃 나뭇가지, 국화꽃, 달빛, 나비, 나이팅게일의 울음소리 같은 은유를 통해, 사모하는 사람의 부드러움, 얼굴 색, 목소리 등을 말하고 있다. 서양의 시에서도 나타나는 이러한 자연의 '의인화(anthropomorphization)'는 〈전함 포템킨〉의 구성에도 반영되어 있다고 에이젠슈테인은 말한다. 예를 들어 '오데사 계단 시퀀스'는 주인공, 주인공의 목표, 그것을 가로막는 악당으로 이루어지는 전통적인 '삼각관계'를 은유적으로 표현하였다. 계단(시민들)은 전함을 향해 달려가는데, 그 사이를 악당, 즉 차르의 병사들이 가로막는 것이다. 비슷하게 '함대를 만남의 시퀀스'에서 고동치는 전함 포템킨의 엔진 모습은 초조해하는 수병들의 심장의 고동을 은유한다. 이렇듯 〈전함 포템킨〉은 인간의 감정을 서정적 풍경을 통해 표현하였다.[575] 그 결과 작품은 '냉담하지 않은 자연'을 실천하고 있다.

에이젠슈테인은 초기의 일원적 앙상블에서 후기의 조형적 음악에 이르기까지 몽타주를 공감각의 차원으로 확장하였다. 상호감각적 경험과 정서적 표현력을 모색하는 그의 몽타주 이론은 숏과 숏의 단순한 결합을 넘어서 모든 예술원리를 규명하려는 듯하다. 이 점에서 에이젠슈테인의 이론은 영화의 영역을 초월한다. 그는 범예술적 구성원리를 밝히려는 투지를 보이고 있는 것이다.

10장

몽타주와 영화 연기

지금까지 논의한 바에 따르면 에이젠슈테인의 몽타주 이론은 변화를 겪으며 발전해 왔음을 알 수 있다. 따라서 에이젠슈테인의 영화 연기론은 그의 몽타주 이론이 어떻게 전개되는가에 따라 미묘한 변화를 보일 수밖에 없다. 초기의 에이젠슈테인이 영화 연기를 충돌 몽타주의 관점에서 보았다면, 후기의 에이젠슈테인은 총체적인 이미지의 입장에서 그것을 보았던 것이다.

1. 단절 연기

앞서 살펴보았듯이 에이젠슈테인이 충돌 몽타주를 처음 제기한 것은 1929년의 「영화적 원리와 표의문자」에서였다. 이 글에서 에이젠슈테인은 일본의 문자를 예로 들며 충돌 몽타주 이론을 전개하였을 뿐 아니라, 일본의 전통 연극인 가부키를 예로 들며 충돌 몽타주에 맞는 연기를 제안하였다. 에이젠슈테인은 가부키에서 발견한 연기 방법을 '단절 연기(cut acting)'라고 규정한 다음, 이러한 연기가 서구의 심리적 사실주의 연기보다 영화에 적절하다고 생각하였다.[576] 여기서 말하는 '단절 연기'란 감정 변화의 과정을 점진적으로 보여주지 않고 비약적으로 표현하는 것을 의미한다. 다시 말해 단절 연기를 하는 배우는 한 가지 감정상태에서 전혀 다른 감정상태로 전환할 수 있어야 한다는 것이다. 예를 들어 가부키 〈나루가미(鳴神)〉에서 사단지라는 배우는 취한 상태에서 광란의 상태로 변할 때, 취한 모습이 한순간 '단절(cut)'되고, 그리고 나서 그의 얼굴은 줄무늬의 분장으로 돌변하였다. 에이젠슈테인은 또 다른 '단절 연기'의 예를 쇼초(松鳥)라는 여인 역을 맡은 배우의 연기에서 발견하였다. 이 배우는 죽어가는 장면을 오른팔, 한쪽 다리, 그리고 머리와 목만으로 연기하였다. 즉 죽음의 고통을 보여주는 전체 과정을 몇 가지 신체 부위만으로 표현한 것인데, 이때 신체 부위들은 각각 특유의 고통을 표현한 것이다. 이러한 연기는 일종의 숏으로 분

절되었다는 점에서 영화의 몽타주와 다를 바가 없다.[577]

에이젠슈테인은 가부키에서 발견한 '단절 연기'를 그의 영화 〈낡은 것과 새로운 것〉에서 응용하였다. 이 영화에서 신형 크림 분리기의 작동에 대해 농부들은 처음에는 회의감을 갖다가 이윽고 그것이 성공적으로 작동하자 기뻐한다.(도판 29 참조) 에이젠슈테인은 이러한 감정의 극렬한 변화를 표현하기 위해 심리적 사실주의를 무시하고 단절 연기를 도입하였다. 즉 회의감을 나타내는 표정의 숏에서 환호하는 표정의 숏으로 곧바로 넘어간 것이다. 심리적인 변화를 점진적으로 표현하지 않고, 두 개의 대조적인 감정을 중간 단계 없이 보여준 것이다. 이렇듯 에이젠슈테인은 푸도프킨과는 달리 몽타주가 점진적 변화가 아니라 비약적인 변화에 토대해야 한다고 믿었으며, 배우의 연기도 이러한 흐름에 따를 것을 주장하였다. 연결 몽타주를 내세우는 푸도프킨이 스타니슬라프스키의 심리적 사실주의를 받아들여 점진적인 감정 변화를 추구하였다면, 충돌 몽타주를 앞세우는 에이젠슈테인은 마이어홀드의 '가면 연기'를 선호한 것이다.

표현의 비약적인 변화를 추구하는 에이젠슈테인의 연기론은 1920년초의 연극 작업에서 이미 싹이 텄다. 에이젠슈테인은 〈현인〉을 비롯한 연극에서 마이어홀드의 그로테스크 양식을 사용하였던 것이다. 따라서 분노는 공중제비로, 긴박감 넘치는 도주는 줄타기 곡예로 표현되었다.(126 페이지 참조) 이렇게 볼 때 1920년초의 연극 작업과 1929년의 '단절 연기' 이론은 하나의 일관된 흐름을 보이고 있다고 할 수 있다.

2. 전형

널리 알려진 바와 같이 에이젠슈테인은 쿨레쇼프처럼 영화배우는 '전형'이 되어야 한다고 믿었다. '전형' 개념은 단절 연기처럼 그 뿌리를 연극 작업에 두고 있다. 1934년에 쓴 「연극에서 영화로」에서 에이젠슈테인은 연극 작업에서 행한 실험이 영화로 이어진 것 가운데 하나가 전형이라고 언급하고 있다.[578] '전형'은 '천부적으로 표현력있는 유형의 사람(naturally expressive types)'을 배우로 쓰는 것을 의미한다. 레이다(Jay Leyda)에 따르면 에이젠슈테인의 '전형'은 '코메디아 델라르테(commedia dell'arte)'의 연기를 현대식으로 발전시킨 것이다.[579] 르네상스 시대에 이탈리아에서 발전한 즉흥연극인 코메디아 델라르테는 일곱 명의 '전형적 인물(stock figures)'을 사용하는데, 각 인물마다 특색있는 외모를 갖추고 있었다. 예를 들어 젊은 여자를 탐하는 노인 판타로네(Pantalone)의 가면은 관객이 보는 순간에 즉각적으로 어떤 사람인지를 알 정도로 외형적인 특색을 갖추고 있었다. 레이다의 지적은 다시 한번 에이젠슈테인과 마이어홀드의 관계를 확인시켜 준다. 왜냐하면 에이젠슈테

37. 〈베진 초원〉에서
'전형'에 입각해 캐스팅한
아마추어 배우와 작업하는
에이젠슈테인.

인은 마이어홀드처럼 신체적
표현을 중시하는 코메디아 델
라르테의 연기 방식을 택하였
기 때문이다.

　에이젠슈테인은 전형에 토대한 캐스팅을 〈파업〉, 〈베진 초원(Bezhin Meadow)〉 등
에 적용한 것으로 알려져 있다.[580] 그는 역에 잘 맞는 신체적 특징, 특히 얼굴의 특징
에 의해 배역을 정하였다.(도판 37) 따라서 에이젠슈테인은 적당한·배우를 찾는 데
몇 달을 허비하기도 하였다. 한 일화에 의하면 에이젠슈테인은 호텔에서 석탄을 푸
고 있던 인부의 외모를 보고 그를 〈전함 포템킨〉의 외과의사 역에 캐스팅하였다고
한다. 촬영감독이었던 티세(Tissé)의 회고에 따르면, 에이젠슈테인은 〈전선(the
General Line)〉에서도 전형에 입각한 캐스팅을 위해 비전문배우를 사용하였다고 한
다. 예를 들어 부농(富農)의 역은 회교도로서 군대의 육류 납품업자였던 사람에게,
사랑스럽고 슬픈 부인의 역은 구교도 마을의 한 아낙네에게, 여주인공은 한 국립농
장에서 발견한 여인에게 맡긴 것 등을 들 수 있다.

3. 총체적 이미지의 연기

신체적 외모와 단절된 연기를 앞세우는 에이젠슈테인의 연기론은 1930년말에 작은 변화를 겪는다. 그것은 새로운 몽타주론을 전개하는 1938년의 「글과 이미지」에서 드러난다. 이제 에이젠슈테인은 연기에 있어서도 단편적인 이미지들보다 '총체적인 이미지'를 중시하게 된다. 먼저 에이젠슈테인은 몽타주를 하지 않은 단일한 숏에 담긴 배우의 연기도 인상적일 수 있다고 가정하면서, 모든 예술의 원리는 그것이 '연기(acting)'이건 '그림(painting)'이건 간에 모두 몽타주 원리를 이용하고 있다고 주장한다. 예를 들어 영화배우는 맡은 역에 맞는 '세부사항들'을 선택하고 결합하고 병치함으로써, 작가나 감독 혹은 자신이 의도하는 이미지를 창조한다는 것이다. 이렇듯 연기에도 '성격화(characterization)'하는 과정에 이미 몽타주 원리가 작용하고 있다는 것이 에이젠슈테인의 기본인식이다.

에이젠슈테인은 세부사항들을 선택하고 결합하는 과정을 '내적 과정(inner process)'이라고 불렀다. 예를 들어 한 사나이가 카드놀이에서 정부의 공금을 날려, 절망 속에서 자살을 하게 된다고 가정해 보자. 배우가 이러한 극중인물을 창조하려면 두 가지 '내적 과정'을 거쳐야 할 것이다. 첫 과정은 '올바른 행위를 일으키는 요소들을 발견'하는 것으로, 이는 진정으로 느낀 감정에서 우러나와야 한다. 다시 말해 배우는 상상력을 발동해 '횡령 때문에 빚어질 비참한 미래의 삶'에 관한 구체적인 상황들이나 이미지들을 생각해야 한다. 두번째 단계는 앞날이 비참하리라는 것을 보여주는 구체적인 상황이나 이미지들 중에서 중요한 것만을 골라 상황을 구성해 주제를 보다 표현력있게 해야 하는 것이다.[581] 이렇게 역을 내적으로 창조하는 과정은 우리들의 일상생활 속에서도 일어난다고 에이젠슈테인은 말하고 있다. 즉 현실 속의 횡령자도 그가 한 행위가 초래할 끔찍한 결과에 대해 오만 가지 상상을 할 것이며, 이러한 상상된 상황들은 그를 극도의 공포심으로 몰고갈 것이다. 이렇듯 삶이나 예술에 있어서 "생생한 감정은 [상상된] 그림들에 의해, 그리고 그들의 종합과 병치에 의해 불러일으켜질 것이다"라고 에이젠슈테인은 주장한다.[582] 그러면 보다 구체적으로 역을 창조하는 내적 과정을 살펴보자. 횡령자의 역을 맡은 배우는 다음과 같은 가정을 설정할 수 있다. "나는 모든 친구나 아는 사람들로부터 범인 취급을 받을 것이다. 사람들은 나를 피하고, 나는 모든 사람들로부터 버림받을 것이다." 이러한 가정 아래 배우는 마음속으로 다음과 같은 이미지를 떠올릴 수 있다.

법정. 나는 피고석에 서 있다. 방청석은 나를 아는 사람들로 가득 차 있다.··· 나를 쳐다보는 이웃 사람의 눈과 마주쳤다. 삼십 년을 같이 산 이웃은 딴청을 부리며 눈을 피한다. 그는 창

밖을 보며 지루한 척한다.… 나와 같은 아파트에 사는 어떤 부인은 무섭다는 듯이 내 눈을 피해 고개를 숙이고 곁눈질로 나를 본다.… 사방에서 나를 책망하는 소리가 웅성거린다.… 감옥에서 풀려나는 날 내 뒤에서 문이 쾅 닫힐 것이다.… 옛집을 찾아들어갈 때 이웃 집에서 창을 닦고 있던 하녀가 놀란 표정으로 나를 쳐다볼 것이다.… 옆집 아파트 문이 열린다. 처음 보는 사람들이 나를 의심에 찬 눈으로 바라본다. 아이들은 어른에게 달라붙고, 나를 보자 순식간에 사라진다.…583

이렇듯 연기란 감정을 억지로 느끼게 하는 것이 아니라, 상상 속에서 형성된 이미지들을 의식적으로 선택하고 결합하고 병치시킴으로써, 의도하는 감정을 자발적으로 느끼게 하는 것이다. 다시 말해 배우는 위와 같은 내적 과정을 통해 비참하고 절망에 싸인 자신의 처지를 진정으로 느낄 수 있다. 그 결과는 맡은 역에 대한 총체적인 이미지뿐만 아니라 역동적인 이미지까지 불러일으킨다. 따라서 에이젠슈테인은 총체적 이미지를 위한 내적 과정을 "첫번째 일은 주제를 특색있는 표상들로 창조력있게 분해하는 것이며, 그 다음은 이러한 표상들을 결합해 주제를 일으키는 이미지가 생생해지도록 하는 것이다"라고 설명하고 있다.584

지금까지 논의한 바에 따르면, 초기의 에이젠슈테인은 개별적인 이미지에 초점을 둔 연기론을 폈었다. 따라서 에이젠슈테인은 단절 연기를 제안하였으며, 이러한 단편적인 연기는 하나의 어트랙션으로 강한 인상을 불러일으켰다. 어트랙션에 대한 강한 집념은 '전형'에 토대한 캐스팅으로 이어진다. 영화배우의 제1조건은 외형적으로 강한 인상을 불러일으켜야 한다는 것이다. 후기의 에이젠슈테인은 전반적인 이미지에 보다 관심을 두었다. 이러한 생각 아래서 배우들에게는 '내적 과정'을 통해 맡은 역의 특징적인 이미지들을 선별하고 결합함으로써 총체적인 이미지를 불러일으키는 것이 보다 중요하게 되었다. 이제 개별적인 놀라운 연기보다는 전반적인 이미지가 중요하게 되었다. 그러나 에이젠슈테인이, 초기에 제안하였던 인상적인 단편을 포기한 것은 아니다. 즉 총체적 이미지를 구축하는 개별적인 이미지들은 하나같이 주제를 부각시키는 '특수한 표현'이 되어야 한다는 것이다. 그렇다면 초기와 후기이론의 차이는 무엇일까? 초기의 에이젠슈테인이 개별적인 연기를 강조하였다면, 후기의 에이젠슈테인은 그것의 통합된 이미지에 비중을 두었다고 할 수 있다.

11장

요약 및 결론

지금까지 우리는 다양한 양상으로 전개되는 에이젠슈 테인의 몽타주 이론을 살펴보았다. 그러나 그 속에는 항상 기본적으로 변하지 않는 생각이 흐르고 있었다. 어떻게 보면 1923년에 발표한 어트랙션 몽타주는 앞으로 전개될 이론의 큰 골격을 마련해 주었다고 할 수 있다. 연극 연출 경험에 바탕한 어트랙션 몽타주는 개별적인 몽타주 조각을 강한 정서적 반응을 일으키는 독립적인 효력으로 보았고, 그것의 최종적인 효과를 연상적 비교를 통한 의미 창조에 두었다. 따라서 에이젠슈테인이 처음 제시한 몽타주의 기본 골격은 다음과 같다.

독립적인 효력들의 결합 → 이미지 연상 → 의미 창조

어트랙션 몽타주는 1929년의 충돌 몽타주로 발전한다. 여기서 에이젠슈테인은 독립적인 효력들의 충돌을 강조했으며, 그러한 충돌 속에서 제3의 의미가 탄생한다는 가설을 마련하였다. 따라서 수정된 몽타주 과정은 다음과 같이 표시할 수 있겠다.

독립적인 효력들의 충돌 → 이미지 연상 → 새로운 의미로의 비약

여기서 새롭게 소개된 개념은 충돌과 비약이다. 즉 에이젠슈테인은 독립적인 호소력을 지닌 단편과 단편의 충돌이 관객의 '이미지 연상적 사고'를 불러일으켜 새로운 차원의 의미를 발생시킬 수 있다고 말한다. 이러한 3단계의 수용 과정은 시각적 충돌, 연상 몽타주, 지적 영화, 파토스 구성, 그리고 총체적 이미지의 몽타주 등에서 공통적으로 발견된다. 다만 각 이론마다 강조하는 단계가 다를 뿐이다. 예를 들어 시각적 충돌의 몽타주는 1단계 과정을, 연상적 몽타주, 지적 영화, 내적 독백은 2단계 과

정을, 파토스 구성과 총체적 이미지의 몽타주는 3단계 과정을 중시한 것이다. 따라서 시각적 충돌이 충돌의 효과에 초점을 두었다면, 연상적 몽타주나 지적 영화는 주제를 부각시키기 위해 이미지 연상을 강조하였으며, 내적 독백은 사유과정의 영상화를 집중적으로 조명한 것이다. 그리고 파토스 구성은 비약적으로 변하는 이미지를 통해 관객의 생각과 정서를 비약적으로 전환시키는 것을 목표로 하였다. 한편 총체적 이미지의 몽타주는 다른 이론들과 미묘한 차이를 보이고 있으나, 그 기본은 별 차이가 없다. 몽타주 조각들의 개별적인 호소력에서 통합된 인상으로 강조점이 옮겨진 것뿐이다. 이때 개별적인 몽타주 조각들은 서로 대위법적으로 대립할 수 있기에, 충돌의 원리는 아직도 유효하다고 할 수 있다. 단 그 효과는 노골적인 대위법이 아니라 조화로운 화음을 발생시켜야 한다. 따라서 총체적 이미지가 강조하는 것은 3단계 과정에서의 '통합'이라고 하겠다.

위와 같은 사실로 볼 때, 충돌 몽타주, 지적 영화, 내적 독백, 파토스 구성, 총체적 이미지 등은 어트랙션 몽타주의 기본발상을 발전시킨 하나의 이론체계 속에 묶을 수 있다. 에이젠슈테인의 또 다른 이론체계는 일원적 앙상블과 수직적 몽타주를 중심으로 하는 공감각이다. 여기서도 어트랙션 몽타주가 출발점이 된다. 왜냐하면 어트랙션 몽타주에는 다양한 예술적 요소들이 독립적인 효력으로 작용하는 공감각의 성격도 있기 때문이다. 에이젠슈테인이 생각하는 공감각은 일반적인 몽타주 과정이 다소 변형된 형태이다.

예술적 요소들의 충돌 → 공감각적 경험 → 다음적 효과

공감각적 몽타주에서도 충돌은 기본전제로서 작용한다. 즉 다양한 예술적 요소들은 독립적인 어트랙션으로 작용해 서로 대위법적인 관계를 맺고 있는 것이다. 이러한 대립은 다채로운 감각적 경험을 가능하게 한다. 여기까지의 과정은 초기의 일원적 앙상블과 후기의 수직적 몽타주에 공통된 현상이다. 차이는 3단계에서 발생한다. 만약 일원적 앙상블이 노골적인 대립에 의한 불협화음을 지향한다면, 수직적 몽타주는 '대립 속에서의 조화'를 통해 화음을 창조한다. 다시 말해 일원적 앙상블이 다양한 예술적 요소들 사이의 경쟁적 관계를 부각시킨다면, 수직적 몽타주는 음양과 같은 조화로운 상호작용을 중시한다. 따라서 그 결과는 조화롭지 못한 다음(多音)과, 조화로운 다음으로 구별된다. 일원적 앙상블이 다양한 감각에 호소해 '감각적 관점의 부재'를 초래한다면, 수직적 몽타주는 다양함 속의 통일성을 이루는 것이다. 에이젠슈테인에게 있어 공감각은 다채로운 감각적 경험을 의미할 뿐만 아니라 상호감각

적 경험을 의미하기도 한다. 일원적 앙상블에서 제기한 시각적 청각과 청각적 시각, 그리고 수직적 몽타주와 관련된 조형적 음악 혹은 정서적 풍경은 모두 몽타주를 상호감각적 측면에서 탐구하려는 것이었다.

지금까지 논의한 바에 따르면 에이젠슈테인의 이론은 어트랙션 몽타주를 시발점으로 하는 일반적 몽타주와, 공감각적 몽타주의 이론체계로 나눌 수 있다.

어트랙션 몽타주 ┌ 충돌 몽타주-지적 영화-파토스 구성-총체적 몽타주
                └ 일원적 앙상블-수직적 몽타주

하나의 뿌리에서 자라난 이론들은 몇 가지 공통점을 내포하고 있다. 첫째, 에이젠슈테인의 이론은 무엇보다도 숏들 사이의 충돌 그리고 예술적 요소들 사이의 충돌을 전제로 하고 있다. 초기이론이 충돌이 빚는 노골적 대위법에 치중하였다면, 후기이론은 조화로운 대위법을 내세우는 것이었다. 둘째, 에이젠슈테인의 이론은 이미지 연상작용에 의존하고 있다는 점이다. 어트랙션 몽타주, 충돌 몽타주, 지적 영화는 모두 관객의 '이미지 연상적 사고'에 의해 이미지가 은유로 비약하는 것을 내세웠다. '몽타주 비유법'으로 표현되는 이러한 특성은 파토스 구성에서도 발견할 수 있었다. 예외적인 것은 아마 총체적인 이미지일 것이다. 여기서 에이젠슈테인은 은유나 상징으로의 비약보다는 통합적인 이미지로 승화되는 것을 중시하고 있다. 셋째, 에이젠슈테인의 이론들은 감각적 혹은 정서적 감흥을 통한 지적 효과를 전제로 한다는 점이다. 어트랙션 몽타주는 연상적 비교에 의해, 그리고 충돌 몽타주와 지적 영화는 '감각적이고 이미지적인 사고과정'을 통해 지적 개념을 불러일으킨다. 아울러 파토스 구성은 엑스터시의 감정을 일으켜 새로운 의식을 고취시키려고 하였다. 이러한 점에서 에이젠슈테인의 이론은 감각적 감흥을 통한 지적 통찰을 앞세우며 감성과 이성의 조화를 모색하였다. 넷째, 감각적 감흥을 중시하는 에이젠슈테인은 몽타주를 공감각의 차원으로 확대하였다는 점이다. 몽타주는 단순히 숏들의 결합을 의미하는 것이 아니라, 다양한 예술적 요소들 사이의 관계를 의미하는 것이기도 하다. 다섯째, 에이젠슈테인의 이론은 형식이 내용에 종속되지 않고 그 자체로서 영향력을 발휘할 수 있다고 본다는 점이다. 이러한 입장은 곧 양식화된 형식을 지향하는 것으로, 감각적이고 정서적인 호소력을 지닌 형식을 옹호하는 것이다. 정서적인 호소력이 있는 형식의 전제조건은, 예술가가 '냉담하지 않은 자연'의 입장을 취하는 것이다. 즉 예술가는 세상을 열정적이고 적극적으로 재창조해야 한다는 것이다. 그렇다면 1940년대 중반에 제

기한 '냉담하지 않은 자연'은 1929년에 말한 '창조의 능동적 원리'와 맥을 같이한다. 에이젠슈테인이 보기에 예술은 항상 주어진 현상에 의미를 부여하는 것이다. 그 결과 예술은 일정한 이데올로기적 입장에서 현실을 반영한다고 볼 수 있다. 형식이 곧 이데올로기라는 말은 바로 여기서 나오는 것이다. 여섯번째, 에이젠슈테인의 몽타주 이론은 인과론적인 플롯을 배격한다는 점이다. 이미지 연상을 통해 주제를 전하려는 그의 의도는 탈선형적(脫線形的) 이야기 혹은 '이야기 약화'의 형태로 나타난다. 일곱번째, 에이젠슈테인의 몽타주는 다양성의 미학으로 특징지을 수 있다는 점이다. 미학적인 아름다움을 규칙보다는 불규칙에 둔 에이젠슈테인은 단조로운 형태보다는 복잡한 형태를 선호하였다. 그 결과 그의 이론은 다채로운 예술적 자극들을 복잡하게 결합하는 방식으로 전개된다.

지금까지 논의한 바에 따르면 에이젠슈테인의 이론은 어느 정도 일관된 흐름을 보이고 있다. 첫번째 명제는 항상 충돌이나 대립이며, 이 생각은 에이젠슈테인을 평생 따라다닌다. 따라서 에이젠슈테인이 1930년을 전후로 인식론적 대전환을 하였다는 보드웰(David Bordwell)의 다음과 같은 주장은 그 근거가 없다.

> 가장 중요한 것은 변증법적 인식론을 버리면서 그의 몽타주에서 '긴장(tension)'의 개념이 사라진 것이다. 이제 그는 '유기론(organicism)'을 강조한다.… 예술적 요소들은 서로 충돌하지 않고 혼합되도록 배합될 것이며, 그 목적은 '균열(friction)'이 아닌 '융합(fusion)'이다.… 이제부터 몽타주는 조화와 '통합(unity)'을 말하는 것이다.[585]

보드웰은 에이젠슈테인의 몽타주 이론이 1930년까지는 '유물론(materialism)'의 영향 아래 충돌이나 대립을 강조하였으나, 그 이후 '관념연합론자 심리학(associationist psychology)'의 입장을 취해 조화와 통합에 집착한 것으로 보았다. 이것은 커다란 오류가 아닐 수 없다. 에이젠슈테인이 후기에 와서 조화를 이야기할 때 그것은 항상 '조화로운 대위법'을 의미하는 것이었다. 그 단적인 예가 음양의 원리를 몽타주에 도입한 것이다. 중국의 산수화에서 보듯 음양의 대립적 상호작용은 부조화가 아닌 조화를 초래한다. 여기서 주의해야 할 점은 에이젠슈테인이 말하는 '조화'가 전통적인 의미에서의 조화가 아니라는 점이다. 그것은 항상 상충되는 것들의 조화 혹은 '통합'으로, 대위법적 조화라고 할 수 있다. 따라서 에이젠슈테인이 의미하고자 하는 조화는 '슬픈 슬픔'이 아니라 '삶을 긍정하는 죽음'인 것이다. 이렇듯 에이젠슈테인에게 있어 조화는 대립되는 요소들의 '대위법적 관계'를 전제로 하고 있다. 보드웰은 바로 이러한 점을 간과하고 있었다. 에이젠슈테인이 말하는 '통일성'에 대해 오해한 것은 보드웰만이 아니다. 에이젠슈테인의 이론을 체계적으로 정리하려고 노력한 오몽도

이에 대한 명확한 인식이 없었던 듯하다. 오몽은 에이젠슈테인이 말하는 '통일성'을 '유기적 통일성(organic unity)'과 동일시하였다.[586] 이미 언급한 바와 같이 유기적 통일성이란 아리스토텔레스가 주장한 것으로, 예술적 요소들이 서로 밀접히 연결되어 하나의 조화로운 전체를 이루는 것을 의미한다. 즉 유기적 통일성은 한 가지 주제 아래 모든 것이 조화로운 관계를 맺는다는 점에서 '슬픈 슬픔'의 형식에 가깝다. 따라서 에이젠슈테인의 후기이론에 등장하는 통일성을 유기적 통일성으로 보는 오몽의 해석은 문제가 있는 것이다. 에이젠슈테인에게 있어서 통일성은 곧 상충되는 것의 조화인 대위법적 조화를 의미하는 '다양함 속의 통일성'이다. 이렇듯 대립이나 충돌은 에이젠슈테인의 후기이론에서도 중요한 기본전제로 작용하고 있다. 따라서 에이젠슈테인의 초기와 후기이론은 크게 달라진 것이 없다고 할 수 있다.

지금까지 논의된 에이젠슈테인의 이론을 종합적으로 평가해 볼 때, 그 정신에 있어서는 가깝게는 19세기의 낭만주의, 멀게는 1세기경에 활동한 롱자이너스(Longinus)의 고전주의를 계승하였다고 할 수 있다. 낭만주의 예술론의 기초를 마련한 롱자이너스는 바람직한 예술이란 모름지기 '강렬하고 고무된 감정'인 '파토스(pathos)'를 통해 '위대한 지적 사고(noesis)'를 일으켜야 한다고 보았다.[587] 다시 말해 탁월한 예술은 그 효과가 설득이나 즐거움의 수준을 넘어서 수용자를 정서적으로나 지적으로 도취시키는 매력이 있어야 한다는 것이다. 낭만주의의 '숭고(sublimity)'로 이어지는 이러한 '엑스터시의 미학'은 바로 에이젠슈테인의 이론에 반영되고 있다. 충돌 몽타주에서 파토스 구성에 이르기까지 에이젠슈테인은 줄곧 정서적 효과와 지적 효과가 총체적으로 일어나야 한다고 역설하였다. 더구나 그 효과는 엑스터시, 즉 전혀 새로운 차원으로의 '비약'이어야 한다고 에이젠슈테인은 보았다. 여기서 에이젠슈테인의 이론은 예술의 본질을 '모방(mimesis)'으로 보는 '모방론'을 벗어나, 예술을 강력한 정서적 표현으로 생각하는 '표현론'에 접근하고 있다. 에이젠슈테인에게 있어서 그 방안 중의 하나는 강한 표현력과 정서적 호소력을 지닌 형식이었다.

한편 에이젠슈테인은 인류의 문화 전반에 나타나는 이른바 '총체적인 몽타주 문화' 속에서 영화의 몽타주를 논의하려고 하였다. 동양과 서양의 문화를 넘나들고, 연극, 문학, 미술, 건축, 음악의 경계를 무너뜨리며 예술적 구성을 탐구한 그의 이론은 하나의 미학이론이라고 할 수 있다. 아울러 사회적 환경과 몽타주 문화의 관계를 규명한 그의 노력도 몽타주 이론을 한 차원 승화시켰다고 할 수 있다. 바로 이러한 이유에서 에이젠슈테인의 몽타주 이론은 영화를 비롯한 예술에 혁신적인 사고방식을 가져왔다고 할 수 있다.

지금까지의 논의에 따르면 몽타주는 부분들을 결합해 특정한 효과를 자아내는 영화기교라고 간단히 정의 내릴 수 있다. 이러한 전제 아래서 쿨레쇼프, 푸도프 킨, 그리고 에이젠슈테인은 각자 다양한 몽타주의 가 능성을 탐색하였다. 먼저 쿨레쇼프는 '재료의 조직'으 로 새로운 이미지를 창조할 수 있는 몽타주 기법에 몰두하였다. 이와 같은 몽타주의 창조력은 본질적으로 주어진 재료의 속성을 변모시키는 것이었다. 그러나 쿨레쇼프 의 이론에서 몽타주는 새로운 이미지를 형성하는 것으로 그치지 않았다. 그는 관객 이 이야기를 잘 따라갈 수 있도록 숏과 숏이 부드럽게 연결되어야 한다고 생각하였 다. 즉 쿨레쇼프는 몽타주가 새로운 이미지를 창조하되 일반 관객이 이해하지 못할 정도로 난해해서는 안 된다고 보았다. 따라서 할리우드 방식의 '눈에 띄지 않는 편 집'을 지향하는 쿨레쇼프의 몽타주는 수동적이며 상상력이 높지 않은 관객을 전제로 한 것이다. 이러한 태도는 관객을 창조적인 존재로 생각하는 에이젠슈테인의 시각과 는 크게 대조된다.

쿨레쇼프의 이론은 푸도프킨에 의해 보다 체계적으로 발전하게 된다. 푸도프킨은 쿨레쇼프처럼 관객의 이해를 도모하기 위해 이야기를 누적적으로 그리고 점진적으 로 쌓는 '벽돌 쌓기' 이론을 옹호하였다. 그러나 푸도프킨 이론의 독창성은 여기에 있지 않다. 그는 몽타주란 사건들을 잘 선택하고 연결해 현실을 보다 인상적으로 묘 사한다는 사실주의 몽타주를 주장한 것이다. 현실을 보다 표현력있게 묘사하는 푸도 프킨의 몽타주는 우리가 경험하는 삶에 토대하면서도 그것을 지각하는 관찰자의 주 관이 개입할 여지를 마련한다. 여기서 푸도프킨의 몽타주는 맹목적인 모방을 벗어나 '완화된 사실주의'를 향하는 것이다.

한편 에이젠슈테인은 쿨레쇼프나 푸도프킨과 전혀 다른 시각에서 몽타주를 조명 하였다. 무엇보다도 그는 급작스러운 전환 혹은 비약에 기초한 몽타주를 주장하였다.

이러한 에이젠슈테인의 몽타주는 관객의 창조적인 이미지 연상을 전제로 한 것으로, 그들의 의식이나 정서를 새로운 차원으로 고취시키는 것을 목표로 하였다. 에이젠슈테인의 몽타주 이론은 앞에서 자세히 평가했으므로 여기서는 푸도프킨의 이론과 비교하면서 그 특성을 밝히는 것이 좋을 것 같다. 먼저 에이젠슈테인과 푸도프킨의 차이를 도표로 보면 다음과 같다.

에이젠슈테인	푸도프킨
충돌	연결
비연속적 편집	연속적 편집
탈선형적인 이야기	선형적인 이야기
다양성의 미학	유기적 통일성
서사적 구성	극적 구성
표현론	모방론

먼저 에이젠슈테인의 이론은 충돌의 원리에, 푸도프킨의 이론은 연결의 원리에 토대한다. 에이젠슈테인은 숏과 숏 사이의 급작스러운 비약이 초래하는 충돌로 새로운 차원의 의미나 정서적 반응을 발생시키려고 하였다면, 푸도프킨은 그들 사이의 조리 있는 연결로 이야기를 선명하게 전개하고자 하였다. 따라서 에이젠슈테인의 몽타주는 비연속적 편집으로, 푸도프킨의 몽타주는 연속적 편집으로 각각 특징지을 수 있다. 즉 에이젠슈테인의 몽타주는 인과론적인 플롯을 탈피해 이미지 연상을 중시하는 탈선형적(脫線形的) 이야기를 지향한다면, 푸도프킨의 몽타주는 이야기의 연속성과 인과율에 충실한 선형적인 이야기 방식을 택하였다. 이러한 에이젠슈테인과 푸도프킨의 몽타주는 각각 다양성과 유기적 통일성의 미학을 내포하고 있다. 에이젠슈테인은 다채로운 예술적 요소들을 대위법적으로 결합해 다음(多音)의 효과를 발생시키려고 했다면, 푸도프킨은 모든 예술적 요소들을 서로 조화롭게 관계맺어 통일된 의미나 분위기를 조성하려고 했다. 이와 같은 특성들은 에이젠슈테인과 푸도프킨이 각각 서사적 구성과 극적 구성의 전통을 이어 받았음을 시사해 준다. 즉 에이젠슈테인의 이론은 중세연극, 셰익스피어 시대의 연극, 브레히트 연극으로 이어지는 서사적 구성의 전통 속에서 이해될 수 있다면, 푸도프킨의 이론은 아리스토텔레스, 신고전주의, 사실주의 연극으로 이어지는 극적 구성의 전통을 반영하는 것이다.(이에 관한 것은 부록에서 별도로 논의하겠다) 에이젠슈테인과 푸도프킨은 이야기 구성방법에서 대조될 뿐만 아니라 예술적 표현의 본질에 대해서도 서로 다른 태도를 보였다. 에이젠

슈테인이 감각적이고 정서적인 호소력이 강한 양식화된 형식으로 삶을 적극적으로 재창조하려고 했다면, 푸도프킨은 현실을 인상적으로 반영하는 사실주의적인 형식을 추구했던 것이다. 즉 에이젠슈테인이 예술을 강렬한 정서적 표현으로 생각하는 낭만주의의 입장을 취했다면, 푸도프킨은 예술의 본질을 모방으로 보는 아리스토텔레스의 입장을 견지한 것이다. 여기서 덧붙여야 할 점은 쿨레쇼프도 독자적인 시각에서 몽타주 이론을 전개하였다는 것이다. 일반적으로 그는 미국 대중영화의 미학을 선호한 것이다. 이렇듯 에이젠슈테인과 푸도프킨, 그리고 쿨레쇼프의 몽타주 이론 각각은 독특한 예술적 사고방식과 감수성의 결과인 것이다.

몽타주 이론가들의 서로 다른 예술적 감각은 영화 연기에서도 나타난다. 그들은 모두 몽타주 미학에 맞는 새로운 영화연기를 모색하였지만, 개별적인 방법론은 서로 달랐다. 쿨레쇼프는 순간적으로 강렬한 인상을 불러일으키는 연기를 제안하였다. 왜냐하면 영화 연기는 짧은 몽타주 숏을 전제로 하기 때문이다. 따라서 쿨레쇼프는 영화 연기가 단순명료하면서도 조직적이어야 한다고 생각하였다. 이러한 연기는 신체적인 외적 표현에 치중하는 것으로, 심리적 경험을 중시하는 푸도프킨의 연기론과는 대조된다. 사실주의 몽타주를 추구한 푸도프킨은 배우는 우선 역을 심리적으로 경험하고, 그러한 내적 경험을 외적으로 표현해야 한다고 보았다. 그러한 연기는 논리적 연속성과 액션의 일관된 흐름을 보장한다는 점에서 사실주의 미학에 부합한다는 것이었다. 에이젠슈테인이 생각하는 영화 연기는 우선 충돌의 원리에서 출발한다. 즉 영화 연기는 충돌 몽타주처럼 감정의 변화를 비약적으로 표현하는 것이다. 소위 '단절 연기'라고 불리는 에이젠슈테인의 연기 방법은, 점진적인 변화를 지향하는 푸도프킨의 사실주의 연기와 대조된다. 그러나 에이젠슈테인의 연기론은 후기에 와서 미묘한 변화를 겪는다. 이제 총체적인 이미지를 중요시하는 에이젠슈테인은 영화 연기도 이에 상응해야 한다고 보았다. 따라서 배우들은 맡은 역의 특별한 이미지들을 선별하고 결합해 총체적인 이미지를 구축해야 하는 것이다. 이제 개별적으로 눈에 띄는 연기보다는 전반적인 이미지가 중요하게 되었다. 한편 에이젠슈테인은 쿨레쇼프처럼 영화 배우는 특색 있는 외모를 갖춘 '전형'이 되어야 한다고 믿었다. 이렇듯 신체적이고도 외적인 표현력을 중시한다는 점에서 에이젠슈테인과 쿨레쇼프는 마이어홀드의 연기방법론을 택했다고 볼 수 있다. 이에 반해 심리적 경험과 역의 논리적 연속성을 강조하는 푸도프킨은 스타니슬라프스키로부터 커다란 영향을 받은 것이다.

몽타주는 좁은 의미의 편집만을 의미하는 것이 아니다. '숏 내의 몽타주'를 인식한 쿨레쇼프와 에이젠슈테인은 몽타주와 미장센 미학이 서로 배타적이지 않고 상호보완적일 수 있음을 보여주었다. 한편 몽타주는 푸도프킨이나 에이젠슈테인이 생각했듯이 시청각적인 측면으로 확대될 수도 있다. 시청각적 몽타주는 곧 몽타주가 공감각적으로 사용될 수 있음을 암시한다. 이때 몽타주는 다양한 예술적 요소들 사이의 관계를 의미하는 것으로, 그 결과는 다채로운 감각적 경험이며, 상호감각적인 경험인 것이다. 따라서 영화 몽타주의 잠재력을 예술과 문화 전반에 걸쳐 나타나는 '총체적인 몽타주 문화' 속에서 모색해야 한다는 에이젠슈테인의 주장은 우리에게 시사하는 바가 매우 크다고 하겠다. 바로 이러한 점에서 몽타주 이론은 영화를 넘어선 예술 전반에 적용될 수 있는 미학이 되는 것이다.

몽타주와 연극적 전통

앞서 언급했듯이 푸도프킨과 에이젠슈테인의 몽타주 이론은 연극적인 전통과 관련지어 재조명할 수 있다. 연극은 구성기법에 따라 크게 두 가지로 구별할 수 있다. 첫째는 아리스토텔레스로부터 신고전주의, 그리고 19세기의 '잘 짜여진 극'과 사실주의 연극으로 이어지는 '집약희곡(集約戲曲)'의 전통이다. 여기서 집약희곡은 인간의 행동을 집약된 시공간(時空間)과, 압축된 사건 아래서 묘사하는 희곡을 뜻한다. 집약희곡은 매끄러운 연속성을 중시해 다양한 부분들을 논리적으로 결합한다는 점에서 연결 몽타주와 같은 구성기법을 갖고 있다. 두번째 연극적 전통은 중세극에서 시작해 셰익스피어 시대의 희곡, 브레히트 서사극 등으로 이어지는 '확산희곡(擴散戲曲)'이다. 확산희곡은 인간의 행동을 광범위한 시공간과 다수의 사건을 이용해 묘사하는 희곡을 일컫는다.* 따라서 확산희곡은 충돌 몽타주처럼 부분과 부분 사이의 논리적 비약과 비연속성을 내포하는 구성에 토대하고 있다. 이렇듯 연결 몽타주와 집약희곡, 충돌 몽타주와 확산희곡의 관계는 아주 긴밀하다. 만일 푸도

* 집약희곡과 확산희곡이라는 용어는 베커만(Bernard Beckerman)이 그의 저서 *Dynamics of Drama: Theory and Method of Analysis*에서 정의한 것이지만, 그 유래는 아리스토텔레스가 『시학』에서 정의한 '극적 구성(dramatic construction)'과 '서사적 구성(epic construction)'의 이분법으로 거슬러 올라갈 수 있다. 극적 구성은 '개연성과 필연성의 법칙' 아래 사건이 그럴듯한 인과관계를 형성하며 진행될 뿐 아니라, 단일한 액션을 중심으로 극의 모든 부분들이 서로 유기적으로 연결돼 있는 '유기적 통일성'을 도모한다. 한편 서사적 구성은 '개연성과 필연성의 원칙'보다는 다양한 에피소드 중심의 구성이다. 따라서 서사적 구성은 에피소드 사이의 논리적 전후관계는 희박하나, 다수의 플롯으로 다채로운 액션들을 서술할 수 있다는 이점이 있다. 만일 극적 구성이 유기적 통일성 아래 작품의 초점이 집중되어 있다면, 서사적 구성은 다양성의 미학 아래 시공간적으로 확산된 액션을 묘사하는 것이다. 이러한 관점에서 볼 때 극적 구성과 서사적 구성은 집약희곡과 확산희곡에 각각 상응한다. 이상과 같은 것은 다음을 참조할 것. Aristotle, *Aristotle's Theory of Poetry and Fine Arts: With a Critical Text and Translation of the Poetics*, trans. S. H. Butcher, 4th ed.(London: Macmillan) p.39, 89, 93, 111.

프킨이 집약희곡의 전통을 이어받은 사실주의 연극에서 이상적인 구성기법을 찾았다면, 에이젠슈테인은 셰익스피어 연극 같은 확산희곡의 정신 속에서 영화적인 구성을 모색하였던 것이다.

푸도프킨과 에이젠슈테인에게 집약희곡과 확산희곡의 전통을 전파한 전도사는 본문에서 밝혔듯이 스타니슬라프스키와 마이어홀드였다. 스타니슬라프스키는 사실주의 연극의 거두(巨頭)로서, 집약희곡의 원리에 입각한 연극 연출을 꾀하였으며, 마이어홀드는 극장주의 연극의 선봉자로서, 확산희곡의 전통을 계승한 연극 미학을 창조하려고 하였다. 따라서 이들의 제자인 푸도프킨과 에이젠슈테인의 이론 속에서 집약희곡과 확산희곡의 정신을 발견하는 것은 그리 어렵지 않다. 이러한 계보를 도표로 표시하면 다음과 같다.

집약희곡의 전통→스타니슬라프스키→푸도프킨(연결 몽타주)
확산희곡의 전통→마이어홀드→에이젠슈테인(충돌 몽타주)

푸도프킨과 에이젠슈테인의 대조적인 몽타주 이론을 연극적 전통의 맥락 속에서 이해하려면 집약희곡과 확산희곡의 대조적인 구성기법을 고찰할 필요가 있다. 이는 에이젠슈테인이 노력한 것처럼 예술 전반에 나타나는 '총체적인 몽타주 문화' 속에서 영화를 이해하는 한 방법이 될 수 있을 것이다. 앞으로 논의할 집약희곡과 확산희곡의 구성기법을 다음과 같이 대조할 수 있다.

집약희곡	확산희곡
논리적 연결	논리적 빈틈
연속적 구성	비연속적 구성
유기적 통일성	다양함 속의 통일성
연역적 구성	귀납적 구성

1. 논리적 연결과 논리적 빈틈

집약희곡과 확산희곡은 첫째, '논리적 연결(logical linkage)'과 '논리적 빈틈(logical gap)'으로 대조된다. 다시 말해 집약희곡은 그럴듯한 인과율에 의해 극이 진행되지만, 확산희곡은 논리적 비약에 의해 극이 발전하는 것이다.

집약희곡의 논리적 구성원칙은 아리스토텔레스의 『시학』으로 거슬러 올라간다. 여기서 아리스토텔레스는 극예술이 실제로 일어난 일보다는 일어남직한 일을 다루어야 하며, 그것은 '개연성과 필연성의 법칙(the law of probability and necessity)'을 따라야 한다고 주장하였다.[588] 즉 극이란 실제가 아닌 허구의 세계이며, 그 허구의 세계가 그럴듯하기 위해서는 전후관계가 조리있게 맺어져야 한다는 것이다. 그 결과 극은 하나의 액션이 그 다음의 액션을 유발시키는 연결고리의 형태를 취하게 된다. 흔히 '선형적 플롯(linear plot)'이라고 불리는 아리스토텔레스의 구성원칙은 신고전주의, 잘 짜여진 극, 그리고 사실주의 연극에 의해 계승되었다. 예를 들어 잘 짜여진 극의 대표적 극작가인 소(小)뒤마는 극이 처음부터 끝까지 논리적으로 연결되어 '사실 같음'의 인상을 불러일으켜야 한다고 단언하였다.[589] 잘 짜여진 극의 이론가인 싸시(Francisque Sarcey)는 "모든 것이 실생활에서 일어나는 것처럼 연결되어야 한다"고 주장하였다.[590] 이러한 생각은 모두 액션과 액션, 사건과 사건 사이의 논리적 연결을 중시하는 것으로, 스타니슬라프스키나 푸도프킨의 예술적 구성으로 이어진다.

확산희곡은 집약희곡과 달리, 부분과 부분 사이의 논리적 빈틈 혹은 비약으로 특징지어진다. 중세의 '신비극(Mystery Cycle)'은 단편적이고도 에피소드적인 구성을 취함으로써 확산희곡의 전통을 마련하였다. 왜냐하면 종교극의 한 형태인 신비극은 구약과 신약 성서에서 중요하다고 생각되는 에피소드를 선별해 취합한 형태를 취하기 때문이다. 따라서 신비극은 '사탄의 타락', '아담과 이브의 타락', '카인과 아벨의 이야기', '노아의 홍수', '예수와 동방 박사들', '십자가에 못박힌 예수', '부활', '최후의 심판' 등의 다채로운 에피소드로 구성되어 있다. 이렇듯 신비극은 광범위한 시공간 속에서 벌어지는 이야기로서, 에피소드들 사이의 논리적 인과율을 무시한다. 다시 말해 에피소드와 에피소드 사이의 액션이 논리적으로 연결되지 않는다는 것이다. 예를 들어 '카인과 아벨의 이야기'와 '노아의 홍수'는 각각 독립적인 에피소드로서 극중인물이 전부 바뀔 뿐만 아니라, 액션의 연속적인 흐름을 보이지 않는다. 이와 같은 중세극의 전통은 셰익스피어가 활동하던 엘리자베스 시대의 연극, 그리고 현대의 서사극으로 지속, 발전되었다. 엘리자베스 시대 연극의 특징은 우선 막으로 구성되어 있지 않고 수많은 장면으로 분할된 것에 있다. 여기서 장면과 장면의 전환은 극중인물의 교체를 초래할 뿐만 아니라, 새로운 액션이나 이야기를 소개하기 위한 것이다. 이러한 에피소드적 구성은 액션의 동기보다는 중요한 액션이나 강렬한 순간만을 극화하는 특징을 보이고 있다. 따라서 엘리자베스 시대 연극의 특징은 중세극처럼 중요한 액션에서 중요한 액션으로 옮겨 가는 서술적 비약 혹은 액션의 비연속적인 흐름에 있다고 하겠다. 브레히트의 서사극은 이러한 확산희곡의 전통을 이어받았다. 브레히트는 아리스토텔레스의 전통을 이어받은 연극은 사건의 '필연적 연결'을 강조하지만, 서사극은 사건의 '비약적 전개'를 중시한다고 말하였다. 브레히트의 극은 또한

'모순(contradictions)' 속에서 발전하기 때문에 사건 전개 자체가 비약적이라고 볼수 있다. 즉 브레히트 극의 인물은 상황의 변화에 따라 상충되는 태도를 취하기에, 그의 행동은 일관성있는 흐름보다는, 정(正)에서 반(反), 반(反)에서 정(正)으로 변하는 비약을 보이는 것이다. 이것이 바로 브레히트가 말하는 '변증법적 연극(dialectic theatre)'의 한 특징이다. 마이어홀드와 에이젠슈테인의 구성기법은 이러한 확산희곡의 전통 속에서 이해될 수 있다. 그들은 단편적인 액션이나 숏을 연속적인 흐름을 위한 연결 고리로 생각하지 않고, 관객에게 강렬한 인상을 심어 주는 독립적인 단위로 생각한 것이다. 이러한 생각은 곧 비연속성과 논리적 비약을 특징으로 하는 '탈선형적 플롯'을 선호하게 하였다.

집약희곡의 논리적 연결성과 확산희곡의 논리적 비약은 추구하는 극적 효과가 다르다. 집약희곡은 장면들의 전후 인과관계에 의한 액션의 직선적 혹은 시간적 진전에 초점을 맞추고 있고, 확산희곡은 다양한 장면이나 액션들 사이의 유사성과 대조를 강조하는 '수직적 비교관계'를 중시하고 있다. 여기서 수직적 비교관계란 에이젠슈테인이 말한 '연상적 비교'와 비슷하다. 즉 다채로운 액션들과 장면들이 유사함과 대조에 의해 이미지 연상을 일으켜 의도하고자 하는 주제를 전달하는 것이다. 예를 들어 중세의 신비극은 아우어바흐(Erich Auerbach)가 지적하였듯이 다양한 에피소드들이 서로 '예시(figure, 혹은 prefiguration)'와 '실현(fulfillment)'의 관계로 맺어져 있다.[591] 여기서 '예시'는 앞선 사건으로 다음 사건을 예시하며, '실현'은 뒤의 사건으로 앞 사건의 예시를 실현한다. 따라서 사탄의 타락을 다룬 이야기는 아담과 이브의 타락을 묘사한 에피소드의 예시이며, 이 둘은 다시 예수가 사탄의 유혹을 받는 에피소드인 '황야의 시험'을 예시하는 것이다. 이렇듯 중세 신비극의 다양한 에피소드들은 '예시'와 '실현'으로 서로 개념적으로 연결되어 있다. 그 결과 액션은 선형적으로 흐르지 않고 다양한 액션들 사이의 이미지 연상을 불러일으키도록 한다. 엘리자베스 시대의 연극과 브레히트의 극은 중세극의 '수직적 비교관계'를 그대로 답습하고 있다. 엘리자베스 시대의 극은 프라이스(Hereward T. Price)가 지적하였듯이 한 장면이 다른 장면을 거울처럼 비추는 이른바 '거울 장면(mirror-scenes)' 기법을 사용하였는데, 이는 서로 다른 장면들이 유사하거나 대조적인 이미지로 서로를 비추어 주는 것을 말한다.[592] 다채로운 액션들 사이의 비교를 일으키는 구성은 브레히트 극에서도 발견되는 특성으로, 이러한 원리는 에이젠슈테인이 말하는 '연상적 비교'와 크게 다르지 않다. 여러 차례 예를 든 〈파업〉에서 데모하는 노동자가 군대에 의해 진압되는 장면과, 소가 도살장에서 살육되는 장면은 서로 인과론적으로 연결되지는 않지만, '도살'이라는 개념적 유사성에 의해 연결된다. 이러한 점에서 이야기의 인과론적 전개보다 이미지 연상을 중시하는 확산희곡의 전통이 에이젠슈테인의 몽타주 이론에 숨쉬고 있다고 볼 수 있는 것이다.

2. 연속적 구성과 비연속적 구성

만약 집약희곡이 극 진행의 연속성을 중시한다면, 확산희곡은 비연속적인 극 진행을 구사한다고 할 수 있다. 집약희곡의 기본 구성단위는 막이며, 막은 여러 개 장면들로 이루어져 있다. 여기서 집약희곡의 장면들은 신고전주의자들이 규정한 이른바 '장면의 연결(liaison des scènes)' 기법에 의해 전환된다. 장면의 연결기법이란 장면의 매끄러운 전환을 위해 한 사람 이상의 등장인물이 다음 장면을 위해 무대에 남는 것을 뜻한다. 그 결과 집약희곡은 액션의 시공간적 연속성을 유지한다. 확산희곡의 기본 구성단위는 장면이며, 장면과 장면 사이의 전환은 보통 시공간적 비연속성을 보인다. 더구나 확산희곡은 장면을 전환할 때 등장인물을 전부 바꿈으로써 장면의 연결기법을 무시한다. 요약하면, 집약희곡의 액션이 막 안에서 시공간적인 연속성을 유지한다면, 확산희곡의 액션은 단편적인 여러 개의 장면들로 분할되어 시공간적인 비연속성을 형성한다.

집약희곡의 연속적 구성과, 확산희곡의 비연속적 구성은 각각 '미장센' 미학과 '몽타주' 미학을 지향한다. 미장센은 바쟁이 옹호한 영화 미학으로, 깊은 초점의 '장시간 촬영'을 이용해 액션이 오랜 시간 동안 여러 수평면, 즉 전경, 중경, 배경 등에서 펼쳐지도록 한다. 따라서 미장센은 극적인 효과를 숏과 숏 사이의 관계보다는 프레임 안에서 찾으며, 액션의 연속성이나 관객의 지각적 연속성을 보존하려고 한다. '몽타주 미학'은 액션이나 주제를 여러 개의 단편으로 나눈 다음, 특정한 효과를 위해 이 단편들을 재조립하는 것을 말한다. 따라서 몽타주 미학은 대체로 액션의 비연속성을 내포하며, 숏과 숏 사이의 관계에서 극적인 효과를 찾는다. 여기서 주목해야 할 점은 미장센 미학이 신고전주의의 전통을 이어받았다면, 몽타주 미학은 엘리자베스 시대의 극적 전통을 대변한다고 할 수 있다는 것이다. 프랑스 신고전주의 극은 막의 시작부터 끝까지 액션이 영화의 프레임과 같은 '프로시니엄(proscenium)' 안에서 중단하지 않고 펼쳐진다는 점에서 미장센 미학을 보이고 있다.(프랑스 신고전주의극은 프로시니엄 무대와 밀접히 연결되어 있다) 푸도프킨의 몽타주 이론은 어떻게 보면 미장센 미학의 정신을 담고 있기도 하다. 왜냐하면 그것은 액션과 시공간의 연속성을 무엇보다도 중시하기 때문이다. 단 차이점이 있다면 푸도프킨은 그러한 연속성을 장시간 촬영의 프레임보다는 숏과 숏의 관계 속에서 실현하려고 한 것이다. 한편 엘리자베스 시대의 극은 액션을 단편적인 장면들로 나누고, 장면과 장면 사이의 관계에서 극적인 효과를 거둔다는 점에서 몽타주 미학의 선례를 남겼다. 이러한 시공간적 비연속성과, 액션의 비연속성에 토대한 몽타주 미학은 특히 에이젠슈테인의 이론에서 절정을 이룬다.

3. 유기적 통일성과 다양함 속의 통일성

집약희곡은 대개 '후반 개시(late point of attack)' 방법을, 확산희곡은 '초반 개시 (early point of attack)' 방법을 취한다. '후반 개시'란 이야기를 중간 부분부터 시작함으로써 극의 플롯을 절정에 이른 이야기 부분에 집중시키는 방법을 말한다. 반면 '초반 개시'는 플롯이 이야기의 첫 부분 혹은 첫번째 행동유발 동기부터 시작해 그 이야기의 결론까지 순차적으로 진행하는 서술방법이다. 집약희곡은 후반 개시 방법을 사용해 제한된 사건을 다루고, 확산희곡은 초반 개시 방법을 구사해 다양한 사건을 다룬다. 따라서 집약희곡에서는 극의 초점이 집중되어 있고, 확산희곡에서는 흩어져 있다고 볼 수 있다.

집약희곡은 집약된 사건에 의해, 확산희곡은 다양한 사건에 의해 각각 독자적인 통일성을 추구한다. 단일한 액션에 초점을 맞춘 집약희곡은 아리스토텔레스가 말하는 '유기적 통일성'을 목표로 한다. 다시 말해 집약희곡의 플롯은 시작과 중간 그리고 끝을 지닌 그 자체로 완벽한, 단일한 액션을 다루며, 이때 극의 모든 부분들은 서로 유기적으로 연결되어 있다. 여기서 유기적이라 함은 부분들이 서로 밀접히 연결되어 하나의 조화있는 전체를 이룬다는 뜻을 내포하고 있고, 모든 부분들이 하나의 공통된 주제 아래 통합된다는 의미도 지니고 있다. 푸도프킨이 말하는 미분과 적분의 개념은 바로 유기적 통일성을 염두에 둔 것이다.

다채로운 사건을 다루는 확산희곡은 대체로 '다양함 속의 통일성'을 지향한다. 확산희곡의 대표적인 구조는 시작, 다양한 에피소드(중간), 그리고 끝 부분으로 이루어져 있다. 여기서 시작 부분은 앞으로 다룰 문제를 밝히고, 끝 부분은 그 문제를 결론짓는다. 따라서 극의 주된 플롯은 시작과 끝 부분에 속하고, 이 둘 사이의 중간 부분은 다양한 사례를 다룬 부수적인 에피소드들로 구성되어 있다. 확산희곡이 갖는 '다양함 속의 통일성'은 바로 이러한 3분할적 구조에 있다. 3분할적 구조에서는 시작과 끝 부분에서 취급하는 주된 플롯이 그럴듯한 인과관계로 맺어져 있지만, 중간 부분에 있는 부수적인 에피소드는 인과 법칙에서 제외된다. 그러므로 3분할적 구조는 주된 플롯인 시작과 끝 부분에서 통일성을 이룬다. 이는 도란(Madeleine Doran)이 말하는 '주제적 통일성(thematic unity)'과 맥을 같이한다.[593] 다시 말해 3분할적 구조의 희곡은 시작 부분에서 주인공의 도덕적 선택을 다루고, 끝 부분에서 그 결과를 다룸으로써 일종의 주제적 통일성을 갖춘다. 중세 설교법에서 시작된 이 3분할적 구조는 이태리 초기 신고전주의에 의해 제기되었으며, 중세 도덕극, 엘리자베스 시대의 극, 그리고 브레히트 극에 이르는 확산희곡에서 자주 사용되었다. 또한 확산희곡은 다양한 사건이나 인물들이 유사성과 대조에 의해 서로 수직적 비교가 되는 '유사성에 의한 통일성(analogical unity)'을 이룬다.[594] 따라서 확산희곡에 나타난 통일성은 아리스토텔레스가 말하는 유기적 통일성이 아니라, 새로운 종류의 통일성, 즉 다양함 속의 통일성이다. 에이젠슈테인의 후기이론은 바로 여기에 그 핵심을 두고 있다. '유기성', '총체적인 이미지', '조화로운 대위법' 등의 개념으로 표현되는 그의 후기이론은 근본적으로 다양함 속의 통일성을 지향하고 있다.(앞서 논의하였듯이 우리는 에이젠슈테인의 글에서 '다양함 속의 통일성'이라는 표현이 반복적으로 강조되고 있다는 점에 주목하여야 한다)

4. 연역적 구성과 귀납적 구성

집약희곡이 '위에서 밑으로 구성해 가는(from top to bottom)' 연역적 구성을 구사한다면, 확산희곡은 '밑에서 위로 구성해 가는(from bottom to top)' 귀납적 구성에 토대한다. 다시 말해 집약희곡은 전체적인 설계로부터 시작해 세부 부분으로, 혹은 하나의 주제에서 시작해 개별적인 세부사항으로 구성해 간다면, 확산희곡은 개별적이고도 구체적인 부분들로부터 시작해 전체적인 극으로 구성해 간다.

연역적 구성은 집약희곡의 이론을 세운 아리스토텔레스, 신고전주의자들, 그리고 잘 짜여진 극의 비평가들에 의해 일관되게 주장되어 왔다. 연역적 구성은 극의 다양한 부분들이 하나의 개념이나 주제 아래 밀접히 연결되게 함으로써 극의 유기적 통일성을 강화하는 데 기여한다. 푸도프킨이 제안한 영화의 제작과정은 이러한 방식을 단적으로 드러낸다. 왜냐하면 그는 주제를 먼저 선택한 다음 그 주제에 맞는 세부사항, 즉 몽타주 조각을 구축해 나가는 방법을 택하였기 때문이다.

반면 귀납적 구성의 전통은 중세나 엘리자베스 시대의 극작법 관행에서 엿볼 수 있다. 중세 신비극이나 엘리자베스 시대의 극은 종종 집단창작의 형태를 띠며, 특히 엘리자베스 시대의 극작가는 여러 이질적인 소재들을 모아 하나의 작품을 만드는 경우가 있었다. 이때 각각 독자적으로 창안된 부분들이 모여 하나의 작품을 형성하게 된다는 점에서 중세 신비극이나 엘리자베스 시대의 극은 일종의 귀납적 구성을 보인다고 할 수 있다. 에이젠슈테인의 초기이론은 '노골적인 몽타주'를 위해 개별적인 숏을 지나치게 중시한 점에서 다분히 귀납적인 구성방식을 취하고 있다. 그러나 그의 후기이론은 총체적인 이미지를 보다 강조하는 연역적 구성으로 선회하였다. 이제 각 몽타주 조각은 개별적인 호소력보다는 전반적인 이미지를 구축하는 데 기여해야 한다는 것이다.

지금까지 우리는 푸도프킨과 에이젠슈테인의 몽타주 이론을 연극적 전통 속에서 재조명하였다. 아리스토텔레스로부터 에이젠슈테인에 이르기까지 극적 구성은 두 가지 중요한 과정을 내포하는 것으로 생각되었다. 첫째는 표현할 극적 요소들의 선택이며, 둘째는 선택한 극적 요소들의 조립이다. 그러나 그 방법론에 있어서 이론가들은 연결 몽타주와 충돌 몽타주로 대변되는 서로 다른 입장을 보여 왔다. 일반적으로 연결 몽타주가 삶의 순간들을 그럴듯하게 연결시켜 '현실에서 일어나는 것과 같은 느낌(verisimilitude)'을 주려고 하였다면, 충돌 몽타주는 인간의 삶을 단편적인 조각으로 재구성해 새로운 리얼리티를 창조하려고 하였다. 대조적인 구성기법인 연결 몽타주와 충돌 몽타주는 이러한 기본적인 입장 차이를 지니고 있다. '총체적인 몽타주 문화' 속에서 푸도프킨과 에이젠슈테인이 차지하는 위치는 바로 여기에 있다.

1. Lev Kuleshov, *Kuleshov on Film*, ed. and trans. Ronald Levaco (Berkeley: U of California P, 1974) p.41.
2. Ronald Levaco, Introduction, *Kuleshov on Film*, by Lev Kuleshov (Berkeley : U of California P, 1974) p.41.
3. Kuleshov p.128.
4. 이러한 생각은 1925년에 쓴 「영화 레퍼토리에 관한 질문(The Question of the Film Repertoire)」의 서두에 "영화는 활동적이어야 한다"고 분명히 나타나 있다. Kuleshov p.131.
5. Kuleshov p.43.
6. Kuleshov p.44.
7. Kuleshov p.46.
8. Kuleshov p.46.
9. Kuleshov p.47.
10. Kuleshov p.49.
11. Kuleshov p.50.
12. Kuleshov p.159.
13. Kuleshov pp.51-52.
14. Kuleshov p.52.
15. Kuleshov p.53.
16. Kuleshov p.54.
17. Kuleshov p.55.
18. Kuleshov p.139.
19. Kuleshov p.91.
20. Sergei Eisenstein, *Film Form: Essays in Film Theory*, trans. and ed. Jay Leyda (New York : Arcourt, 1949) p.37.
21. David A. Cook, *A History of Narrative Film* (New York : W.W. Norton, 1990) p.144.
22. Kuleshov p.166.
23. Kuleshov p.109.
24. Kuleshov p.63.
25. Kuleshov p.61.
26. Kuleshov p.78.
27. Kuleshov p.62.
28. Kuleshov p.99.
29. Kuleshov p.100.
30. Kuleshov p.101.
31. Kuleshov p.106.
32. Kuleshov p.107.
33. Kuleshov p.65.
34. Kuleshov p.66.
35. Kuleshov p.111.
36. Kuleshov p.145.
37. Kuleshov p.67.
38. Kuleshov p.108.
39. Kuleshov p.67.
40. Mikhail Yampolsky, "Mask Face and Machine Face," *TDR* 38.3(1994) : p.61.
41. Yampolsky pp.62-63.
42. Yampolsky p.66.
43. Yampolsky p.66.
44. Edward Braun, *The Theatre of Meyerhold : Revolution on the Modern Stage* (London : Methuen, 1986) p.113, 123.
45. Kuleshov p.135.
46. Kuleshov p.209.
47. Kuleshov p.56.
48. Kuleshov p.57.
49. Levaco p.11.
50. Kuleshov p.63.
51. Kuleshov p.67.

52. Kuleshov p.70.

53. Kuleshov pp.74-75.

54. Kuleshov p.73.

55. Kuleshov p.71.

56. Kuleshov p.72.

57. Kuleshov p.76.

58. Kuleshov pp.78-79.

59. Kuleshov p.80.

60. Kuleshov p.80.

61. Kuleshov p.79.

62. Cook p.148.

63. Kuleshov p.183.

64. Kuleshov p.192.

65. Kuleshov p.193.

66. Kuleshov p.129.

67. Kuleshov p.193.

68. Kuleshov p.195.

69. Kuleshov p.195.

70. Eisenstein, *Film Form* p.38.

71. Kuleshov p.184.

72. Kuleshov p.186.

73. Kuleshov p.191.

74. Yampolsky p.61.

75. Jay Leyda, *KINO : A History of the Russian and Soviet Film*(London : Allen and Unwin, 1960) p.150.

76. V. I. Pudovkin, "Stanislavsky's System in the Cinema," trans. T. Shebunina, *Pudovkin's Films and Film Theory*, by Peter Dart(New York : Arno, 1974) p.190.

77. V. I. Pudovkin, *Film Technique and Film Acting*, trans. and ed. Ivor Montagu, Memorial ed.(1958 ; New York : Grove, 1970) p.166.

78. Pudovkin, *Film* pp.167-168.

79. Pudovkin, *Film* p.169.

80. Pudovkin, "Stanislavsky's" p.190.

81. Pudovkin, "Stanislavsky's" p.187.

82. Constantin Stanislavsky, *An Actor Prepares*, trans. Elizabeth Reynolds Hapgood(New York : Theatre Arts, 1952) p.43.

83. Stanislavsky, *An Actor* p.60.

84. Stanislavsky, *An Actor* p.121.

85. Stanislavsky, *An Actor* p.121.

86. Stanislavsky, *An Actor* p.135.

87. Constantin Stanislavsky, *Building a Character*, trans. Elizabeth Reynolds Hapgood(New York : Theatre Arts, 1977) p.5.

88. Stanislavsky, *Building* p.64.

89. Stanislavsky, *An Actor* p.109.

90. Stanislavsky, *An Actor* p.109.

91. Stanislavsky, *An Actor* p.256.

92. Stanislavksy, *Building* p.162.

93. Stanislavsky, *An Actor* p.108.

94. Stanislavsky, *Building* pp.73-74.

95. V. I. Pudovkin, "On Montage," trans. P. Dart and A. Rossol, *Pudovkin's Films and Film Theory*, by Peter Dart(New York : Arno, 1974) p.162, 163.

96. Pudovkin, "On Montage" p.172.

97. Eisenstein, *Film Form* p.45.

98. Pudovkin, *Film* p.93.

99. Pudovkin, *Film* p.24.

100. Vance Kepley, "Pudovkin and the Classical Hollywood Tradition," *Wide Angle* 7(1985) : p.56.

101. Pudovkin, *Film* p.244.

102. Leyda, *KINO* p.236.

103. Pudovkin, *Film* p.93. 여기서 푸도프킨은 다음과 같이 사실주의의 첫 과정을 "the process of clear selection, the possibility of the elimination of those insignificances that fulfil only a transition function and are always inseparable from reality"로 설명했다.

104. Pudovkin, *Film* p.93.

105. Pudovkin, "On Montage" p.69.

106. Pudovkin, *Film* p.98.

107. Pudovkin, "On Montage" p.169.

108. Pudovkin, "On Montage" p.170.

109. Pudovkin, "On Montage" p.182.

110. Peter Dart, *Pudovkin's Films and Film Theory*(New York : Arno, 1974) p.119.

111. Pudovkin, *Film* p.103. 여기서 푸도프킨은 자연주의는 "a slavish fixation of the event" 라고 표현하였다.

112. Pudovkin, *Film* p.91.

113. Pudovkin, *Film* pp.330-331.

114. Dart p.119.

115. Pudovkin, *Film* pp.89-90.

116. Pudovkin, *Film* pp.177-178.

117. Pudovkin, *Film* p.178.

118. Pudovkin, *Film* p.179.

119. Pudovkin, *Film* p.182.

120. Pudovkin, *Film* p.94, 95.

121. Pudovkin, *Film* p.94.

122. Pudovkin, *Film* p.96.

123. Pudovkin, *Film* p.102.

124. Pudovkin, *Film* p.101.

125. Pudovkin, "On Montage" p.166.

126. Pudovkin, *Film* pp.92-93.

127. Kepley p.60.

128. Pudovkin, *Film* p.94.

129. Pudovkin, *Film* p.69.

130. Pudovkin, *Film* p.69.

131. Pudovkin, *Film* p.70.

132. Pudovkin, *Film* p.92.

133. Pudovkin, *Film* p.82.

134. Pudovkin, *Film* p.70.

135. Pudovkin, *Film* p.114.

136. Pudovkin, *Film* p.71.

137. Pudovkin, *Film* p.74.

138. Pudovkin, *Film* pp.159-160.

139. Pudovkin, *Film* p.160.

140. Pudovkin, *Film* p.67.

141. Pudovkin, *Film* p.106.

142. Pudovkin, *Film* p.163.

143. Pudovkin, *Film* p.164.

144. Pudovkin, *Film* p.181.

145. Pudovkin, *Film* p.161.

146. Pudovkin, "On Montage" p.161.

147. Dart p.92.

148. Dart p.92.

149. Pudovkin, *Film* p.166.

150. Pudovkin, *Film* p.32.

151. Pudovkin, *Film* p.33.

152. Pudovkin, *Film* p.34.

153. Dart p.151.

154. Pudovkin, "Stanislavsky's" p.204.

155. Pudovkin, "Stanislavsky's" pp.203-204.

156. Pudovkin, *Film* p.35.

157. Pudovkin, *Film* p.41.

158. Stanislavsky, *An Actor* p.109, 110.

159. Pudovkin, *Film* p.41.

160. Pudovkin, *Film* p.45.

161. Pudovkin, *Film* p.42.

162. Pudovkin, *Film* p.45.

163. Pudovkin, *Film* p.56.

164. Pudovkin, *Film* p.56.

165. Pudovkin, *Film* p.58.

166. Pudovkin, *Film* p.143.

167. Pudovkin, *Film* p.144.

168. Pudovkin, *Film* pp.75-78. 앞으로 논의될
다섯 가지의 유형은 대개 여기서 발췌한
것이다.

169. Pudovkin, *Film* p.185.

170. Pudovkin, *Film* p.172.

171. Pudovkin, *Film* p.186.

172. Pudovkin, *Film* p.188.

173. Pudovkin, "Stanislasky's" p.206.

174. Pudovkin, "Stanislasky's" p.186.

175. Pudovkin, "Stanislasky's" p.188.

176. Pudovkin, "Stanislasky's" p.192.

177. Pudovkin, "Stanislasky's" p.191.

178. Pudovkin, "Stanislasky's" p.203.

179. Pudovkin, "Stanislasky's" p.202.

180. Pudovkin, "Stanislasky's" p.198.

181. Pudovkin, "Stanislasky's" p.204.

182. Pudovkin, "Stanislasky's" p.205.

183. Pudovkin, "Stanislasky's" pp.199-200.

184. Puvovkin, *Film* p.140.

185. Pudovkin, *Film* p.140.

186. Pudovkin, "On Montage" p.139.

187. Pudovkin, "On Montage" p.137.

188. Pudovkin, "On Montage" p.138.

189. Pudovkin, "On Montage" p.145.

190. Pudovkin, *Film* p.243.

191. Pudovkin, "Stanislavsky's" p.205.

192. Pudovkin, *Film* p.242.

193. Pudovkin, "On Montage" pp.160-161.

194. Vsevolod Emilevich Meyerhold, *Meyerhold
on Theatre*, trans. and ed. Edward
Braun(New York : Hill and Wang, 1969)
p.200.

195. Peter Wollen, *Signs and Meaning in the Cinema*, 3rd ed.(Bloomington: Indiana UP, 1972) p.41, 42.

196. Pudovkin, *Film* p.244.

197. Pudovkin, *Film* p.243.

198. Pudovkin, *Film* p.243.

199. Pudovkin, "On Montage" p.138.

200. Pudovkin, "On Montage" p.140.

201. Pudovkin, "On Montage" p.170.

202. Pudovkin, "Stanislavsky's" p.196.

203. Pudovkin, "Stanislavsky's" p.195.

204. Pudovkin, "Stanislavsky's" p.198.

205. Norman Swallow, *Eisenstein: a Documentary Portrait*(New York: E. P. Dutton, 1977) p.24.

206. Sergei Eisenstein, *Immoral Memories: An Autobiography by Sergei M. Eisenstein*, trans. Herbert Marshall(Boston: Houghton, 1983) p.19.

207. Swallow p.24.

208. Swallow p.27.

209. Swallow p.27.

210. Swallow p.30.

211. Sergei Eisenstein, *Notes of a Film Director*, trans. X. Danko. ed. R. Yurenev(Moscow: Foreign Language Publishing House, 1946) pp.9-10.

212. Eisenstein, *Film Form* p.4.

213. Eisenstein, *Notes* p.15.

214. Eisenstein, *Notes* p.11.

215. Eisenstein, *Notes* pp.12-13.

216. Eisenstein, *Immoral* p.75.

217. Herbert Marshall, preface, *Immoral Memories: An Autobiography by Sergei M. Eisenstein*, by Sergei Eisenstein(Boston: Houghton, 1983) Xii-Xiii.

218. Konstantin Rudnitsky, *Meyerbold the Director*, trans. George Petrov, ed. Sydney Schultze (Ann Arbor: Ardis, 1981) p.104.

219. Vsevolod Meyerhold, *Meyerbold on Theatre*, trans. and ed. Edward Braun(New York: Hill & Wang, 1969) p.137.

220. Meyerhold, *Meyerbold on Theatre* p.138.

221. Meyerhodl, *Meyerbold on Theatre* p.141.

222. Braun, *The Theatre* p.126.

223. Rudnitsky pp.105-106. 다음의 블록의 말은 여기서 발췌한 것이다.

224. Meyerhold, *Meyerbold on Theatre* p.137.

225. Meyerhold, *Meyerbold on Theatre* pp.138-139.

226. Yamazaki Masakazu, "The Aesthetics of Ambiguity: The Artistic Theories of Zeami," *On the Art of the No Drama: The Major Treatises of Zeami*, by Zeami, trans. Thomas Rimer and Masakazu(Princeton: Princeton UP, 1984) xxxvii.

227. Meyerhold, *Meyerbold on Theatre* p.139.

228. Meyerhold, *Meyerbold on Theatre* p.63.

229. Meyerhold, *Meyerbold on Theatre* p.139.

230. Meyerhold, *Meyerbold on Theatre* p.27.

231. Meyerhold, *Meyerbold on Theatre* p.97.

232. Nick Worrall, "Meyerhold and Eisenstein," *Performance and Politics in Popular Drama*, ed. David Bradby, Louis James, and Bernard Sharratt(Cambridge: Cambridge UP, 1980) p.128.

233. Vsevolod Meyerhold, "Notes at a Rehearsal of Boris Godunov," *Meyerbold at Work*, ed. Paul Schmidt, trans. Paul Schmidt, Ilya Levin, and Vern McGee(Austin: U of Texas P, 1980) p.128.

234. Meyerhold, *Meyerbold on Theatre* pp.29-30.

235. 이 말은 1898년 모스크바 예술극장에서 있었던 〈갈매기(The Seagull)〉의 초기 리허설을 보고 체호프가 한 논평에서 인용한 것이다. 마이어홀드는 체호프의 언급을 일기장에 적어 놓을 정도로 중요하게 생각했음에 틀림없다. Braun, *The Theatre* pp.23-24를 참조할 것.

236. Jacques Aumont, *Montage Eisenstein*, trans. Lee Hildreth, Constance Penley, and Andrew Ross(Bloomington: Indiana UP, 1987) pp.181-182.

237. Eisenstein, *Notes* p.28.

238. Meyerhold, *Meyerbold on Theatre* p.254.

239. Edward Braun, trans. and ed., *Meyerbold on Theatre*, by Vsevolod Emilevich Meyerhold(New York: Hill and Wang, 1969)

p.191.

240. Meyerhold, *Meyerhold on Theatre* p.322.

241. Worrall p.179.

242. Braun, trans. and ed., *Meyerhold on Theatre* p.21, 190 ; Braun, *The Theatre* pp.80-81. 마이어홀드의 부분 조명에 대해서는 앞에 제시한 글을 참조할 것.

243. Rudnitsky p.290.

244. Braun, trans. and ed., *Meyerhold on Theatre* p.184.

245. Meyerhold, *Meyerhold on Theatre* p.255, 257.

246. Meyerhold, *Meyerhold on Theatre* pp.257-258.

247. Meyerhold, *Meyerhold on Theatre* p.319.

248. Meyerhold, *Meyerhold on Theatre* pp.33-34.

249. Meyerhold, *Meyerhold on Theatre* p.283.

250. Katherine Bliss Eaton, *The Theatre of Meyerhold and Brecht* (Westport : Greenwood, 1985) p.71.

251. Meyerhold, *Meyerhold on Theatre* p.276.

252. Meyerhold, *Meyerhold on Theatre* p.36.

253. Meyerhold, *Meyerhold on Theatre* p.56.

254. Meyerhold, *Meyerhold on Theatre* p.55.

255. Vsevolod Meyerhold, "Meyerhold Speaks : Observations on Acting and Directing," recorded by Alexander Gladkov, trans. Alma H. Law, *TDR* 18.3(1974) : p.110.

256. Zeami, *On the Art of the No Drama: The Major Treatises of Zeami*, trans. Thomas Rimer and Yamazaki Masakazu(Princeton : Princeton UP, 1984) p.127.

257. Meyerhold, *Meyerhold on Theatre* p.254.

258. Braun, trans. and ed., *Meyerhold on Theatre* pp.193-194.

259. Braun, *The Theatre* p.150.

260. Meyerhold, *Meyerhold on Theatre* p.131.

261. Braun, *The Theatre* p.113.

262. Braun, *The Theatre* p.123.

263. Meyerhold, *Meyerhold on Theatre* p.124.

264. Meyerhold, *Meyerhold on Theatre* p.199.

265. Meyerhold, *Meyerhold on Theatre* p.200.

266. Eaton p.64. 반사학에 대한 마이어홀드의 언급 은 다음의 글에도 나타나 있다.

Vsevolold Meyerhold, "Meyerhold Speaks…" recorded by Alexander Gladkov, trans. Alma H. Law, *Performing Arts Journal* 3(winter, 1979) : p.73. 여기서 마이어홀드는 스타니슬라프스키와의 리허설을 회상한다. 그는 스타니슬라프스키가 제안한 신체적 움직임을 통해 필요한 감정상태에 도달할 수 있었다고 하며, 이러한 방법을 '파블로프 원리'라고 하였다.

267. Braun, *The Theatre* p.211.

268. Robert Leach, *Vsevolod Meyerhold* (Cambridge : Cambridge UP, 1989) p.77.

269. Meyerhold, *Meyerhold on Theatre* p.133.

270. Mikhail Sadovsky, "Mikail Sadovsky," *Meyerhold at Work*, ed. Paul Schmidt, trans. Paul Schmidt, Ilya Levin, and Vern McGee (Austin : U of Texas P, 1980) p.207. 사도프스키는 마이어홀드의 배우였다. 그는 마이어홀드가 배우들에게 말한 것을 회고하고 있는 것이다.

271. Meyerhold, *Meyerhold on Theatre* p.198. "N=A1+A2"에 대한 내용은 위의 책에 실린 내용을 요약한 것이다.

272. Leach, *Vsevolod* p.53.

273. Eaton p.65.

274. Meyerhold, "Meyerhold Speaks…" p.72.

275. Leach, *Vsevolod* p.65.

276. Eaton p.64.

277. Eaton p.82.

278. Meyerhold, *Meyerhold on Theatre* p.206.

279. 어트랙션 몽타주에 관한 에이젠슈테인의 첫 글은 연극 경험에서 비롯된 결론이었다. 이를 위해서는 다음 글을 참조하라.

Sergei Eisenstein, "Montage of Attractions," *TDR* 18.1(1974) : p.79.

280. Meyerhold, *Meyerhold on Theatre* p.311.

281. Meyerhold, *Meyerhold on Theatre* p.318.

282. Eisenstein, "Montage of Attractions" p.79.

283. Eisenstein, "Montage of Attractions" p.78.

284. Rudnitsky p.254.

285. Eisenstein, "Montage of Attractions" pp.79-84.

286. Eisenstein, "Montage of Attractions" p.79.

287. Eisenstein, "Montage of Attractions" p.79.

288. Sergei Eisenstein, *S. M. Eisenstein: Selected Works*, ed. and trans. Richard Taylor (London: BFI, 1988) Vol I : p.74.

289. Eisenstein, *Film Form* p.14.

290. Eisenstein, *S. M. Eisenstein* p.41.

291. Eisenstein, *S. M. Eisenstein* p.43.
에이젠슈테인은 '사실의 비교(comparison of facts)' 혹은 '대상의 비교(comparison of subjects)' 라는 표현을 쓰기도 하였다. *S. M. Eisenstein* p.41을 참조할 것.

292. Eisenstein, *S. M. Eisenstein* pp.43-44.

293. Meyerhold, *Meyerhold on Theatre* p.313, p.318.

294. 에이젠슈테인은 1922년에 쓴 「제8의 예술(The Eighth Art)」에서 미국의 '탐정모험 코미디(detective adventure comedy)' 는 참된 익센트리즘을 보여준다고 지적하며, 채플린을 극찬하였다. *S. M. Eisenstein* pp.31-32.

295. Eisenstein, *Film Form* p.175.

296. Eisenstein, *Film Form* p.176.

297. Leonid Varpakhovsky, "Leonid Varpakhovsky," *Meyerhold at Work*, ed, Paul Schmidt, trans. Paul Schmidt, Ilya Levin, and Vern McGee(Austin : U of Texas P, 1980) p.170. 이 글에서 바파코프스키(Varpakhovsky) 는 마이어홀드가 〈목욕탕(The Bathhouse)〉을 공연했을 때 마야코프스키의 슬로건, "연극은 거울이 아니라 확대경이다"라는 말을 사용했다고 회고하고 있다.

298. 이 말은 마이어홀드의 제자 중의 하나인 스머노바(Alexandra Smirnova)가 스승의 말을 회고하며 적은 것이다. James M. Symons, *Meyerhold's Theatre of the Grotesque*(Coral Gables : U of Miami P, 1971) p.65.

299. 표현의 질적인 비약에 대한 마이어홀드의 생각은 그의 글에서 산발적으로 발견된다. 이를 위해서는 특히 다음 글을 참조하라. Meyerhold, *Meyerhold on Theatre* pp.139-141.

300. 충돌 몽타주의 일면은 형식과 내용의 충돌에 있으며, '파토스 구성' 은 표현상의 비약을 전제로 하고 있는 것이다.

301. Aumont p.45.

302. 이러한 에이젠슈테인의 생각은 몇몇 글에서 반복적으로 발견된다. 이를 위해서는 다음 글들을 참조하라. *S. M. Eisenstein* p.66, "Montage of Attractions" p.78, *Notes* p.17.

303. Eisenstein, *S. M. Eisenstein* p.65.

304. Eisenstein, *S. M. Eisenstein* p.75.

305. Eisenstein, *S. M. Eisenstein* p.125.

306. Meyerhold, *Meyerhold on Theatre* p.318.

307. Rudnitsky, *Meyerhold* pp.253-254.

308. Marjorie L. Hoover, *Meyerhold : The Art of Conscious Theatre*(Amherst : U of Massachusetts P, 1974) p.272.

309. Hoover p.273.

310. 에이젠슈테인은 그의 글에서 '노골적인 대위법' 과 '조화로운 대위법(harmonious counterpoint)' 을 대립적인 개념으로 사용하고 있다. 필자는 조화로운 대위법보다 '대위법적 조화' 라는 표현이 적합하다고 본다. Sergei Eisenstein, *Nonindifferent Nature*, trans. Herbert Marshall(Cambridge : Cambridge UP, 1988) p.283, 295를 참조할 것.

311. Eisenstein, *Nonindifferent* p.299.

312. Eisenstein, *Nonindifferent* p.295.

313. Herbert Marshall, trans., *Nonindifferent Nature*, by Sergei Eisenstein(Cambridge : Cambridge UP, 1988) p.414. 마샬의 각주 85번을 참조하라.

314. Eisenstein, *S. M. Eisenstein* p.114. 이 인용문은 「음에 대한 성명서(Statement on Sound)」에서 따온 것인데, 이 글은 원래 푸도프킨, 알렉산드로프(Grigori Alexandrov)와 합동으로 작성한 것이다.

315. Eisenstein, *Film Form* p.51.

316. Eisenstein, *Film Form* p.23.

317. Eisenstein, *Film Form* p.24.

318. Eisenstein, *Film Form* p.20.

319. Eisenstein, *Film Form* p.21.

320. Eisenstein, *Film Form* p.21.

321. Eisenstein, *Film Form* p.26.

322. Eisenstein, *Film Form* p.20을 참조하라. 여기서 에이젠슈테인은 모스크바 예술극장의 감정적 앙상블과 서구 오페라의 '종합적' 앙상블을 언급하였다. 이 두 가지 종류의

앙상블은 같은 성격을 지닌 것으로, '일치'의 원리를 따른 것이라고 할 수 있다.

323. Eisenstein, *Film Form* p.21. 또한 Eisenstein, *Nonindifferent* pp.298-299를 참조할 것.

324. Eisenstein, *Film Form* pp.21-22.

325. Eisenstein, *Film Form* p.22.

326. Eisenstein, *Film Form* pp.25-26.

327. Steve Odin, "Blossom Scents Take Up the Ringing : Synaesthesia in Japanese and Western Aesthetics," *Soundings* p.69 (1986) : p.261.

328. Eisenstein, *Film Form* p.37.

329. Eisenstein, *Film Form* p.31.

330. Eisenstein, *Film Form* p.30.

331. Eisenstein, *Film Form* p.31.

332. Eisenstein, *Film Form* p.32.

333. Eisenstein, *Film Form* p.32.

334. Eisenstein, *Film Form* pp.33-34.

335. Eisenstein, *Film Form* pp.35-36.

336. Sergie Eisenstein, *The Film Sense*, trans. and ed. Jay Leyda(New York : Harcourt, 1975) p.7.

337. Eisenstein, *Film Sense* p.5.

338. Eisnestein, *Film Sense* p.4.

339. Eisenstein, *Film Form* p.239.

340. Eisenstein, *Film Form* pp.36-37.

341. Eisenstein, *Film Form* p.235.

342. Eisenstein, *Film Form* p.245.

343. 시각적 충돌은 다음을 참조할 것. Eisenstein, *Film Form* p.39, 54.

344. Eisenstein, *Film Form* pp.55-56.

345. Eisenstein, *Film Form* p.56.

346. Eisenstein, *Film Form* p.56.

347. 에이젠슈테인은 「영화적 원리와 표의문자」에서는 '대상물과 프레임 사이의 충돌'이라는 표현을 쓰며, 이러한 유형의 시각적 충돌이 가장 흥미롭다고 지적하였다. 그러나 「영화 형식의 변증법적 접근」에서는 '사물과 시점 사이의 충돌'이라는 말로 수정하였다. Eisenstein, *Film Form* p.40, 54.

348. Eisenstein, *Film Form* p.41.

349. Eisenstein, *Film Form* p.46.

350. Eisenstein, *S. M. Eisenstein* p.238.

351. Eisenstein, *S. M. Eisenstein* p.240.

352. Eisenstein, *S. M. Eisenstein* p.239.

353. Sergei Eisenstein, "Mei Lan-Fang and the Chinese Theatre," *International Literature* 5(1935) : p.98.

354. Eisenstein, *Immoral* p.218.

355. Eisenstein, *Immoral* p.219. 그 밖에 서예와 동양화에 대한 에이젠슈테인의 생각은 같은 책 pp.217-219를 참조할 것.

356. Aumont p.53.

357. Eisenstein, *S. M. Eisenstein* p.60.

358. Eisenstein, *Film Form* p.57.

359. Eisenstein, *Film Form* p.58.

360. Eisenstein, *Film Form* p.58.

361. Eisenstein, *S. M. Eisenstein* p.80.

362. Eisenstein, *Film Form* p.58.

363. Eisenstein, *Film Form* p.58.

364. Eisenstein, *Film Form* p.58.

365. Eisenstein, *Film Form* p.60.

366. Eisenstein, *Film Form* p.59.

367. Eisenstein, *Film Form* p.61.

368. Eisenstein, *Film Form* pp.61-62.

369. Eisenstein, *Film Form* p.62.

370. 계량적 몽타주는 Eisenstein, *Film Form* pp.72-73을 참조할 것.

371. 율동적 몽타주는 Eisenstein, *Film Form* pp.73-74를 참조할 것.

372. 음조적 몽타주는 Eisenstein, *Film Form* pp.75-76을 참조할 것.

373. 에이젠슈테인은 「몽타주의 방법」외에도 「영화적 4차원(The Filmic Fourth Dimension)」에서 상음적 몽타주를 다루었다. 상음적 몽타주는 Eisenstein, *Film Form* pp.66-67, 79-81을 참조할 것.

374. Eisenstein, *Film Form* p.66.

375. Eisenstein, *Film Form* p.80.

376. Eisenstein, *Film Form* p.80.

377. Eisenstein, *Film Form* pp.78-79.

378. 지적 몽타주는 Eisenstein, *Film Form* pp.81-83을 참조할 것.

379. Eisenstein, *Film Form* pp.234-235.

380. Eisenstein, *Film Form* pp.237-238.

381. Eisenstein, *Film Form* p.239.

382. Eisenstein, *Film Form* p.245.

383. Eisenstein, *Film Form* p.240.

384. Eisenstein, *Film Form* pp.240-243.

385. Eisenstein, *Film Form* pp.251-253.

386. Eisenstein, *Film Form* pp.253-254.

387. Eisenstein, *Film Form* p.223.

388. Eisenstein, *Film Form* pp.232-233.

389. A. Nicholas Vardac, *Stage to Screen : Theatrical Origins of Early Film: David Garrick to D.W. Griffith*(New York : Da Capo, 1987) pp.36-38.

390. Eisenstein, *Immoral* p.207.

391. Eisenstein, *Immoral* p.213.

392. Eisenstein, *S. M. Eisenstein* p.96.

393. Eisenstein, *Film Form* p.125.

394. Aumont p.160.

395. Eisenstein, *Film Form* p.82.

396. Eisenstein, *S. M. Eisenstein* p.199.

397. Eisenstein, *Immoral* p.93.

398. Aumont p.161.

399. Aumont p.160.

400. Sergei Eisenstein, *Film Essays and a Lecture*, ed. Jay Leyda(Princeton : Princeton UP, 1982) p.21.

401. Eisenstein, *S. M. Eisenstein* p.158.

402. Eisenstein, *S. M. Eisenstein* pp.156-157.

403. Eisenstein, *S. M. Eisenstein* p.158.

404. Eisenstein, *S. M. Eisenstein* p.199.

405. Eisenstein, *Film Essays* p.34.

406. Eisenstein, *Film Form* p.103.

407. Eisenstein, *Film Form* p.129.

408. Eisenstein, *Film Form* p.104.

409. 형식과 내용에 관한 논의는 Eisenstein, *Sergei Eisenstein* p.154를 참조할 것.

410. Eisenstein, *Sergei Eisenstein* p.154.

411. Eisenstein, *Film Form* pp.97-98.

412. Eisenstein, *Film Form* p.103.

413. Eisenstein, *Film Form* p.105.

414. Eisenstein, *Film Form* p.106.

415. Eisenstein, *Film Form* p.129.

416. Eisenstein, *Film Form* p.130.

417. Eisenstein, *Film Form* p.130.

418. Eisenstein, *Film Form* p.131.

419. 파스 프로 토토에 관한 논의는 Eisenstein, *Film Form* p.132, 135를 참조할 것.

420. 부시맨에 관한 논의는 Eisenstein, *Film Form* pp.137-138을 참조할 것.

421. Eisenstein, *Film Form* p.139.

422. Eisenstein, *Film Form* p.249.

423. Eisenstein, *Film Form* pp.249-250.

424. Eisenstein, *Film Form* p.250.

425. Eisenstein, *Film Form* p.133.

426. Eisenstein, *Film Form* p.138.

427. Eisenstein, *Film Form* p.134.

428. Eisenstein, *Film Form* p.142.

429. Eisenstein, *Film Form* pp.142-143.

430. Eisenstein, *Film Form* p.144.

431. J.W. Newcomb, "Eisenstein's Aesthetics," *The Journal of Aesthetics and Art Criticism* 32 (1974) : p.473.

432. Eisenstein, *Film Form* p.145.

433. Eisenstein, *Film Form* p.166.

434. Eisenstein, *Film Form* p.166.

435. Eisenstein, *Film Form* p.167.

436. Eisenstein, *Nonindifferent* p.38.

437. Eisenstein, *Film Form* p.173.

438. Eisenstein, *Nonindifferent* p.84.

439. 종교적 엑스터시에 대해서는 Eisenstein, *Nonindifferent* pp.169-171, 178-179, 181-182를 참조할 것.

440. Eisenstein, *Film Form* p.172.

441. Eisenstein, *Film Form* p.172.

442. Eisenstein, *Film Form* pp.172-173.

443. '크림 분리기 시퀀스'에 대해서는 Eisenstein, *Nonindifferent* pp.52-58을 참조할 것.

444. Eisenstein, *Nonindifferent* pp.49-50.

445. Eisenstein, *Nonindifferent* p.55.

446. Eisenstein, *Film Form* p.240.

447. 에이젠슈테인은 자서전에서 '사자들의 이미지'가 지적 영화 이론이 형성되는 데 중요한 역할을 하였다고 적고 있다. Eisenstein, *Immoral* p.216.

448. Eisenstein, *Film Form* p.176.

449. Eisenstein, *Film Form* p.175.

450. Eisenstein, *Film Form* p.175.

451. Eisenstein, *Film Form* p.176.

452. 구성에 의한 파토스는 Eisenstein, *Nonindifferent* pp.44-52를 참조할 것.
453. Eisenstein, *Nonindifferent* p.70.
454. Eisenstein, *Nonindifferent* p.76.
455. 직접 과정과 역의 방식에 대해서는 Eisenstein, *Nonindifferent* pp.209-212를 참조할 것.
456. Eisenstein, *S. M. Eisenstein* p.155.
457. 이 점은 오몽에 의해서 제기된 바가 있다. Aumont p.152-153.
458. Sergei Eisenstein, "The Embodiment of a Myth," trans. Bernard Koten, *Film Essays and a Lecture*, ed. Jay Leyda(Princeton : Princeton Up, 1982) p.85.
459. Eisenstein, *Nonindifferent* p.295.
460. Eisenstein, *Nonindifferent* p.295.
461. 오몽은 이 논문의 제목을 'Montage 1937'이라고 하였다. 즉 그에 의하면 이 논문은 1937년에 씌어진 것이다.
462. Eisenstein, *Film Sense* p.3.
463. Eisenstein, *Film Sense* p.3.
464. Eisenstein, *Film Sense* p.4.
465. Eisenstein, *Film Sense* p.7.
466. Eisenstein, *Film Sense* p.8.
467. Eisenstein, *Film Sense* p.9.
468. Eisenstein, *Film Sense* p.10.
469. Eisenstein, *Film Sense* p.11.
470. Eisenstein, *Nonindifferent* p.283.
471. Eisenstein, *Nonindifferent* p.291. 에이젠슈테인은 여기에서 노골적인 몽타주가 망각의 역사 속으로 사라져 버리지 않았다고 말하고 있다.
472. Eisenstein, *Nonindifferent* pp.286-287.
473. Eisenstein, *Nonindifferent* p.287.
474. 이 인용문은 출판되지 않은 『영화 감각(*The Film Sense*)』의 서문에서 발췌한 것이다. Eisenstein, *Noninfifferent* p.291을 참조.
475. Eisenstein, *Nonindifferent* p.283.
476. Eisenstein, *Nonindifferent* pp.285-286.
477. Eisenstein, *Nonindifferent* p.292.
478. Eisenstein, *Nonindifferent* pp.292-293. 에이젠슈테인은 이러한 점을 강조하기 위해 〈폭군 이반〉의 대위법적 조화의 몽타주는 〈전함 포템킨〉의 '안개 시퀀스'를 계승했다고 주장하고 있다.
479. Eisenstein, *Film Form* p.92.
480. Eisenstein, *Film Form* p.160.
481. Eisenstein, *Film Form* p.161.
482. Eisenstein, *Film Form* p.163.
483. Eisenstein, *Film Form* pp.163-164.
484. Eisenstein, *Film Form* pp.164-165.
485. Eisenstein, *Film Form* pp.165-166.
486. Eisenstein, *Film Sense* p.11.
487. Eisenstein, *Film Sense* p.12.
488. Eisenstein, *Film Sense* pp.13-14.
489. Eisenstein, *Film Sense* p.14.
490. Eisenstein, *Film Sense* pp.15-16.
491. Eisenstein, *Film Sense* p.17.
492. Eisenstein, *Film Sense* p.11.
493. '원심적 움직임'과 '구심적 움직임'에 관한 에이젠슈테인의 언급은 Eisenstein, *Film Sense* p.100을 참조할 것.
494. Aumont p.184, 186.
495. Eisenstein, *Nonindifferent* p.279.
496. Eisenstein, *Film Sense* p.20.
497. Eisenstein, *Film Sense* p.20.
498. Eisenstein, *Film Sense* p.21.
499. Eisenstein, *Film Sense* pp.25-28. 위의 내용은 극히 일부만을 인용한 것이다.
500. Eisenstein, *Film Sense* p.30.
501. Eisenstein, *Film Sense* p.29.
502. Eisenstein, *Film Sense* pp.30-31.
503. Eisenstein, *Film Sense* p.46.
504. Eisenstein, *Film Sense* p.47.
505. Eisenstein, *Film Sense* p.48.
506. Eisenstein, *Film Sense* pp.49-54. 피터 대제에 관한 시행은 여기서 인용한 것이다.
507. Eisenstein, *Film Sense* pp.35-36.
508. Eisenstein, *Film Sense* p.32.
509. Eisenstein, *Film Sense* p.33.
510. Eisenstein, *Film Sense* pp.34-35.
511. Eisenstein, *Film Sense* pp.69-70.
512. Eisenstein, *Film Essays* p.85.
513. Eisenstein, *Film Sense* pp.70-71.
514. Eisenstein, *Film Sense* p.70.
515. Eisenstein, *Film Sense* p.72.
516. Eisenstein, *Film Sense* p.73.

517. Eisenstein, *Film Sense* p.74.

518. Eisenstein, *Film Sense* p.74.

519. Eisenstein, *Film Sense* p.78.

520. Eisenstein, *Film Sense* pp.82-86. 『영화 감각』 p.85에서 에이젠슈테인은 위와 같은 다양한 일치의 형태는 1928-1929년에 수립한 무성영화의 몽타주 유형에 부합된다고 지적하고 있다.

521. Eisenstein, *Film Sense* p.54.

522. Eisenstein, *Nonindifferent* pp.351-354를 참조할 것.

523. Eisenstein, *Film Sense* p.75.

524. Eisenstein, *Film Sense* pp.75-76.

525. Eisenstein, *Film Sense* p.78.

526. Eisenstein, *Film Sense* p.81.

527. Eisenstein, *Film Sense* p.82.

528. Eisenstein, *Film Sense* p.113.

529. Eisenstein, *Film Sense* p.89. 원문에서 일부만을 발췌하였음을 밝힌다.

530. Eisenstein, *Film Sense* p.93.

531. Eisenstein, *Film Sense* p.120.

532. Eisenstein, *Film Sense* pp.124-125.

533. Eisenstein, *Film Sense* p.138.

534. Eisenstein, *Film Sense* p.150.

535. Eisenstein, *Film Sense* p.151.

536. Eisenstein, *Film Sense* p.95.

537. Eisenstein, *Film Sense* p.98.

538. Eisenstein, *Film Sense* p.98, 103.

539. Eisenstein, *Film Sense* p.100.

540. Eisenstein, *Film Sense* p.85.

541. Eisenstein, *Film Form* pp.150-151.

542. Eisenstein, *Film Form* p.151.

543. Eisenstein, *Film Form* p.152.

544. Eisenstein, *Film Form* p.153.

545. Eisenstein, *Film Form* pp.154-155. 원문에서 일부만을 발췌하였음을 밝힌다.

546. Eisenstein, *Film Form* pp.155-156.

547. Eisenstein, *Notes* p.111.

548. Eisenstein, *Notes* p.112.

549. Eisenstein, *Nonindifferent* p.396.

550. Eisenstein, *Nonindifferent* pp.227-230.

551. Eisenstein, *Nonindifferent* pp.231-233.

552. Eisenstein, *Nonindifferent* p.234.

553. Eisenstein, *Film Sense* p.93. 이 페이지에 있는 각주를 참조할 것.

554. Eisenstein, *Nonindifferent* p.92, 233-236. 중국 산수화에 대한 다음의 논의는 대개 여기에 쓴 에이젠슈테인의 의견을 요약한 것이다.

555. Eisenstein, *Film Sense* p.93.

556. Eisenstein, *Nonindifferent* p.266.

557. Eisenstein, *Nonindifferent* p.267.

558. Eisenstein, *Nonindifferent* p.268. 이를 플롯에 도입하면, 극적인 플롯은 액션이 복잡하게 얽히고 해결되는 양상을 보일 것이다. 이에 대해서는 *Nonindifferent* p.272를 참조할 것.

559. Eisenstein, *Nonindifferent* p.279.

560. Heinrich Wölfflin, *Principles of Art History : The Problem of the Development of Style in Later Art*, trans. M.D. Hottinger, 1932(New York : Dover, 1950) pp.14-16, 159.

561. Eisenstein, *Nonindifferent* p.280.

562. Eisenstein, *Nonindifferent* p.281.

563. Eisenstein, *Nonindifferent* pp.296-297.

564. Eisenstein, *Nonindifferent* pp.301-302. 다음에 논의되는 두 작품의 비교는 여기서 발췌한 것이다.

565. Eisenstein, *Nonindifferent* p.305.

566. Eisenstein, *Nonindifferent* pp.297-298.

567. Eisenstein, *Nonindifferent* p.298.

568. Eisenstein, *Nonindifferent* p.299.

569. Eisenstein, *Nonindifferent* p.217.

570. Eisenstein, *Nonindifferent* p.217.

571. Eisenstein, *Nonindifferent* pp.236-237.

572. Eisenstein, *Nonindifferent* p.238.

573. 다음의 논의는 Eisenstein, *Nonindifferent* pp.228-230을 참조할 것.

574. Eisenstein, *Nonindifferent* p.217.

575. 지금까지의 논의는 Eisenstein, *Nonindifferent* pp.256-259를 참조할 것.

576. Eisenstein, *Film Form* p.42.

577. Eisenstein, *Film Form* p.43.

578. Eisenstein, *Film Form* p.8.

579. Jay Leyda, footnote, *Film Form* p.9.

580. Wollen p.41.

581. Eisenstein, *Film Sense* p.38.

582. Eisenstein, *Film Sense* p.40.

583. Eisenstein, *Film Sense* p.41. 원문의 일부만을 인용한 것임을 밝힌다.

584. Eisenstein, *Film Sense* p.45.

585. David Bordwell, "Eisenstein's Epistemological Shift," *Screen* 15(1974/75) : p.41.

586. Aumont p.67.

587. Roy Arthur Swanson, "Longinus : Noesis and Pathos," *Classical Bulletin* XLVI(1969) : pp.1-5.

588. Aristotle, *Aristotle's Theory* p.35.

589. Alexandre Dumas *fils*, "Preface to a Prodigal Father," *European Theories of the Drama*, ed. and trans. Barrett H. Clark(Cincinnati : Stewart, 1918) p.384.

590. Francisque Sarcey, "A Theory of the Theatre," trans. Hatcher H. Hughs, *European Theories of the Drama*, ed. Barrett H. Clark (Cincinnati : Stewart, 1918) p.393.

591. Erich Auerbach, *Scenes from the Drama of European Literature*, Theory and History of Literature 9(Minneapolis : U of Minnesota P, 1984) p.30.

592. Hereward T. Price, "Mirror-Scenes in Shakespeare," *Joseph Quincy Adams Memorial Studies*, ed. James G. McManaway, Giles E. Dawson, and Edwin E. Willoughby(Washington : The Folger Shakespeare Library, 1948) pp.101-102.

593. Madeleine Doran, *Endeavors of Art : A Study of Form in Elizabethan Drama*(Madison : U of Wisconsin P, 1954) p.289.

594. Richard Levin, *The Multiple Plot in English Renaissance Drama*(Chicago : U of Chicago P, 1971) pp.10-15.

Aristotle. *Aristotle's Theory of Peotry and Fine Arts: With a Critical Text and Translation of the Poetics.* Trans. S. H. Butcher. 4th ed. London : Macmillan, 1907.

Auerbach, Erich. *Scenes from the Drama of European Literature.* Theory and History of Literature 9. Minneapolis : U of Minnesota P, 1984.

Aumont, Jacques. *Montage Eisenstein.* Trans. Lee Hildreth, Constance Penley, and Andrew Ross. Bloomington : Indiana UP, 1987.

Beckerman, Bernard. *Dynamics of Drama: Theory and Method of Analysis.* New York : Drama Book Specialists, 1979.

Bordwell, David. "Eisenstein's Epistemological Shift." *Screen* 15 (1974/75) : pp.32-46.

Braun, Edward. Trans. and Ed. *Meyerhold on Theatre.* By Vsevolod Emilevich Meyerhold. New York : Hill and Wang, 1969.

_____. *The Theatre of Meyerhold: Revolution on the Modern Stage.* London : Methuen, 1986.

Burns, Paul E. "Linkage : Pudovkin's Classics Revisited." *Journal of Popular Film and Television* 9 (1981) : pp.70-77.

Cook, David A. *A History of Narrative Film.* New York : W.W. Norton, 1990.

Dart, Peter. *Pudovkin's Films and Film Theory.* New York : Arno, 1974.

Doran, Madeleine. *Endeavors of Art: A Study of Form in Elizabethan Drama.* Madison : U of Wisconsin P, 1954.

Dumas *fils*, Alexandre. "Preface to a Prodigal Father." *European Theories of the Drama.* Ed. and Trans. Barrett H. Clark. Cincinnati : Stewart, 1918. pp.383-388.

Eaton, Katherine Bliss. *The Theatre of Meyerhold and Brecht.* Westport : Greenwood, 1985.

Eisenstein, Sergei. "The Embodiment of a Myth." Trans. Bernard Koten. *Film Essays and a Lecture.* By Sergei Eisenstein. Ed. Jay Leyda. Princeton : Princeton UP, 1982. pp.84-91.

_____. *Film Form: Essays in Film Theory.* Trans. and Ed. Jay Leyda. New York : Harcourt, 1949.

_____. *The Film Sense.* Trans. and Ed. Jay Leyda. New York : Harcourt, 1975.

_____. *Immoral Memories: An Autobiography by Sergei M. Eisenstein.* Trans. Herbert Marshall. Boston : Houghton, 1983.

_____, "Mei Lan-Fang and the Chinese Theatre." Trans. B. Keen. *International Literature* 5 (1935) : pp.96-99.

_____, "Montage of Attractions." Trans. Daniel Gerould. *TDR* 18.1 (1974) : pp.77-85.

_____, *Nonindifferent Nature*. Trans. Herbert Marshall. Cambridge : Cambridge UP, 1988.

_____, *Notes of a Film Director*. Trans. X. Danko. Ed. R. Yurenev. Moscow : Foreign Language Publishing House, 1946.

_____, *S.M. Eisenstein: Selected Works*. Ed. and Trans. Richard Taylor. London : BFI, 1988. Vol 1.

Hoover, Majorie L. *Meyerhold: The Art of Conscious Theatre*. Amherst : U of Massachusetts P, 1974.

Kepley, Vance. "Pudovkin and the Classical Hollywood Tradition." *Wide Angle* 7 (1985) : pp.54-61.

Kuleshov, Lev. *Kuleshov on Film*. Ed. and Trans. Ronald Levaco. Berkeley : U of California P, 1974.

Leach, Robert. *Vsevolod Meyerhold*. Cambridge : Cambridge UP, 1989.

Levaco, Ronald. Introduction. *Kuleshov on Film*. By Lev Kuleshov. Berkeley: U of California P, 1974. pp.1-37.

Levin, Richard. *The Multiple Plot in English Renaissance Drama*. Chicago: U of Chicago P, 1971.

Leyda, Jay. *KINO: A History of the Russian and Soviet Film*. London : Allen and Unwin, 1960.

Marshall, Herbert. Preface. *Immoral Memories: An Autobiography by Sergei M. Eisenstein*. By Sergei Eisenstein. Trans. Herbert Marshall. Boston : Houghton, 1983. vii-xxii.

_____, Trans. *Nonindifferent Nature*. By Sergei Eisenstein. Cambridge : Cambridge UP, 1988.

Masakazu, Yamazaki. "The Aesthetics of Ambiguity : The Artistic Theories of Zeami." *On the Art of the No Drama: The Major Treatises of Zeami*. By Zeami. Trans. J. Thomas Rimer and Yamazaki Masakazu. Princeton : Princeton UP, 1984. pp. xxix-xlv.

Meyerhold, Vsevolod Emilevich. *Meyerhold on Theatre*. Trans. and Ed. Edward Braun. New York : Hill & Wang, 1969.

_____, "Meyerhold Speaks…" Trans. Alma H. Law. Recorded By Alexander Gladkov. *Performing Arts Journal* 3.3 (1979) : pp.68-75.

_____, "Meyerhold Speaks : Observations on Acting and Directing." Recorded By Alexander Gladkov. Trans. Alma H. Law. *TDR* 18.3 (1974) : pp.108-112.

_____, "Notes at a Rehearsal of *Boris Godunov*." *Meyerhold At Work*. Ed. Paul Schmidt. Trans. Paul Schmidt, Ilya Levin, and Vern McGee. Austin : U of Texas P, 1981. pp.200-209.

Newcomb, J.W. "Eisenstein's Aesthetics." *The Journal of Aesthetics and Art Criticism* 32 (1974) : pp.471-476.

Price, Hereward T. "Mirror-Scenes in Shakespeare." *Joseph Quincy Adams Memorial Studies*. Ed. James G. McManaway, Giles E. Dawson, and Edwin E. Willoughby.

Washington : The Folger Shakespeare Library, 1948. pp.101-113.

Pudovkin, V. I. *Film Technique and Film Acting.* Trans. and Ed. Ivor Montagu. Memorial ed. 1958. New York: Grove, 1970.

_____. "On Montage." Trans. P. Dart and A. Rossol. *Pudovkin's Films and Film Theory.* By Peter Dart. New York : Arno, 1974. pp.160-185.

_____. "Stanislavsky's System in the Cinema." Trans. T. Shebunina. *Pudovkin's Films and Film Theory.* By Peter Dart. New York : Arno, 1974. pp.186-206.

Rudnitsky, Konstantin. *Meyerhold the Director.* Trans. George Petrov. Ed. Sydney Schultze. Ann Arbor : Ardis, 1981.

Sadovsky, Mikhail. "Mikail Sadovsky." *Meyerhold at Work.* Ed. Paul Schmidt. Trans. Paul Schmidt, Ilya Levin, and Vern McGee. Austin : U of Texas P, 1980. pp.199-215.

Sarcey, Francisque. "A Theory of the Theatre." Trans. Hatcher H. Hughs. *European Theories of the Drama.* Ed. Barrett H. Clark. Cincinnati : Stewart, 1918. pp.389-399.

Stanislavsky, Constantin. *An Actor Prepares.* Trans. Elizabeth Reynolds Hapgood. New York : Theatre Arts, 1952.

_____. *Building a Character.* Trans. Elizabeth Reynolds Hapgood. New York : Theatre Arts, 1977.

Swallow, Norman. *Eisenstein: a Documentary Portrait.* New York : E. P. Dutton, 1977.

Swanson, Roy Arthur. "Longinus : Noesis and Pathos." *Classical Bulletin* XLVI (1969) : pp.1-5.

Symons, James M. *Meyerhold's Theatre of the Grotesque.* Coral Gables : U of Miami P, 1971.

Vardac, A. Nicholas. *Stage to Screen: Theatrical Origins of Early Film: David Garrick to D.W. Griffith.* New York : Da Capo, 1987.

Varpakhovsky, Leonid. "Leonid Varpakhovsky." *Meyerhold at Work.* Ed. Paul Schmidt. Trans. Paul Schmidt, Ilya Levin, and Vern McGee. Austin : U of Texas P, 1980. pp.163-182.

Wölfflin, Heinrich. *Principles of Art History: The Problem of the Development of Style in Later Art.* Trans. M. D. Hottingger. 1932. New York : Dover, 1950.

Wollen, Peter. *Signs and Meaning in the Cinema.* 3rd. ed. Bloomington : Indiana UP, 1972.

Worrall, Nick. "Meyerhold and Eisenstein." *Performance and Politics in Popular Drama.* Ed. David Bradby, Louis James, and Bernard Sharratt. Cambridge : Cambridge UP, 1980. pp.173-187.

Yampolsky, Mikhail. "Mask Face and Machine Face." *TDR* 38.3 (1994) : pp. 60-74.

Zeami. *On the Art of the No Drama: The Major Treatises of Zeami.* Trans. Thomas Rimer and Yamazaki Masakazu. Princeton : Princeton UP, 1984.

김용수(金龍壽)는 1954년 서울 출생으로 서강대학교 신문방송학과와 동 대학교 대학원 신문방송학과를 졸업하고 미국 조지아대학교 연극학과에 서 연극학 박사학위를 취득했다. 1995년부터 2020년까지 서강대학교 신문방송학과 교수로 재직했으며, 현재는 동 대학교 지식융합미디어학부 미디어&엔터테인먼트 전공의 명예교수로 있다. 저서로 『한국연극해석의 새로운 지평』『드라마 분석 방법론: 연극, 영화, 그리고 TV 드라마의 해 석을 위하여』『연극연구: 드라마 속의 삶, 삶 속의 드라마』『연극이론의 탐구』『퍼포먼스로서의 연극연구: 새로운 연구방법과 연구분야의 모색』 『연극 크로노토프, 시공간의 미학』 등이 있으며, 한국연극학회에 속하여 『퍼포먼스 연구와 연극』『한국 현대 연출가 연구』『몸과 마음의 연기』 『연극 공간의 이론과 생산』『한국연극과 정전의 극복』 등을 집필했다.

영화에서의 몽타주 이론
쿨레쇼프, 푸도프킨, 에이젠슈테인의 미학적 구성원리

김용수

초판1쇄 발행	1996년 9월 5일
재판1쇄 발행	2006년 9월 20일
3판1쇄 발행	2024년 8월 1일
발행인	李起雄
발행처	悅話堂
	경기도 파주시 광인사길 25 파주출판도시
	전화 031-955-7000 팩스 031-955-7010
	www.youlhwadang.co.kr
	yhdp@youlhwadang.co.kr
등록번호	제10-74호
등록일자	1971년 7월 2일
인쇄 제책	(주)상지사피앤비

ISBN 978-89-301-0787-7   93680

Montage Theory in Film © 2006, Kim Yong-Soo
Published by Youlhwadang Publishers.
Printed in Korea.

*이 책은 1996년 '영상원 총서'로 초판 발행된 뒤 2006년 '열화당 미술책방' 으로 나왔고, 2024년 표지를 새롭게 바꿔 단행본으로 발간되었습니다.